JN313253

SOCIAL WELFARE

私たちの
社会福祉

成清 美治

〔著〕

学文社

はじめに

　今回，本書を執筆するきっかけは，長年，社会福祉教育に携わってきた者として，教育実践の集大成を行おうと考えたことにある。かつて私たちが社会福祉を学んだ時代と異なり，今日では，大学・短期大学あるいは専門学校，大学の通信教育等を通じて社会福祉を学ぶ機会が広く提供されるようになった。本書では，各教育機関において学生が社会福祉について理解を深めることができるよう，その基本的な考え方や仕組みを入門書としてまとめることをねらいとしている。

　現在，社会福祉専門職として，社会福祉士，精神保健福祉士，介護福祉士，保育士等があるが，各福祉専門職が受験資格あるいは資格取得過程で学ぶ共通科目として「現代社会と福祉」（「社会福祉原論」）が位置づけられている。

　戦後，わが国の社会福祉はナショナルミニマム（国民の最低生活の保障）を共通理念として，福祉サービスの提供は「措置制度」を中心に展開してきたが，現在は「利用者制度」（契約制度）のもとで福祉サービスが実施されている。また，これまでサービスの担い手である専門職は厚生大臣（現厚生労働大臣）の指定する保育士養成学校あるいは，都道府県知事が実施する保母試験（現保育士試験）に合格した保母（現保育士）または，各大学等で指定の3科目を取得した者に付与される社会福祉主事（任用資格）等であった。

　しかしながら，専門的マンパワーの育成・確保並びに国際的にも社会福祉専門職が求められていた状況下で，わが国最初の国家資格として，「社会福祉士法及び介護福祉士法」（1987）に基づく，社会福祉士並びに介護福祉士，その後，「精神保健福祉士法」（1997）の成立による精神保健福祉士の誕生に至る。今日，その専門性の知識・技術・価値を修得するため，各大学・短期大学，専門学校等の教育機関・養成機関にて多くの学生が学んでいる。

　本書は，特に，社会福祉士・精神保健福祉士の国家試験の共通科目である「現代社会と福祉」を学ぶ人，そして保育士の資格科目である「社会福祉」を学ぶ人のカリキュラムを考慮したものとなっている。

本書の執筆にあたっては，近年議論が重ねられている社会保障・社会福祉の動向に注視し，新たな社会福祉の情報を取り入れると共に，できるだけ図表を用いてはじめて学ぶ人たちにも理解し易い内容を心がけた。
　これから社会福祉専門職として社会福祉機関（児童相談所，福祉事務所，保健医療関係等），社会福祉施設あるいはNPOやボランティア等として社会福祉関連の現場で就労することを希望する人，または，生涯学習として社会福祉を学ぶ人々にとって，本書が「羅針盤」としての役割を果たすことができれば，著者として望外の喜びである。
　最後に本書の出版にあたり，いつもながら暖かい支援を送っていただいてきた学文社社長の田中千津子氏に深く感謝する次第である。
　2012年6月

　　　　　　　　　　　　　　　　　　　　　　　　　　成清　美治

目　次

第1章　現代社会と社会福祉 ……………………………………………… *1*
1．現代社会と社会福祉 ……………………………………………………… *1*
2．社会福祉と社会保障の関係 ……………………………………………… *6*
　(1) 社会福祉の語意と定義／(2) 社会福祉と社会保障の関係性
3．社会福祉のフレーム ……………………………………………………… *8*
　(1) 目的概念と実体概念／(2) 狭義の福祉と広義の福祉

第2章　福祉の原理と哲学 ………………………………………………… *12*
1．福祉の原理をめぐる理論 ………………………………………………… *12*
2．社会福祉の原理 …………………………………………………………… *14*
　(1) 人権と社会正義の原理／(2) 公的責任の原理／(3) 自立・自己決定（主体性）の原理／(4) 全体性の原理／(5) ノーマライゼーション，ソーシャル・インクルージョンの原理
3．福祉の原理をめぐる哲学と倫理 ………………………………………… *23*
　(1) 福祉と哲学の関係／(2) 福祉と倫理の関係
4．福祉と哲学・倫理の関係 ………………………………………………… *30*
5．ロールズの正義論 ………………………………………………………… *31*
6．センの潜在能力並びにユヌスのソーシャル・ビジネス思想 ………… *33*

第3章　社会保障 …………………………………………………………… *36*
1．福祉国家と社会保障 ……………………………………………………… *36*
　(1) 社会保障成立への道／(2) ベヴァリッジの社会保障構想
2．社会保障と基本的人権 …………………………………………………… *40*
　(1) 基本的人権／(2) 基本的人権の系譜
3．社会保障の概念と理念 …………………………………………………… *43*
　(1) 社会保障の概念／(2) 社会保障理念の発達／(3) わが国のソーシャルインクルージョンの取り組み
4．社会保障の役割と機能 …………………………………………………… *47*
5．社会保障と税の一体改革 ………………………………………………… *51*

第4章　福祉制度の発達過程……………………………………………………55
1. 古代・中世の福祉思想……………………………………………………55
2. イギリスにおける社会福祉の歴史…………………………………………56
   (1) イギリスの救貧法の成立／(2) 資本主義社会の発展と新救貧法／(3) 貧困と社会調査／(4) 福祉国家と貧困対策／(5) イギリスの福祉国家体制と新たなる第3の道／(6) 現代イギリスの社会福祉の動向
3. アメリカ社会福祉の歴史的展開……………………………………………67
4. わが国における社会福祉の歴史……………………………………………68
   (1) 前近代社会の公的な救貧／(2) 明治期の社会福祉／(3) 昭和期の救護法の成立／(4) 戦後の社会福祉／(5) 新しい貧困

第5章　児童・家庭福祉の理念と概念…………………………………………77
1. 児童・家庭福祉の理念………………………………………………………77
   (1) 児童・家庭福祉とは／(2) 児童福祉理念の系譜
2. 児童の定義と概念……………………………………………………………79
   (1) 児童の定義／(2) 児童の概念
3. 児童福祉法……………………………………………………………………82
   (1) 児童福祉法の基本的枠組み／(2) 成立の経緯／(3) 児童福祉法の諸改正／(4) 児童福祉に関連する諸法律／(5) 児童福祉施設
4. 社会的養護……………………………………………………………………94
   (1) 社会的養護とは／(2) 里親の定義と種類
5. 欧米の児童福祉の展開………………………………………………………98
6. 児童・家庭福祉の意義と役割………………………………………………101
   (1) 児童と家庭／(2) 児童と地域社会／(3) 児童・家庭福祉の意義と役割
7. 児童の権利保障及び児童虐待………………………………………………107
8. 幼保一体化……………………………………………………………………111

第6章　障害者福祉………………………………………………………………114
1. 障害者とは……………………………………………………………………114
2. 障害者福祉の理念……………………………………………………………115
3. わが国の障害者福祉の発達過程……………………………………………117
4. 自立とリハビリテーション…………………………………………………124
   (1) 自立とは／(2) リハビリテーション／(3) ICIDHモデルとICFモデルの相違／(4) わが国のリハビリテーション／(5) 障害者の自立と社会参加

5．生活支援 *132*
　　(1) 生活支援に関する施策／(2) ピア・カウンセリング
　6．障害者基本法の改正 *134*
　7．障害者自立支援法 *135*
　8．障害者総合支援法 *137*
　9．障害者福祉に関連する法律 *139*
　　(1) 身体障害者福祉法／(2) 知的障害者福祉法／(3) 精神保健及び精神障害者福祉に関する法律
　10．発達障害者支援法 *146*
　11．障害者虐待防止法 *147*

第7章　高齢者福祉 *149*
　1．少子・高齢社会と高齢者問題 *149*
　2．高齢社会対策の実施と状況 *151*
　3．介護保険制度 *153*
　　(1) 介護保険制度の全体像／(2) 介護保険法の諸改正と内容

第8章　生活保護制度 *164*
　1．現代社会と貧困 *164*
　2．生活保護制度の概要 *166*
　　(1) 保護の原理／(2) 保護の原則
　3．保護の種類と保護基準 *169*
　　(1) 生活扶助／(2) 教育扶助／(3) 住宅扶助／(4) 医療扶助／(5) 介護扶助／(6) 出産扶助／(7) 生業扶助／(8) 葬祭扶助
　4．保護の実施機関と実施体制及び財源 *173*
　5．保護施設の種類 *174*
　6．被保護者の権利及び義務 *175*
　　(1) 不利益変更の禁止，公課禁止，差押禁止／(2) 生活上の義務，届出の義務，指示等に従う義務，費用返還義務／(3) 不服申立
　7．生活福祉資金貸付制度 *177*

第9章　地域福祉と福祉サービス……179
1．地域福祉理論の構築……179
2．地域福祉とコミュニティの語意……181
3．地域福祉論へのアプローチ……183
4．地域福祉の基本理念……184
5．イギリスにおける地域福祉理論の起源……186
　(1)　COSの形成と展開／(2)　セツルメント運動の展開
6．アメリカにおける地域福祉理論の起源……191
　(1)　セツルメント運動の展開／(2)　コミュニティオーガニゼーションの形成と展開
7．コミュニティワークの形成と展開……196
8．日本の地域福祉の展開……199
9．今後の地域福祉の展開……200

第10章　福祉政策の現代的諸課題……203
1．福祉政策におけるニーズと資源……203
2．社会政策・福祉政策・社会福祉政策と社会問題……206
3．福祉政策と福祉制度……208
　(1)　社会福祉の施策システム／(2)　福祉制度と社会福祉基礎構造改革／(3)　社会福祉法と福祉六法との関係／(4)　社会福祉政策に関する諸説
4．福祉政策と福祉制度の関係性……215
　(1)　わが国の社会福祉関係法成立の経緯／(2)　社会福祉法／(3)　社会福祉六法／(4)　社会福祉の行政
5．福祉政策の構成要素……221
　(1)　福祉政策の論点／(2)　福祉政策の構成要素
6．福祉政策と関連施策……226

第11章　相談援助技術 ………………………………………………… 230
1．ソーシャルワークの定義と構成要素 ………………………………… 230
　(1) ソーシャルワークの定義／(2) ソーシャルワークの専門性とその構造
2．ソーシャルワークの専門職を構成する3要素 ……………………… 234
3．バイステックの7原則 ………………………………………………… 239
4．相談援助の歴史的展開 ………………………………………………… 241
　(1) ソーシャルワークの源流／(2) エルバーフェルト制度／(3) 慈善組織協会（COS）／(4) セツルメント／(5) YMCAとYWCA
5．ソーシャルワークの基礎確立期 ……………………………………… 246
　(1) リッチモンドの貢献／(2) 医療ソーシャルワーク／(3) ソーシャルワークの専門化
6．ソーシャルワークの発展期 …………………………………………… 251
　(1) 診断主義派と機能主義派の台頭／(2) 診断主義派／(3) 機能主義派／(4) グループワーク，コミュニティオーガニゼーションの発展
7．ソーシャルワークの統合の試み（折衷主義） ……………………… 258
8．ケースワークの批判期 ………………………………………………… 260
9．ソーシャルワークの動向 ……………………………………………… 263
　(1) 新しいモデルの登場／(2) ソーシャルワークの統合化

索　　引 …………………………………………………………………… 269

第1章 現代社会と社会福祉

1 現代社会と社会福祉

　グローバリゼーション（Globalization；地球規模化）とは，国家間の壁が除去され政治，文化，経済，環境問題等の活動が国家や地域の境界を超え，地球規模で一体化することである。しかし，国や地域の境界を超えた地球規模での経済の活動は，世界各国の利害関係や政治的・宗教的絡み等もあり，世界各地で複雑化・混迷化し様々な問題—コスト削減や利益優先のため雇用形態の変化による失業者の増大—を生み出している。グローバリゼーションのルーツである新自由主義（neo-liberalism；市場原理主義）のもとでの多国籍企業の活動は，世界的には，アメリカを中心とする巨大企業による世界市場の支配・寡占化を促進し，企業に莫大な富をもたらすとともに一握りの新しい富裕国・富裕階層を形成し，富の一極集中化が進んでいる。国内的には，経済のグローバル化による企業の海外シフトにより，生産拠点の空洞化が生じ雇用不安（雇用率の低下，非正規雇用化）が進み，国民間での経済格差・所得格差が顕著になっている。

　ところで，グローバリゼーションが本格化したのは，ソビエト連邦崩壊後の1990年代以降であるが，近年負の遺産（所得の格差拡大，地球環境破壊，経済の不安定による失業者の増大等）が世界各国で顕著となった。とくに，2008年に世界経済を震撼させたアメリカの大手証券会社・投資銀行のリーマンブラザーズの経営破綻（低所得者階層向けの住宅ローン＝サブプライムローンにおける巨額の損失）が起こり，世界経済を金融危機に陥れると同時にわが国経済にも深刻な影響を与えた。国内では，この状況に拍車をかけるように2011（平成21）年の東日本大震災（地震・津波・原発事故）により，経済的，社会的に大打撃を受け，それに加えて円高に伴う経済活動の縮小により，企業活動の環境

が厳しくなり，それに伴って雇用状況がより一層悪化した。そして，長引く不況も手伝って，生活保護受給者は過去最多200万人台（2011年3月現在）を突破し，今後も景気の先行き不透明，東日本大震災の影響もあって，受給率・受給者共に増加する傾向にある。

　こうした社会状況のもと生活保護制度が地方自治体の財政基盤を圧迫し，危機的状況をもたらしている。例えば，全国で最も生活保護率・被保護者数の多い大阪市の場合，2011年9月現在，世帯数117,377，被保護者151,611人で保護率は56.8‰（パーミル：1/1000）で，1,000人中56.8人が生活保護の受給者となっている。その原因として，①失業率の高さ，②離婚率が高い，③低所得者層が多い，④高齢者世帯（とくに単身者）が多い，⑤あいりん地区の存在（ほぼ3人に1人が被保護者）等となっている（大阪市健康福祉局生活福祉部保護課適正化グループ）。

　生活保護受給者削減の対策として，次の事を指摘することができる。①年金の給付水準の向上，②高齢者の再雇用（社会保険の被保険者となる），③定年制の延長・再雇用，④正規雇用の促進，⑤雇用保険の給付期間の延長，⑥ソーシャルインクルージョン（社会的包摂）思想の普及，⑦雇用者間の所得格差の是正，⑧非正規雇用者の社会保険の加入，⑨基礎年金の税方式，⑩「公正・公平」で「安心・安定」した社会の再構築等である。

　このような経済格差を生んだ原因は，すでに既述したようにグローバル経済のもとでの「市場原理」「小さな政府」「自己責任」等を教義とした経済政策にあると指摘することができるであろう。こうした経済政策のもとで，多くの企業は国際競争力，企業の存亡をかけて，日本独自の雇用形態であった終身雇用，年功序列の廃止，正社員の非正規雇用への置き換え，社会保険の切り替え（例えば，雇用者の厚生年金・健康保険から国民年金・国民健康保険へ），成果主義の導入等が行われた。この結果，一部の若くして高額所得者が出現する一方，多数の低所得者層が現われ，所得の格差が増大した。「格差社会」（一般的論拠として所得，消費，賃金格差等をあげることができる）出現の直接の契機は，2004（平成14）年の「労働者派遣法の改正」をあげることができる。同法の施行によって製造現場への人材派遣が許可された。その結果，アウトソーシング

（雇用の外部委託）を促進し、雇用の不安定化、強いては、若者の労働意欲の低下を招来する結果にもなった（ただし、一部の企業の業績向上と人材確保と相まって、大企業を中心にサービス・流通業から、製造業まで非正規社員の正規雇用化の動きが広がっている）。このような、市場原理に基づく企業の経済の効率性、低コストの論理は、雇用者の賃金を引き下げ、雇用における正規雇用の減少と非正規雇用の増加を生みだす結果となった。また、家庭の貧困が、児童あるいは生徒の就学・健康問題に影響――朝食抜き、給食費・授業料の未払い――を与えている。かつて、わが国は「総中流社会」といわれる時期があった。

　しかしながら経済のグローバル化のもとで、所得格差の他、地域間格差や世代間格差、すなわち、格差社会の実態が明らかとなった貧困を数値で表したのが、ジニ係数である。わが国のジニ係数（所得の分配の格差や不平等度を数値化したもので、完全平等のときは0、完全不平等のときは1となる。すなわち、数字が1に近づくほど所得分配の不平等度が高くなる）は年々高くなっている。

　このような所得格差の拡大傾向にあって期待されているのが、社会保障の所得再分配機能である。所得再分配機能の働きによる効果（税と経常移転）を核とした社会保障の3つの機能は、①生活の安定と向上機能、②所得再分配、③経済の安定化機能等の効果的作用が期待されているのである。つまり、①生活の安定と向上機能は、国民にとっても身近な課題である病気、けが等による生活不安に対して医療保険によって医療の給付を受けることができる。老後生活の保障を確保するために年金制度により、安定した生活（ただし、年金間格差がある）を送ることができる。また失業した場合、雇用保険の適用により、一定の経済的保障を得ることができる。そして、労働政策の一環として、労働上の災害に対して労働者災害補償保険の適応をうけることができる。あるいは、介護を要する状態に陥った場合、介護保険の適用により、施設または在宅の介護サービスの適用により、生活支援を受けることができる。

　次に、②所得再分配機能は、社会保障の中枢的役割であるが、所得を個人あるいは世帯間で転移させることにより、個々人の生活の安定を図ることができる。例えば、高額所得層から低所得層への所得移転（税を財源とした生活保護

制度等),現役世代から高齢者世代の所得移転(保険料を財源とした年金)を転移させて世代間扶養を行う所得再分配がある。また,現金給付だけでなく,保育サービス,医療サービス等の給付の再分配もある。

そして,③経済の安定化機能は,景気変動に対する役割であるが,たとえば,経済状況が厳しい局面を迎え,失業者が輩出された場合,失業者の家計の窮状を支え,そして消費の下支えをし,経済の減速を抑制するため雇用保険の給付により,スタビライザー機能も有する。また,好況時における経済のヒートアップを抑制するため各社会保険料の上昇が経済の安定化に一役買っている(図表1-1参照)。

図表1-2は,所得再分配機能の効果を表したものである。この図表から当初平均所得額(年間)は445.1万円が,所得再分配後の平均再分配後の所得は517.9万円となっている。この結果,社会保障,税による所得再分配によって,100万円未満及び800万円以上の所得階級世帯が減少し,100万円から700万円以上の世帯が増加する。

政府は,格差是正のための様々な対策を講じているが,そのひとつが「雇用対策法及び地域雇用開発促進法の一部を改正する法律」(2007)である。同法の成立によって,若者,女性,高齢者,障害者等の雇用促進並びに外国人雇用対策を促進することとなった。また,パート社員の待遇を改善することを目的

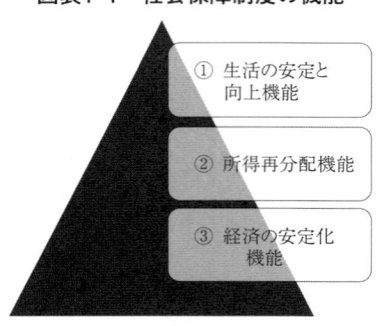

図表1-1 社会保障制度の機能

① 生活の安定と向上機能
② 所得再分配機能
③ 経済の安定化機能

とした「改正パートタイム労働法」が2008（平成20）年4月1日より実施され，パート労働者の正社員化促進策が事業主に義務付けられることとなった。

そして，「雇用保険等の一部を改正する法律」（2010）を制定し，①雇用保険の適用範囲の拡大（雇用保険の適用を「6か月以上雇用見込み」から「31日以上見込み」へ改善），②雇用保険二事業（「雇用安定事業」「能力開発事業」）の財源不足を補うため，失業等給付の積立金から借り入れる仕組みを暫定的に措置），あるいは，「労働者派遣事業の適正な確保及び派遣労働者の就業条件の整備等に関する法律等の一部を改正する法律」（2010）を制定し，常時雇用される労働者以外の労働者派遣や製造業務への労働者派遣を原則禁止するとともに，派遣労働者の保護及び雇用の安定のための措置の充実を図る等，労働者派遣事業に係る制度の抜本的見直しを行うこととした。

今後，このような雇用促進対策等が労働者の雇用安定と所得格差是正に有効に働くことが期待されている。

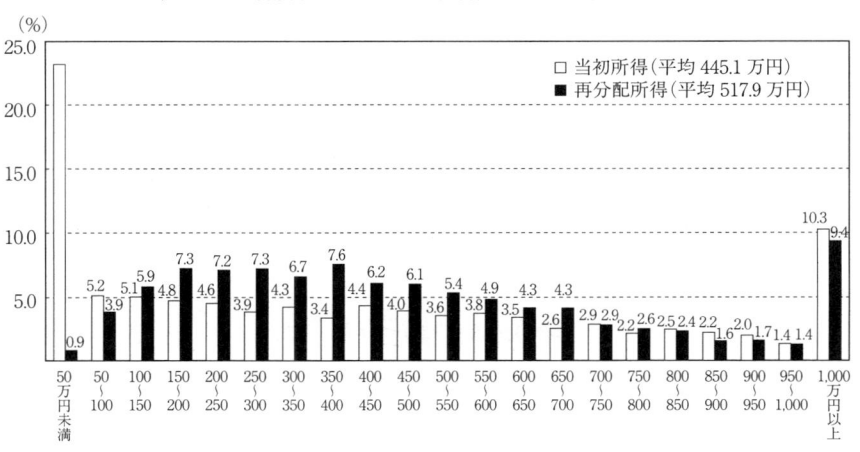

図表1-2　所得再分配による所得階級別の世帯分布の変化

（出所：厚生労働省政策統括官「所得再分配調査報告書（平成20年）」）

2 社会福祉と社会保障の関係

(1) 社会福祉の語意と定義

まず,社会福祉の語意であるが,社会福祉という言葉が最初に使われたのは,日本国憲法第25条の第2項「国は,すべての生活部面について,社会福祉,社会保障及び公衆衛生の向上及び増進に努めなければならない。」である。一般的に社会福祉はSocial Welfareと同意義に捉えられているが,Welfareの語意はwillであるが,同じ語源としてwellがある。この言葉の意味はaccording to one's will(人びとの意にかなう)で「良い」を意味する。また,fareはインド=ヨーロッパ語族,to pass overから,古代・中世英語を経て成立した言葉で(運ぶ,暮らす)の意味がある[1]。よって,Welfareはこの2つの言葉(well=「良い」とfare=「暮らす」)の意味を含んだもので,Welfareは,「健康的な暮らし向き」となり,日本国憲法第25条①の「……健康で文化的な最低限度の生活……」と同義語となる。

そして,Socialの語意は,「社会の」あるいは「社会的な」等の意味である。したがってSocial Welfareとは「国民の健康的な暮らし向きを維持するために個人の自立生活の回復を前提とした社会的援助(公=国・地方自治体,私=民間営利企業或いは民間非営利団体,ボランティア等)活動である。」といえる。以上のように社会福祉の語意について述べたが英語訳として必ずしもSocial Welfareのみが社会福祉を網羅する適訳ではなく,各国においてSocial Policy(社会福祉政策),Social Work(社会福祉実践),Social Service(社会福祉事業)等の用語も用いられている。

(2) 社会福祉と社会保障の関係性

まず,社会福祉と社会保障の定義について触れることにする。社会福祉の定義として定番である1950(昭和25)年の社会保障制度審議会の「社会保障制度に関する勧告」を挙げることができる。そのなかで,社会福祉に関して,「社会福祉とは国家扶助の適用を受けている者,身体障害者,児童,その他援護育

成を要する者が、自立してその能力を発揮できるよう、必要な生活指導、更生補導、その他の援護育成を行うこと」（下線は筆者が挿入）と定義している。なお、国家扶助に関して同勧告は「生活困窮に陥ったすべての者に対して、国がその責任において最低限度の生活を保障しもって自立向上の途をひらくことを目的とする。」と規定している。このように、同勧告は社会福祉の対象を生活困窮者あるいは社会的弱者とし、それらの人びとに対して、国家が最低生活の保障（以後、ナショナル・ミニマム）を行うもので、対象者を規定するに当たり選別的方法を用いた。

　これに対して、同審議会は勧告では社会保障について、「社会保障制度とは、疾病、負傷、分娩、廃疾、死亡、老齢、失業、多子その他困窮の原因に対し、保険的方法又は直接公の負担において経済的保障の途を講じ、生活困窮に陥った者に対しては、国家扶助によって最低限度の生活を保障するとともに、公衆衛生及び社会福祉の向上を図り、もってすべての国民が文化的社会の成員たるに値する生活を営むことができるようにすること」と定義している。この社会福祉、社会保障は時代の変遷とともに、その意義、役割が変化してきたが、前者に関しては、その対象はこれまで生活困窮者に限定されてきたが、高度経済成長以降国民生活の向上及び少子・高齢社会のもとで福祉サービスの対象は、かつての貧困問題（生活困窮者）から非貧困問題（非経済的問題）まで拡大化し、国民全般が対象となっている。また、サービス利用方式も1990年代以降の社会福祉基礎構造改革によって、措置制度から利用者制度（契約方式）に変化し、地域福祉推進のもと、福祉サービス供給者のなかに民間事業者の参入が認められた福祉ミックス論（＝福祉多元主義：公・民間の最適な組み合わせによるサービスの供給のあり方）である。

　一方、社会保障は戦後、ナショナルミニマム（national minimum）の理念のもとで、その役割がスタートしたが、高度経済成長期あるいはバブル経済崩壊期を経て、少子・高齢社会のもとでその役割は大きく変節した。すなわち、社会保障財源の危機的状況、介護・医療費の高騰化のもと、公的部門と個人や家庭、地域組織、民間事業者、非営利団体との連携が今後の課題となっている。

次に社会保障と社会福祉の関連性についてであるが、両者の関係についてみると、①対象者：社会福祉は生活困窮者に対して国家責任のもとで最低生活の保障を明記している。これに対して、社会保障の対象者は被保険者に対して、社会保険或いは公の負担によって経済的保障を行う、②機能：社会福祉が救貧に対して、社会保険は防貧となっている。③働きかけの方法：社会福祉が、個別的、特殊的であるのに対して、社会保障は普遍的、一般的である、④援助方法であるが、社会福祉はソーシャルワークを用いて専門的援助を行うそれに対して、社会保障は一般行政職の職員が社会保険料の支払い、給付に関して事務的に関わる、⑤対応：社会福祉が生活保護制度等において事後的に対応するのに対して、社会保障は社会保険を中心に事前的に対応を行う。しかし、いずれにせよ両者の関係は区分として社会保障制度のなかに社会福祉は包括されているが、両者の関係は国民の文化的で健康な生活を維持・向上を図るという意味において相互補完関係にある。

❸　社会福祉のフレーム

(1)　目的概念と実体概念

　社会福祉の仕組みは、社会福祉援助実践活動（ソーシャル・ワーク）と社会福祉事業（制度・政策）の二層構造となっている。この両者が連携し、互いに有機的に機能することによって、国民の幸福を達成することが可能となる。この両者に社会保障制度関連施策（医療・年金・住宅・雇用・教育等）が加わったのが、社会福祉の実体概念という。このように社会福祉を目的概念と実体概念に区別をした代表的社会福祉研究者は一番ヶ瀬康子である。この定義であるが、図表1-3のように規定することができる。

　まず、目的概念であるが、これは社会福祉の価値・理念・目的等を示しており、その最終目標は、人間の福祉、つまり、社会福祉の諸施策によって達成される人びとの幸福である。次に実体概念であるが、これは目的概念を達成するための具体的手段・方法である。その内容は、①生活問題に対して個別に対応

図表1-3 社会福祉のフレーム

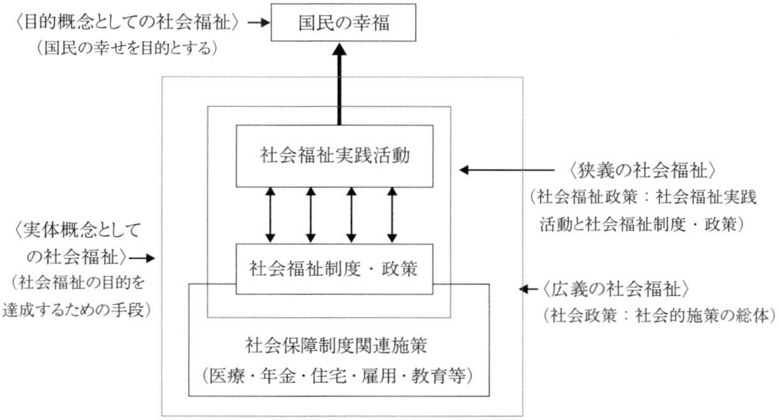

〈目的概念としての社会福祉〉→ 国民の幸福
（国民の幸せを目的とする）

〈実体概念としての社会福祉〉→
（社会福祉の目的を達成するための手段）

- 社会福祉実践活動
- 社会福祉制度・政策
- 社会保障制度関連施策（医療・年金・住宅・雇用・教育等）

〈狭義の社会福祉〉
（社会福祉政策：社会福祉実践活動と社会福祉制度・政策）

〈広義の社会福祉〉
（社会政策：社会的施策の総体）

する社会福祉実践活動の総称であるソーシャルワーク，②社会福祉の諸施策・制度―社会福祉法，福祉六法（生活保護法・児童福祉法・身体障害者福祉法・老人福祉法・知的障害者福祉法・母子及び寡婦福祉法）に基づく社会福祉事業，③人々の経済的身体的問題に対して，経済的保障を行う社会保障制度（社会保険，公的扶助，社会福祉，医療及び公衆衛生）である。このように社会福祉は，目的概念（理念・目標・価値）と実体概念（政策・制度・活動）が有効的に連携・活動することによって福祉の実現が可能となる。

(2) 狭義の福祉と広義の福祉

「福祉」を説明する場合，「狭義の福祉」あるいは「広義の福祉」として社会福祉の範囲を考える場合がある。前者はその対象を限定したもので，たとえば，「生活困窮者」等，生活に困っている人を対象とする。

一方，後者は社会福祉を広くとらえるもので，狭義の社会福祉に社会保障制度の施策を含む広義の社会福祉概念で，国民の安全と生活の安定を重視するため国が所得・医療・教育等の保障と完全雇用，各層に対する福祉サービスを提供する国家である「福祉国家」等を表す場合に用いる。故にその対象は普遍的

なものすなわち,「広く国民一般」とすることができる。また,社会福祉学の視点から,狭義,広義について論ずると次のようになる。狭義では,社会福祉に関連する行為を方向づけることを目的とするソーシャルアドミニストレーションやソーシャルワークなどの実践的理論であり,広義では,社会福祉の現象を社会学,法学,政治学,経済学,心理学,医学,工学等さまざまなディシプリンによって説明する学問研究である。前者が生活問題解決に対する有効な行為を考察するのに対して,後者は現象を科学的に再構成して理解することを目的とする[2]。

このように社会福祉を狭義の福祉と広義の福祉について区別することができる。この点に関して,英国社会福祉理論研究として幾多の業績を残した岡田藤太郎は,狭義と広義の社会福祉について次のように規定している。狭義の社会福祉制度＝社会福祉事業,広義の社会福祉制度＝社会福祉政策（ソーシャル・ポリシー）であるとしている。つまり,「狭義の社会福祉すなわち社会福祉事業は,それが人間の社会生活上の基本的な諸ニードにかかわりをもつという意味で,広義の社会福祉制度と共通の基盤をもち,それに含まれるものであるが,しいてそれを区別すれば,広義の社会福祉が一般国民の満たされない基本的諸ニード（basic needs unmet）を対象として問題とするのに対して,狭義の社会福祉はその中の,『傷つきやすい,またとりあえず優先性をもつグループ』,言いかえれば,『要保護性』（dependency）をもつ人々に対する施策である」としている[3]。このように岡田藤太郎は,狭義の社会福祉を社会福祉事業,広義の社会福祉を社会福祉政策として捉えている。

また,社会福祉経営論で新たな社会福祉の方向性を示した三浦文夫は,この社会福祉の範囲の問題に関して,広義の社会福祉が,社会成員一般を対象とし,その生活の各側面に現われる諸問題を取り扱うのに対して,狭義の社会福祉事業では,いろいろのいいまわしがあるが,より限定された「社会的弱者」とか「社会的落伍者」というものを対象としており,狭義の社会福祉事業を広義の社会福祉の一構成要素としていることであろう[4]。

(1)と(2)において,目的概念としての福祉と実体概念としての福祉の区別並び

に狭義の福祉と広義の福祉の捉え方について解説したが，この関係について古川孝順は次のように異を唱えている。「一見すると，広義の福祉が一番ヶ瀬の言う目的概念に，狭義の福祉は実態概念に対応しているとも考えられるが，広義の福祉にも目的と手段（実体）があり，狭義の福祉にも目的と手段（実体）があるため，こうした対応は成り立たない。また目的か手段かという区別より，目的であれ手段であれ，福祉という言葉に含まれる内包と外延のほうが重要であるから，福祉概念にとっては目的か手段かという区別よりも広義か狭義かという区別のほうがより本質的であろう。」と述べている[5]。

注）
1）梅田修『英語の語源事典―英語の語彙の歴史と文化』大修館書店，1994年，p. 255，p. 307
2）藤村正之「社会福祉学」森岡清美・塩原勉・本間康平編集代表『新社会学辞典』有斐閣，1993年，pp. 655-656
3）岡田藤太郎『現代社会福祉学入門』黎明書房，1977年，p. 20
4）三浦文夫『〈増補改訂〉社会福祉政策研究』全社会福祉協議会，1955年，p. 37
5）古川孝順「現代の福祉と福祉政策」社会福祉士養成講座編集委員会編『現代社会と福祉』中央法規，2009年，p. 49

第2章 福祉の原理と哲学

1 福祉の原理をめぐる理論

　社会福祉の原理を構成するものは一体何であろうか。この節ではこの命題を解き明かすことがテーマである。本来，原理（principle）とは，哲学や教学（教育と学問）を論ずる場合の法則や原則である。現代社会における社会福祉の原理とは，社会福祉の実践・方法的体系であるソーシャル・ワークと社会福祉の制度・政策的体系であるソーシャルポリシーが立脚する根拠であり，その理念であるといえる。すなわち，一般的に原理は思想や価値によって支えられているものであり，故に対象となる社会的現象に対して視点とか尺度を示すものである[1]。故に社会福祉の原理は，国民にとって普遍的かつ共通理念に基づいたものでなければならないのである。

　岡村重夫は社会福祉的援助の原理として，①社会性の原理，②全体性の原理，③主体性の原理，④現実性の原理の四つを挙げている。それぞれの意味は，以下の通りである。

① 社会性の原理：社会福祉とは，個人の生活問題（「生活困難」）に対する援助であり，個人と社会制度との間の社会関係によって成立するものである。また，社会福祉が生活上の困難を問題にするということは，社会的存在としての人間生活を強調するものであり，解決に当たっては社会的方策によって生活問題の解決を図るのである。

② 全体性の原理：社会福祉の援助は社会生活上の基本的要求を充足する重要な社会関係の困難が，どのように重複しているか，あるいは社会関係の困難な相互関係の影響を発見し，これを除去し，多数の社会関係が調和するよう援助することである。

③　主体性の原理：個人は多数の社会関係に規定されながらも，それらの社会関係を統合する主体者であるということである。すなわち，社会福祉の援助は個人の主体性を尊重して行うものであり，多数の社会制度に規定されながらも，これらの多数の社会関係を統合し，矛盾のないものとしながら，社会制度のなかから自分に都合のよいものを選択し，あるいは社会制度の変革をするよう働きかけて，社会人としての役割を実行するのである。

④　現実性の原理：社会福祉の提供するサービスは，何よりもまず生活問題の実際的解決をそのうちに含んでいなくてはならない。現実に利用しうる条件の中で解決できないような対策は社会福祉的援助としては無意味である。これが現実性の原理である[2]。

また，岡本栄一は社会福祉の原理として次の項目をあげている。①人間尊重の原理：福祉と人格の尊厳，権利と基本的人権，福祉と人権の思想，②社会的責任性の原理：社会的サービスを受ける権利，福祉問題の構造的理解，行政責任の明確化，③生活の全体性の原理：生活をトータルなものとして理解，社会関係の障害，生活の回復と統合化，④主体性援助の原理：自立への側面的援助，

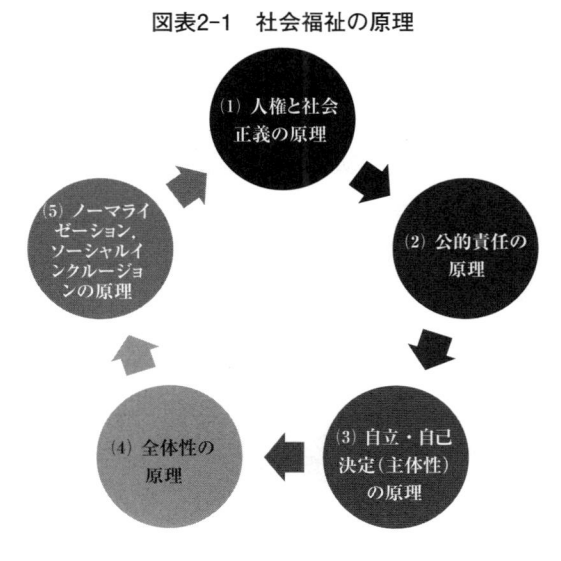

図表2-1　社会福祉の原理

(1) 人権と社会正義の原理
(2) 公的責任の原理
(3) 自立・自己決定(主体性)の原理
(4) 全体性の原理
(5) ノーマライゼーション，ソーシャルインクルージョンの原理

自己決定と主体性，自立を支援する，当事者参加の意義，⑤地域生活尊重の原理：ノーマライゼーションの思想，施策としてのコミュニティ・ケア，地域生活の保障に向けて，⑥連帯と共生の原理：人間性豊かな社会，連帯とボランタリーな運動，共に生きる思想[3]，等である。そこで，これらの指摘を踏まえて，社会福祉の原理を構成する項目をあげ，その意味と内容について説明する。

2 社会福祉の原理

(1) 人権と社会正義の原理

　すべての原理に優先し，かつ社会福祉の原理の基盤となる「人権尊重の原理」について述べることにする。まず，人権（human rights）の意味であるが，これはあらゆる人びとが生まれながらに持っている権利であり，誰にも侵されない権利をいう。すなわち，法の下では思想，良心，宗教の自由，表現の自由，集会・結社の自由等が保障されているのである。歴史的に人権宣言として有名なのは，イギリスとの戦争後，13の植民地の独立をするきっかけとなったジェファーソン（Jefferson, Thomas）が起草した「アメリカ独立宣言」（The Unanimous Declaration of the thirteen United States of America）(1776)とフランス革命の基本的文書で，ルソー（Rousseau, Jean Jacques）の「社会契約論」の"自由・平等・博愛"思想やモンテスキューの「法の精神」の権力分立等の影響を受けて，ラファイエット（La Fayette, Marie-Joseph）が起草した「フランス人権宣言」（Déclaration des Droits de I'homme et du Citoyen）(1789)がある。ともに「すべての人間は平等である」と唱え，国家構築の基本理念となった。人権保障の国際的規範（基本原理）となったのが，第2次世界大戦後，国際連合総会で採択され成立した「世界人権宣言」（Universal Declaration of Human Rights）(1948)である。この宣言は前文と30条より成り立っている。この宣言の特徴は，すべての人間は生まれながらに自由であり，かつ，尊厳と権利とについて平等であり，人は人種・皮膚の色・性・言語・宗教・国等において差別されないとしていることである。

なお，世界人権宣言は法的拘束を持たなかったため限界があった。そこで同宣言に法的拘束を持たせた国際人権規約（International Covenants on Human Rights）が1966年の国連総会において採択された。わが国は1979年に同規約を批准した。

　下の図表2-2は，人間が生まれながらにして有する基本的人権（Fundamental Human Rights）である。この基本的人権は，固有性，不可侵性，普遍性の3つの性格を有する。

　日本国憲法において，基本的人権（人間が生まれながらにして，有している権利）として，①平等権，②自由権，③社会権，④参政権が規定されている。

　まず，①平等権とは法の下における平等を意味することであるが，第14条において，「全て国民は法の下において平等」であるとし，「国民の平等性」を定めている。また，第24条では「両性の平等」を規定し夫婦の平等の権利を認めている。

　そして，②自由権とは基本原則として国家からの権力介入を排除し，個人の自由を保障する権利であるが，精神的自由として，日本国憲法の第19条で「思想及び良心の自由」，また，第20条では「信教の自由」，そして，第21条の「集会・結社・表現の自由，通信の秘密」，あるいは第23条で「学問の自由」等において国民の自由権を定めている。次に人身の自由として，第18条の「奴隷的拘束及び苦役からの自由」，第31条にて「法定の手続の保障」等を規定している。最後に経済的自由であるが，第22条第1項にて「居住，移転及び職業選択の自

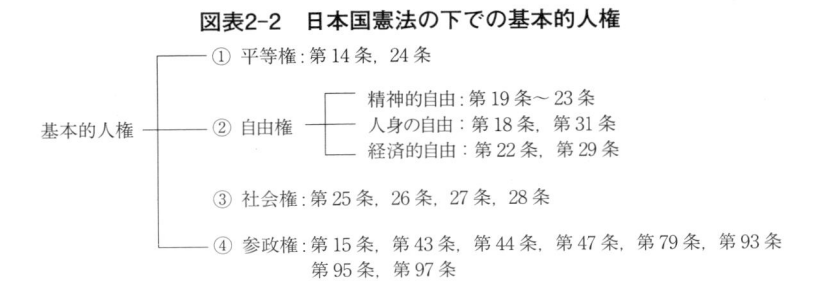

図表2-2　日本国憲法の下での基本的人権

```
                   ┌── ① 平等権：第14条，24条
                   │                ┌── 精神的自由：第19条〜23条
                   ├── ② 自由権 ───┼── 人身の自由：第18条，第31条
基本的人権 ────────┤                └── 経済的自由：第22条，第29条
                   ├── ③ 社会権：第25条，26条，27条，28条
                   └── ④ 参政権：第15条，第43条，第44条，第47条，第79条，第93条
                                    第95条，第97条
```

第2章　福祉の原理と哲学

由」を規定し，第29条第1項にて「財産権の保障」の自由を定めている。

　③社会権とは，国家に対する人間らしい生活を営むことを請求する権利である。

　社会権を高らかに謳っているのが，第25条である。

　また，社会正義の実現を図ることは，人間の尊厳を遵守し，「個」の独自性を守ることになる。すなわち，社会正義の原理はソーシャルワークの拠り所であり，ソーシャルワークの価値基準であり，モチベーションである。このことが差別，偏見，貧困，暴力，排除，不利益を被っている人等に対するソーシャルワーク活動を通じて利用者の人権と権利を擁護すると共に自由，公正，公平な社会を実現するための社会変革の礎となる。

　④参政権とは，国民が直接或いは間接に国政に参加する権利をいうが，日本国憲法の第15条「国民の公務員選定罷免権，公務員の本質，普通選挙及び秘密投票の保障」等に明記している。

　全米ソーシャルワーカー協会（NASW）は，ソーシャルワーカーの価値観として社会正義を定め，倫理原則として，ソーシャルワーカーは社会的不正義に挑戦するとしている。具体的内容は，次の通りである。「ソーシャルワーカーは社会変革を，特に，傷つきやすい人，抑圧された人やグループに代わって，彼らと共に，変革を追求する。ソーシャルワーカーの社会変革への努力は，第一義的には貧困，失業，差別や他の形態の社会的不正義の問題に向けられる。これらの運動は抑圧や文化的人種的多様性を感じ取り，その知識を増進することを求める。ソーシャルワーカーは，必要な情報，サービス，資源への接近と機会の均等と，すべての人のために，決定への意味のある参加を確保しょうと努力する。」

　そして，国際ソーシャルワーカー連盟（IFSW）においても，社会正義について，ソーシャルワークの定義の価値において，「人権と社会正義は，ソーシャルワークの活動に対し，これを動機づけ，正当化する根拠を与える。ソーシャルワーク専門職は，不利益を被っている人びとと連帯して，貧困を軽減することに努め，また，傷つきやすく抑圧されている人びとを解放して社会的包含

（ソーシャル・インクルージョン）を促進するよう努力する。ソーシャルワークの諸価値は，この専門職の，各国別並びに国際的な倫理綱領として具体的に表現されている。」と社会正義を定めている。

(2) 公的責任の原理

　戦後，日本の社会保障はシビルミニマム（国民生活の最低保障）理念の旗印のもとで出発した。そして，社会福祉政策は，「無差別平等」「国家責任」「必要即応の原則」「公私分離の原則」の原則のもとで実施された。戦後の福祉サービスは，公私分離の原則とそれを規定した憲法第89条（「公の財産の支出・利用制限」）のもとで，行政指導（画一的サービス）による措置制度によってスタートしたのである。この制度の特徴は，サービスの定型化であるが，財政的あるいはサービス提供責任の所在が国に存在することを明確にしている。この公的責任の法的根拠は，第25条「すべて国民は，健康で文化的な最低限度の生活を営む権利を有する。②国は，すべての生活部面について，社会福祉，社会保障及び公衆衛生の向上及び増進に努めなければならない。」（国民の生存権，国の保障義務）と，第13条「すべて国民は，個人として尊重される。生命，自由及び幸福追求に対する国民の権利については，公共の福祉に反しない限り，立法その他の国政の上で，最大の尊重を必要とする。」（個人の尊重）である。この基盤となったのが措置制度であった。なかでも国民の最低生活の保障と自立助長を目的とする生活保護法は第1条にて第25条の理念を取り入れている。ただ，近年，同法の解釈は，国民の法的権利説ではなく，国の努力目標であるというプログラム規定説が有力となっている。すなわち，措置制度のもとにおいて国の公的責任が明確化されていたが，社会保障基礎構造改革・社会福祉基礎構造改革以降，公的責任の所在が後退し，サービス利用者とサービス提供事業者間の調整役としての存在がクローズアップされている。

　具体的には，介護保険制度成立以降の営利を目的とした民間事業者の居宅介護サービスへの参入である。このことによって，社会福祉事業からの公的サービスの撤退が随所に見られるようになった。同時に戦後一貫して，わが国の社

会福祉サービス提供を担ってきた社会福祉法人においてもこれまでの硬直的経営の改革，サービスの充実・向上が求められる。地域福祉の推進を図るため，一連の改革のなかで，社会福祉事業法が社会福祉法に改定され，社会福祉法人に対して「経営の原則」（同法第24条）の条文が新たに設けられた。つまり，社会福祉法第24条は，「社会福祉法人は，社会福祉事業の主たる担い手としてふさわしい事業を確実，効果的かつ適正に行うため，自主的にその経営基盤の強化を図るとともに，その提供する福祉サービスの質の向上及び事業経営の透明性の確保を図らねばならない。」とし，社会福祉法人に経営の理念が明確に導入された。このことによって，社会福祉法人の公的責任の在り方に変化が生じた。サービスの質の向上と経営理念の導入に伴って，市場原理における「一私企業」（福祉企業）としての立場がより鮮明となった。この間，福祉の公私関係に新たなる変化が見られるようになった。その理論的背景となったのが福祉ミックス論をはじめとする福祉多元主義（welfare pluralism）である。その考え方は，従来の社会福祉サービスの供給における公的部門中心と私的部門（民間営利部門，民間非営利部門，インフォーマル）との合体である。これによって社会福祉サービス供給の多元化が可能となり，公私の役割分担が明確となり市場型供給サービスが始まった。

　三浦文夫は，主著『社会福祉政策研究（増補改訂）』(1985) の中で，社会福祉の供給システムを①公共的福祉供給システム：サービスの供給主体が国又は地方公共団体でア，国・地方公共団体による供給組織（行政型福祉供給組織）とイ，「措置」が委託された民間団体（認可型民間福祉供給組織）が考えられる。②非公共的福祉システム：サービスの供給主体が非公共的なものでア，営利を目的とする供給組織（市場型福祉供給組織）とイ，宗教上の目的や特定の集団目的或いは愛他主義，相互連帯の理念に基づいた供給組織（参加型福祉供給組織）に分類している[4]。このように今日の社会福祉供給サービスの在り方が社会情勢の変化に伴って，変容しているが，社会福祉の目的が「人間の生活問題の諸困難を援助する」（＝生活上の困難）のである限り，そのサービス供給体制は，時の経済状況，社会状況に左右されるものであってはならないのである。

すなわち，社会福祉の対象が全国民である今日において，日本国憲法第25条の「生存権」，同第13条の規定のみならず，社会福祉の問題が個人・家族・団体と社会との間に介在する限り，個人あるいは家族・団体の抱える生活（者）の問題は，社会的問題として捉える必要がある。その基本的視点は，人権の保障，人間の尊厳であり，そのサービスは，社会全体（公・私）が責任を持って提供すべきものである。故に「福祉サービス」でなく，「社会福祉サービス」でなければならない。よって，社会福祉サービスの供給主体が多元化・多様化されているが社会的責任として，公的責任（公的部門）が主であり，非公的責任（私的部門）が従となる社会福祉サービス供給体制を維持すべきである。

(3) 自立・自己決定（主体性）の原理

　人間関係の構築が複雑化あるいは人間関係そのものが希薄化した現代社会にあって，われわれは，デフォー・ダニエル（Defoe, Daniel）の代表作である『ロビンソン・クルーソーの生涯と奇しくも驚く冒険』（*The Life and Strange Surprising Adventures of Robinson Crusoe*）（1719）のなかで描かれている無人島に漂着したロビンソン・クルーソーのように他者の助けを受けずに日々の生活を送ることは困難である（のちに，従僕を従える）。いわんや高齢者・障害者等にとって，誰の世話（依存）もなく，自立した生活を送ることは，至難の業である。

　ただし，自立にとって障害となるのがスティグマ（stigma：烙印）の問題である。すなわち，自立への援助過程において「援助される側」が「援助する側」から，スティグマを付与されると「好ましくない人物」とのレッテルが貼られ，当事者にとって言われなき差別を受けることになる。この問題が現代社会においても常在していることを援助する側は認識することが大切である。

　ところで，「自立」とは，他者の援助や支配を受けずして物事の判断を決定する自己決定権あるいは自己管理能力をいうが，社会福祉の対象は自立・自己決定のために援助を必要とする人びとであるので，社会福祉援助は，すべて自立生活を実現するための援助である。この自立であるが，これには①「実行の

自立」と②「決定の自立」がある。前者は，ある事柄に対して自らの意思に基づいて決定し，実行することができる能力を有する何らの問題をも抱えていない場合である。これに対して，後者は，高齢や障害等で自らの意思を持っていても自分で日常生活を切り開いて行くことが困難な場合である。すなわち，他者の援助によって自立が実現することができる人びとである。このように社会福祉の援助・支援は経済的，精神的に自立・自己決定が困難な人びとを対象とする。

なお，「じりつ」には，前述したように他者の力を借りないで生活することができる「自立」と精神的に依存しない「自律」（autonomy）があるが，社会福祉におけるサービスの領域は，前者は主として経済的支援の領域に属し，後者は精神的，心理的支援の領域に属するが，両者とも自立・自己決定に関わる援助であり，当事者の主体性を尊重したもので，社会福祉の原理の一翼を担っている。

(4) 全体性の原理

全体性の原理は，援助の対象である個人・家族と社会（制度）との間に介在する困難・影響を発見，除去する上において個々の「生活を全体として理解する」ことが必要である。すなわち，社会福祉援助は社会生活上の基本的要求（ニード）を充足するためにさまざまな社会的困難（経済的，精神的・心理的，社会的問題等）を発見し取り除くための援助をし，個人や家族等の生活と社会関係とを調和させることである。そのためには，まず，個人・家族の生活の回復，自立を促進するため，インフォーマルな側面では，個人・家族の自立への支援のため親類縁者や近隣の住民の相互扶助・ボランティア等が必要となるが，一方，フォーマルな側面においては，社会福祉実践・方法と社会福祉制度・政策並びに社会保障等関連施策の充実が必要となる。

(5) ノーマライゼーション，ソーシャル・インクルージョンの原理

　ノーマライゼーション（normalization）の理念は周知のとおり，デンマークのバンク=ミケルセン（Bank-Mikkelsen, Neils Erik）によって提唱された。この理念は当初，知的障害者の全人的復権を目的として彼が提唱したが，その目的はすべての人びとが共に生きる社会，すなわち共生社会の実現にある。この根底には彼の生育環境並びに戦争での強制収容所生活が多大なる影響を与えている。この理念を原理化したのが，スウェーデンのニーリエ（Nirje, Bengt）である。彼は，ノーマライゼーションの具体的目標を「8つの原理」とした。それは，①1日のノーマルなリズム，②1週間のノーマルなリズム，③1年間のノーマルなリズム，④ライフサイクルでのノーマルな体験，⑤ノーマルな要求の尊重，⑥異性との生活，⑦ノーマルな経済的基準，⑧ノーマルな環境形態と水準等で，これらの原理は，どんなに障害が重くとも権利として保障されるべきであるとしている。また，アメリカのヴォルフェンスベルガー（Wolfensberger, Wolf）は，主著『ノーマライゼーション―社会福祉サービスの本質』（*The Principle of Normalization in Human Services*, 1982）のなかでノーマライゼーションの原理を「可能な限り文化的に通常である身体的な行動や特徴を維持し，確立するために，可能な限り文化的に通常となっている手段を利用すること」[5]と定義している。すなわち，彼が展開するノーマライゼーション原理の特徴は，地域性を強調し，地域における文化的手段を活用すべきであるとし，ノーマライゼーションと地域における文化との関係性を重視した。

　このように，ノーマライゼーションの原理は，障害者を特別扱いせずに地域社会のなかで一般の人びとと同じ日常生活を送ることができるよう支援することである。このことは，障害者のみならず高齢者や母子等ハンディを負ったすべての人々に対して地域社会で自立した生活を営むことができるよう援助することを意味している。私達は，生活の基盤を従来から慣れ親しんだ地域社会で継続して営むことが理想である。そこには友人・知人等近隣社会での交友・友情関係が存在しており，心の「安堵」と生活上の「安全」が保障されている。すなわち，地域社会での生活の継続が人間性を発揮させ，近隣住民とのコミュ

ニケーションを構築することに繋がると同時にニーズに適切に対応した社会サービスを実現することが可能となる。こうしたことから，ノーマライゼーションの思想は障害者だけのものではなく，すべての社会福祉ニーズを必要とする人びとにとって，地域社会での生活の継続・継承を具現化するための原理である。そのためには，就労の保障，交通の利便性，年金・医療の保障，在宅福祉サービスの充実等の地域生活での自立支援の整備が必要となる。

　ノーマライゼーションの原理を支える理念として，クオリティ・オブ・ライフ（Quality of Life：QOL）がある。QOLの考え方は，社会の進展とともに，人びとのニーズが多様化，高度化するなかで，人びとの生活の基準に対する考え方も従来の「量」的なものから「質」的なものに変容した。たとえば，これまでの基準で行くと，これまでの対象者は日常生活動作（Activities Of Daily Living：ADL）を基準として，リハビリテーションを実施していたため，ADLの「自立」可能な障害者に対するものであった。そのため，重度の障害者は日常生活において自立が不可能なためリハビリテーションから除外されていた。しかし，QOLの理念は，重度障害者であっても介助者をつけることにより，日常生活の「自立」が可能となる。すなわち，この考え方によって，ADLに基づく自立が不可能であっても介助を受けながら地域社会でQOLを高めることによって，日常の生活が実現するのである。

　なお，QOLの意味は，①生活の質（生物レベル）：摂食，起居動作，整容，排泄，入浴，家事等，②生命の質（個人レベル）：疲労，痛み，嚥下障害，食欲不振，呼吸困難等，③人生の質（社会レベル）：仕事，住居，社会参加，文化・レジャー等がある。

　また，ソーシャルインクルージョン（social inclusion）は社会的包摂の意味があり，社会的に排除されている人びと或いは排除されやすい人びと（障害者，老人，被保護者等）を社会のなかに包み込み，支え合うことである。なお，国際ソーシャルワーカー連盟の原理の項目の社会正義について，①不利な差別に立ち向かうこと，②多様性を認識すること，③資源を公正に分配すること，④不公正な方針や実践に対して立ち向かうこと，⑤団結して働くこと等を定めて

いる。以上，5つの社会福祉の原理を概説したが，これらの5つの原理が相互に連携，機能することが大切となる。

3 福祉の原理をめぐる哲学と倫理

(1) 福祉と哲学の関係

1) 哲学とは

前節で述べたように社会福祉の原理は，①人権尊重の原理，②公的責任の原理，③自立・自己決定（主体性）の原理，④全体性の原理，⑤ノーマライゼーションの原理等の諸原理によって構成されている。これらの原理を支える基盤として，人間の存在の本質・事物の本質を問う哲学（philosophy＝フィロス（愛）とソフィア（知）の結合した語）や社会規範，人倫のみちである倫理（ethics）の存在・あり方が重要となる。

哲学とは，かつてはあらゆる学問一般を意味したが，実証科学の発展とともに一学問領域となった。すなわち，存在や認識の存立を問う学問となったのである。この哲学の根源は，古（いにしえ）のギリシャ時代に求めることができる。すなわち，ギリシャ時代の哲学は，①ソクラテス（Sōkratēs）以前の人間をとりまく自然との関係を中心に展開し，事物の本質を論理的に解明するという「哲学」が誕生する，②道徳の規準を人間の内面にもとめ，「徳は知である」と説いたソクラテス，「イデア論」（真の本質は日常世界を超えたところにある）を唱えたプラトン（Platōn），プラトンのイデア論を批判し，日常生活に現実に存在するものこそ本当に存在するものであるとし，「最高善と幸福」を唱えたアリストテレス（Aristotelês）等がポリスの生活における人間の生き方を展開する，③3賢人のあとに派生した，ヘレニズムとストア派の思想によるポリスにおける市民から世界に生きる市民（「世界」のなかの「個人」）の問題を対象とする等，に分類することができる。なお，ヨーロッパの哲学の系譜は図表2-3，2-4の通りである。

すでに第1章で述べた通り社会福祉の目的概念（＝社会福祉の目標）は，人

図表2-3 西洋哲学の系譜(1)

ギリシャ思想

ギリシャ哲学 ─┬─ ソクラテス（BC470〜399）：道徳の基準を人間の内面にもとめる「知は徳である」
　　　　　　├─ プラトン（BC427〜347）：真の本質は日常生活を超えたところにあるという「イデア論」（理性によってのみ認識される実在）
　　　　　　└─ アリストテレス（BC384〜322）：プラトンのイデア論を批判し，日常生活に現実に存在するものこそ本当に存在するものである「最高善と幸福」

キリスト教

イエス＝キリスト（BC4〜AD39）：「汝の敵を愛せ」
パウロ（不詳）：「ローマ人への手紙」「コリント人への手紙」
アウグスチヌス（354〜430）：カトリックの教義の確立に努める。「三位一体論」（父と子と聖霊）
　　　　　　　　　　　　　　　　　　　　　　　　　　　　　　［創造主・キリストの子・慰め主］

スコラ哲学

トマス＝アクィナス（1225〜1274）：ギリシャ哲学とキリスト教を調和させる（理性と信仰のバランス）

ルネサンス・宗教改革

ダンテ（1265〜1321）：「神曲」（ルネサンスを開いた詩人）
ルター（1483〜1546）：キリスト者はすべてのものの上に立つ自由な君主であって何物にも従属しない。「キリスト者の自由」　　免罪符 ☞「95ヵ条の意見書」
カルヴァン（1509〜1564）：われわれはわれわれのものでない，むしろわれわれは神のものである。

図表2-4 西洋哲学の系譜(2)

イギリス経験論

ベーコン（1561〜1626）：「知は力なり」

大陸合理論

デカルト（1596〜1650）：「われ思う。ゆえに，われ在り」

フランス啓蒙思想

モンテスキュー（1689〜1755）：「法の精神」，ルソー（1712〜1778）：「エミール」「社会契約論」
　　　　　　　　　　　　　　　　　　　　　　　　　　　　（子ども固有の特性を理解する）

ドイツ観念論

カント（1724〜1804）：カントにおいて，理性主義と経験主義の二つの伝統が合流し，近代ヨーロッパ哲学の原型が成立した。
ヘーゲル（1770〜1831）：理性的なものは現実的，現実的なものは理性的である

実存主義

キルケゴール（1813〜1857）：有神論的実存主義（ヤスパース，マルセル等）
ハイデガー（1889〜1976）：無神論的実存主義（ニーチェ，サルトル等）

プラグマチズム

デューイ（1859〜1952）：「人間性と行為」☞ 現代社会 ロールズ（1921〜2002）：「正義論」

(出所：図表2-3, 2-4共に岩田靖夫『ヨーロッパ思想入門』岩波書店，2003年を参照して作成)

間の福祉（幸福）にある。この目的概念を達成するために社会福祉の実体概念（社会福祉の手段・方法）として，社会福祉実践・活動と社会福祉制度・政策がある。この両者の機能的かつ有効的連携により，社会福祉の目標である国民の幸福を達成することが可能となる。

　戦後，わが国の社会保障・社会福祉制度がスタートし，当時の社会福祉の目標は，「生活困窮者の保護」であった。しかし，今日においても，目的概念は国民の幸福に変わりはないが，貧困階層を対象とした国民の最低生活の保障から，国民全体を対象とした生活の安定に変化した。そのため，社会福祉サービスの内容もニーズの多様化・多種化に伴って，かつての画一的な福祉サービスから多様な福祉サービス体系に変化した。こうしたなか，ノーマライゼーション（normalization）原理は，障害者のみならずハンディを持った者が可能な限り，地域社会での自立した日常生活を実現するための社会福祉の政策・施策であり，社会福祉実践・活動であるが，世界各国の福祉の目標となっている。

　さて，私たちが住み慣れた地域社会で自律・自立した幸福な生活（＝「健康で文化的な生活」）を送るためには，地域社会における相互扶助（ロシアの無政府主義者で地理学者であるクロポトキンがダーウィンの生存競争説に反対して唱えた学説）が必要となる。このことが，地域住民間のコミュニケーションを図り，閉じこもりがちな，高齢者や障害者の物理的，精神的な孤独感や孤立感を排除することに繋がる。私たちは日常生活において，日々の安定した暮らしを享受する前提として，人権尊重と幸福権を有している。その証として，日本国憲法第13条では，個人の尊重と幸福権を保障している。われわれは，この条文のもとで公共の福祉に反しない限り幸福追求権が認められているのである。

2）福祉と哲学

　ここでは，福祉と哲学の関係について述べる。阿部志郎は「福祉の哲学とは，福祉とは何か，福祉は何を目的とするか，さらに人間の生きる意味は何か，その生の営みにとって福祉の果たすべき役割は何かを根源的かつ総体的に理解することであるが，それには，福祉が投げかける問いを学び，考えることである。」と福祉の哲学についてのべている[6]。本来，哲学とは世界・人生の意味につい

て考える学問で既述したように古代ギリシャから発展したのである（ギリシャにおける哲学は学問全般を意味する）。社会福祉の目標はすべての人びとが希求する幸福であるが，幸福について考察することは正しく人生の意味を考えることであり，哲学そのものである。そこで，諸賢人の「幸福論」を俎上（そじょう）に載せて社会福祉の目的概念である人間の福祉（＝幸福）について考えることにする。

　古代ギリシャにおいては，幸福が普遍的目的としてあげられることが自然であった。ソクラテスは「よく生きる」ことが幸福であるとした。しかしながら，ギリシャ哲学において「幸福論」を展開したのは，アリストテレスであった。彼は主著『ニコマコス倫理学』（Ethica Nicomachea）のなかで，人間が生きる上において常に希求するものが「善」（アガトン）であり，われわれの達成しうるあらゆる善のうち最上のものは「幸福」（エウダイモニア）であり，よく生きているということ，よくやっていることが幸福と同じ意味であることに関してほとんどの人の意見が一致していると述べている[7]。また，同書では幸福を構成するものとして，①「政治的生活」から気づかされる幸福，②「享楽的生活」から気づかされる幸福，③「観照（智慧をもって物事の真実の姿をとらえる）的生活」の提示する幸福等を挙げている[8]。近代以降，ポリス共同体を基盤とした幸福実現を唱えたアリストテレス幸福主義論は快楽主義的な幸福主義として，イギリスの経験論者であるロック（Locke, John）や功利主義者であり，「最大多数の最大幸福」を掲げたベンサム（Bentham, Jeremy）等によって展開されることになる。

　また，個人主義的あるいは利己主義的幸福主義を唱えたのが法思想家であるホッブス（Hobbes, Thomas）である。そして，他者の幸福や社会的福祉を含意する場合は社会的幸福主義といわれているが，これらの人びとにはホッブスの利己主義を批判し，人間における利他的な面を重視したのが，イギリスの道徳哲学者であるシャフツベリー（Shaftesbury, Anthony Ashley Cooper）や同国の哲学者で神学者であるカンバーランド（Cumberland, Richard）等であった[9]。

　なお，以上のように福祉と哲学（幸福論）との関係について述べてきたが人

間にとって客観的に幸福であるということは，憲法第25条に定めている「健康で文化的な生活」を意味する。すなわち，幸福とは一般的には個人の欲求・要求が持続的に満たされた状態をいうが，岡村重夫は社会福祉の基本的要求として以下の7つをあげている。すなわち，①経済的安定，②職業的安定，③家族的安定，④保健・医療の保障，⑤教育の保障，⑥社会参加ないし社会的協同の機会，⑦文化・娯楽の機会等である[10]。これらの基本的要求が充足されることにより，幸福を実感することができるのである。なお，他に著明な幸福論としては，イギリス人で哲学者であり，数学者でもあるラッセル（Russell, Bertrand）の『幸福論』（*The Conquest of Happiness*）（1930），フランス人で，モラリストであるアラン（Alain）の『幸福論』（*Propos sur le Bonheur*）（1928），そして，スイス人で法律家であり，政治家・宗教家あるいは歴史家であるヒルティ（Hilty, Carl）の『幸福論』（*glück*）（1899）等がある。

　また，福祉と哲学の関係で忘れてならないのは，実存主義哲学である。この哲学は20世紀の哲学として有名であるが，この哲学の特徴は「人間の存在を問う」ということで，人間の本質を問うのではなく，個体の実存（存在）を中心に考える哲学である。つまり，人間を主体的に捉えようとし，人間の責任と自由を強調し，人間は常に不安・孤独・絶望等に悩まされていると考えるのであり，人間の存在のあり方を問う哲学である。その代表的実存主義者はハイデガー（Heidegger, Martin）である。彼は，キリスト教的実存主義者であるキルケゴール（Kierkegaard, Søren）や現象学の権威であるフッサール（Husserl, Edmund）の影響を受けながら，実存主義哲学を確立する。主著『存在と時間』（*Sein und Zeit*）（1927）のなかで，人間のあり方を構成するものは，実存性，事実性，頽落性（たいらくせい）の3つの契機（動機）であることを明らかにした。この3つの契機は「自分の存在が気になること」「すでに世界の内にあること」「世界のなかで出会う物の許にあること」と換言している。これらの3つの契機はすでに世界のなかで出会い，存在するものという形で統合され，「気遣い（配慮）・憂慮（関心）」となり，この存在が人間としてのあるべき姿であるとしている[11]。すなわち，ケア（介護）は人間の実存性（＝存在）のあり方そのものを構成す

第2章　福祉の原理と哲学

るものであり、われわれにとってケアが存在しなければ人間としての存在意義を失うことになるとしている。その意味で、彼の哲学は、ケア（介護）理論の根底をなすものである。

また、日本人の福祉思想家として、主著『福祉の哲学』(1997) を著した阿部志郎や知的障害児施設の「近江学園」や「びわこ学園」での実践活動、知的障害児の療育、発達教育を通じて、「この子らを世の光に」という福祉思想を世の中に知らしめた糸賀一雄をあげることができる。

以上のように、福祉と哲学の関係について幸福論を中心に展開したが、社会福祉は個々の生活問題に対して社会福祉サービスを通じて自立・自己実現を達成するための実践活動である。このことが、社会福祉の目的概念（目標）である国民の幸福を実現することに繋がる。一方、哲学は人間の生き方の本質（＝人生の根本原理）を探究する学問であり、究極の目標が人類の幸福にある。すなわち、福祉と哲学の目的は、「人間の福祉」である。よって両者は究極的には、より快適な日常生活（ウェルフェア；welfare）を目指すための理念あるいは概念である。

(2) 福祉と倫理の関係

倫理（ethics）とは人間の行動規範をいい、道徳と同意語である。この倫理には行為の規範となる善をもとに、2つの立場に区分することができる。それは、①善を行為の到達点である結果に求める倫理（結果主義）と、②善を行為の出発点である動機に求める倫理（動機主義）である。前者は倫理の究極の目標が行為の結果として生じる幸福であるとし、幸福と善とは同一視するものである。故に幸福主義と呼ばれている。これに対して、後者は幸福を念頭に置く

図表2-5　2つの倫理の考え方

倫理　┬── 結果主義：善を行為の到達点である結果に求める→幸福主義（善と幸福を同一視）
　　　└── 動機主義：善を行為の出発点である動機に求める→厳粛主義（善と幸福を切り離す）

（出所：森岡清美・塩原　勉・本間康平編集代表『新社会学辞典』有斐閣、1993年、pp. 1487-1488を参考にして図表化する）

ことなく，純粋に義務に従って行為することが善であるとしている。すなわち，善と幸福は切り離される。こうした幸福を断念し，禁欲的に義務を実行する考え方を禁欲主義と呼んでいる[12]。図表2-3は2つの倫理の考え方である。

このように倫理には，結果主義と動機主義に区別することができるが，倫理は人間が社会生活をする上に遵守すべきルールである。よって，社会福祉専門職は利用者の基本的人権を尊重し，自立を促す社会福祉実践活動でなければならない。そこで，自ずと社会福祉専門職には厳しい職業倫理観が求められるのである。この点に関して，レヴィ（Levy, S. Chales）は，主著『社会福祉の倫理』（*Social Work Ethics*）のなかで，「職業倫理とは倫理全体のなかの特殊な分野である。したがって，倫理概念の明確化により職業倫理概念を明らかにすることができる。」と指摘している[13]。この倫理は専門職の構成要素のなかでも最も中核を成すものであるが，古くは「医は仁術」を体現し，医師としての高いモラルを要求した「ヒポクラテスの誓い」（BC 4世紀頃）や看護職の高い倫理性を謳った「ナイチンゲール誓詞」（1893）等がある。ここで，社会福祉分野の倫理綱領を紹介する。まず，全米ソーシャルワーカー協会（National Association of Social Workers；NASW）の倫理綱領（1996年8月改定，1997年1月1日施行）のなかで規定している倫理原則並びに倫理基準は，以下の通りである。

倫理原則
① サービスの精神：ソーシャルワーカーの第一義的目標は，生活上の問題をもつ人々を援助し，社会の問題について発言する。
② 社会正義：ソーシャルワーカーは社会的不正義に挑戦する。
③ 人の尊厳と価値：ソーシャルワーカーは，人の本質的な尊厳と価値を尊重する。
④ 人間関係の重要性：ソーシャルワーカーは，人間関係の枢要性を認識する。
⑤ 誠実：ソーシャルワーカーは信頼できる行為をする。
⑥ 適任性：ソーシャルワーカーは，自分の能力の範囲内で実践し，専門職の知識・技術を発展させる。

（出所：仲村優一・一番ヶ瀬康子編集代表『世界の社会福祉—アメリカ・カナダ』旬報社，1999年）より

この全米ソーシャルワーカー協会の倫理原則は，ソーシャル・ワーク価値観に基づく専門職としての職業倫理であり，すべての福祉援助利用者に対する援

助実践における公正・公平性を維持するための倫理基準であり，すべてのソーシャルワーカーが理想とする行動原則である。また，社会福祉専門職として今後，大いに期待されている「社会福祉士の倫理綱領」（2005年6月3日第10回通常総会にて採択）は，以下のとおりとなっている。

〔価値と原則〕
Ⅰ．人間の尊厳　Ⅱ．社会正義　Ⅲ．貢献　Ⅳ．誠実　Ⅴ．専門的力量
〔倫理基準〕
Ⅰ．利用者に対する倫理責任
　1．利用者との関係　2．利用者の利益の最優先　3．受容　4．説明責任　5．利用者の自己決定の尊重　6．利用者の意思決定能力への対応　7．プライバシーの尊重　8．秘密保持　9．記録の開示　10．情報の共有　11．性的差別，虐待の禁止　12．権利侵害の防止
Ⅱ．実践現場における倫理責任
　1．最良実践を行う責務　2．他の専門職等との連携・協働　3．実践現場と綱領の遵守　4．業務改善の推進
Ⅲ．社会に対する倫理責任
　1．ソーシャルインクルージョン　2．社会への働きかけ　3．国際社会への働きかけ
Ⅳ．専門職としての倫理責任
　1．専門職の啓発　2．信用失墜行為の禁止　3．社会的信用の保持　4．専門職の擁護　5．専門性の向上　6．教育・訓練・管理における責務　7．調査・研究

（出所：同上）

　このように福祉と倫理の関係は，対人援助関係における援助者であるソーシャルワーカー自身の社会的規範であり，社会福祉実践・社会等に対する倫理責任であるが，ワーカーという仕事が社会的に評価されるための大切なる職業倫理である。また，倫理は，ワーカーの価値体系に基づき運用されるのである。すなわち，倫理基準は価値の運用によって決まるといっても過言ではないのである。

4　福祉と哲学・倫理の関係

　前各節にて福祉と哲学並びに倫理との関係について論じた。そこで明らかになったのは，哲学は福祉の理念であり，なかでもギリシャ哲学の人間の存在の

図表2-6 福祉と哲学・倫理の関係図

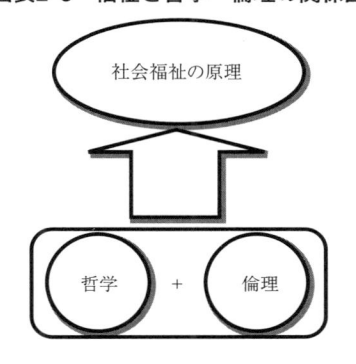

```
        ┌─────────────┐
        │ 社会福祉の原理 │
        └─────────────┘
              ↑
    ┌──────────────────┐
    │ ( 哲学 ) + ( 倫理 ) │
    └──────────────────┘
```

究極の目標とする幸福主義は社会福祉の目標そのものである。幸福とは，この地球上のすべての人類が享受すべきものであり，如何に個人の主体的欲求が継続的に満たされているかをいう。しかしながら，この世界中に経済的，精神的・心理的に「幸福」を体現することのできる人びとは一握りに過ぎない。故に，幸福とは主観的なものが優先されるためにその概念規定は困難であるが，あくまでも幸福は客観的尺度・数値のもとで達成されるべきものである。このように哲学とは福祉における理念であるが，これに対して倫理は，職業倫理としての社会福祉の倫理であり，社会福祉に携わる専門職として具備すべき社会規範であり，行動倫理である。故に社会福祉の社会的評価の基準にもなり得るのである。いずれにしても哲学は社会福祉における理念，目標であり，倫理は社会福祉の職業的倫理であると規定することができる。

5 ロールズの正義論

アメリカの政治哲学者であるロールズ（Rawls, John）は，主著『正義論』（*A Theory of Justice*）のねらいを，「ロック，ルソー，カントに代表される社会契約の伝統的理論を一般化し，抽象化の程度を高めること，私が企ててきたのはこれである。そうすることで，契約説の息の根をとめるものとしてしばしば考

えられてきた明白な異論の余地がもはやなくなるところまで，理論を拡充できればと願っている。」とし，功利主義にとって代るのが正義の理論であると述べている[14]。次のように，彼は功利主義の克服をめざすため「正義の二原理」(two principles of justice) を提唱した。その「公正としての正義」(justice as fairness) の原理の①は「基本的自由の権利の保障」（第一原理），②は「格差原理」（第二の原理）である。前者では，他者の自由を侵害しない限り，選挙権・被選挙権を保障する政治的自由，言論・集会の自由，思想および良心の自由等は平等に分配されること。すなわち，各人は平等な基本的諸権利或いは自由の保障を要求することができる。一方，後者は社会的・経済的不平等にある最も恵まれない立場にある人びとに対して，最大の便益を供与しなければならない。具体的手段として，累進課税，社会福祉政策，開発途上国に対する援助等である。

こうした考え方は，能力は個人のものでなく社会の共有財産であるという思想に基づいている。これらの基本的自由と社会的公正に基づいたロールズの正義に関する思想は，現代社会における社会福祉のあり方に多大なる影響を与えている。ロールズの思想はベンサム（Bentham, J.）やミル（Mill, J. S.）が提唱した「最大多数の最大幸福」を標榜する功利主義（utilitarianism）（＝快楽・利益・幸福・善を等しいものであるとした。これを生み出す性質を功利となづけ，一切の価値の原理と考える。）を否定し，正義の重要性を主張した。彼は，人びとの出生・才能によって経済的生活の分配を決定するのは道徳的視点からみても奇妙であり，社会的に最も不利な状況にある人びとを如何に不利益から救済し，合理的視点から社会的不平等を解消すべきであるとしている。すなわち，「社会の最も不利な状況にある人びとの社会経済的福祉の最大化が，結局すべ

図表2-7 ロールズの正義論の２つの原理

正義論 ─┬─ 基本的自由の権利の保障（第一の原理）：各人は平等な基本的諸権利
　　　　│　　　　　　　　　　　　　　　　　　あるいは自由の保障を要することができる。
　　　　└─ 格差原理（第二の原理）：社会的・経済的不利益を最も被っている人に
　　　　　　　　　　　　　　　　　　対する最大便益の供与を行う。

ての人びとの社会経済的利益の増進につながるのであるということとか，破壊的な嫉妬心を除去し心理的安定や互酬性を確保しうる社会的共同活動の条件が創出され，共同体的統合・連帯が確立されることになる。」[15]と述べ，最も不利な状況にある人びとの生活向上のための分配の原理を提唱しているところにローズの正義論の価値を見出すことができる。

❻ センの潜在能力並びにユヌスのソーシャル・ビジネス思想

アジア人として初めて，経済学の分野で1998年のノーベル経済学賞を受賞したセン（Sen, Amartya）は，人が善い生活や人生を生きるために選択することのできるさまざまな機能の組み合わせの集合をケーパビリティ＝「潜在能力」（capability）と定義した。これは，何ができるのかという可能性を表している。良い栄養状態にあることから，社会生活に参加していることなど，基本的なものから複雑なものまで多岐にわたる機能があるとする。すなわち，生活の質を所得や効用ではなく，潜在能力からみようとした[16]。このように，彼は貧困概念をケーパビリティ（capability）に着眼し，これまでの経済学における財や効用概念から人びとの福祉にアプローチすることを批判し，これに代わる概念として登場させた[17]。

また，2006年のノーベル平和賞を受賞したユヌス（Yunus, Muhammad）は，バングラデシュのグラミン銀行を通じて貧しい人びとに融資をすることによって社会貢献を果たしてきた。その融資先はバングラデシュ全土であるが，その融資先の90％以上が女性である。また，その融資方法はマイクロクレジットという無担保少融資であったため，貧しい人びとにとって有利なローンであった。このマイクロクレジットを採用した理由として，ユヌスは，女性が経済力を所有することにより生活改善に寄与できるという考えを持っていたからである[18]。

彼の思想の特徴は，ソーシャル・ビジネスによる貧困のない社会の創造であった。ユヌスはソーシャル・ビジネスを慈善事業ではなく，ビジネスそのもの

であるとし，これを2種類に分類した。ひとつは「所有者に対する最大限の利益を追求するよりはむしろ社会的な利益を追求する企業で，経済的な報酬よりも心理的，精神的な満足のために貧困削減，貧しい人びとへのヘルスケア，社会的な正義やグローバルな持続性といった社会的な利益を求める投資家によって所有されているものである。」他は「貧しい人々や恵まれない人々によって所有されている，最大限の利益を追求するビジネスである。」[19] この2つのタイプの特徴は前者が貧しい人びとを援助するために社会的利益を生み出すための製品開発（たとえば住宅，教育，食料品，医薬品等）を低コストで行い，提供するのが業務の本質であり，開発された商品が諸問題（たとえば，環境改善，疾病の予防・治療）に役立つかもしれない。そして投資家には金銭的配当は行わないビジネスである。一方，後者はビジネスとして社会的利益を生むかもしれないし，生まないかもしれないが生まれた社会的利益は，所有権から生じる。そして，この企業の所有者は貧しい人びとであるため，生じる利益は貧しい人びとに分配されるのでそれらの人びとを援助，助けることになる。このように，ユヌスは「ソーシャル・ビジネス」が社会的利益を最大の目標とした新たなるビジネスであり，慈善事業に代わる新たなる概念として位置づけている。すなわち，ソーシャル・ビジネスの開発・発展が貧困撲滅を目指す指標であるとし，新たなる貧困問題解決の実践活動であり，福祉思想であると意義づけることができる。

注）
1）高田真治・岡本民夫・岡本栄一編著『新版社会福祉原論』ミネルヴァ書房，1992年，p. 42
2）岡村重夫『社会福祉原論』全国社会福祉協議会，1983年，pp. 95-102
3）同上(1)の pp. 42-67
4）三浦文夫『社会福祉政策研究（増補改訂）』全国社会福祉協議会，1985年，pp. 169-170
5）ヴォルフェンスベルガー著／中園康夫・清水貞夫編訳『ノーマライゼーション―社会福祉サービスの本質』学苑社，1982年，p. 48
6）阿部志郎『福祉の哲学（改定版）』誠信書房，2008年，p. 9

7）アリストテレス著／高田三郎訳『ニコマコス倫理学（上）』岩波文庫，1971年，p. 20
8）アリストテレス著／高田三郎訳『ニコマコス倫理学（下）』岩波文庫，1973年，p. 236
9）廣松　渉ほか編『岩波哲学・思想事典』岩波書店，1998年，pp. 502-503
10）同上(2) p. 82
11）高田珠樹『ハイデガー存在の歴史』講談社，1996年，pp. 213-218
12）森岡清美・塩原　勉・本間康平編集代表『新社会学辞典』有斐閣，1993年，pp. 1487-1488
13）C.S. レヴィ著／B. ヴェクハウス訳『社会福祉の倫理』勁草書房，1996年，pp. 213-218
14）ジョン・ロールズ著／川本隆史・福間　聡・神島裕子訳『正義論（改訂版）』紀伊國屋書店，2010年
15）ジョン・ロールズ著／田中成明編訳『公正としての正義』木鐸社，2010年，p. 13
16）成清美治・加納光子代表編集『現代社会福祉用語の基礎知識』学文社，p. 219
17）仲村優一・一番ヶ瀬康子・右田紀久恵監修『エンクロペディア社会福祉学』中央法規，2007年，p. 857
18）同上(16) p. 350
19）ムハマド・ユヌス著／猪熊弘子訳『貧困のない世界を創る』早川書房，2008年，pp. 65-66

第3章 社会保障

1 福祉国家と社会保障

(1) 社会保障成立への道

　福祉国家（Welfare State）を定義することは容易ではないが，一般的に福祉国家とは，①民主主義を基本とした政治体制，②完全雇用（雇用の確保）政策，③基本的人権思想の保障，④社会保障制度の整備，⑤中央政府が中心の国家体制（レジーム）のことをいう。

　福祉国家の基盤を形成する社会保障（social security）は，国民の生活の維持・安定を図ることを目的としたものであるが，その制度の源流を国家が救貧税を財源として生活困窮者の救済を行ったイギリスの救貧法（公的扶助制度）と労働運動を抑制するため生まれたドイツの社会保険制度に求めることができる。また，福祉国家の基本理念は，イギリスの社会改良主義者であるウェッブ夫妻（Webb, Sidney & Beatrice）によって提唱された「最低生活保障」，すなわち，ナショナル・ミニマム（National Minimum）に求めることができる。この基本理念は，のちに，ベヴァリッジ（Beveridge, William）の社会保険の原理に導入された。社会保障制度の中核である社会保険が創設されたのは，産業革命の後発国であるドイツであった。ドイツで世界最初の社会保険が生まれた理由として，次の点を挙げることができる。産業革命においてイギリスの後塵を拝していた同国はフランスとの戦争（普仏戦争）を経て1871年に国家が統一されたが，その過程で同国において宗教的・思想的対立が起こった。

　また，19世紀の後半から国内の産業資本家を育成し，急速な産業革命を推進した。そのためドイツ各地で労働運動が勃発した。こうした労働運動を抑制するため当時の宰相ビスマルク（Bismarck, Otto）は，社会主義者鎮圧法（1878）

を制定することによって労働運動を非合法化とした。これによって労働運動は弾圧されることとなったが，1884年の選挙では政府の意図に反して社会民主党が躍進した。こうしたなかで彼は労働者の福祉増進として社会政策を導入することとなった。すなわち，疾病保険法（1883），災害保険法（1884），老齢・障害保険法（1889）の3つで，世界最初の社会保険となった。これがビスマルクの「飴と鞭」の政策と呼ばれるものである。これに対して，イギリスは自由党のロイド（Lloyd, George）がドイツの現状を視察してドイツ型（強制社会保険）とは異なる社会保険を制定する必要性を訴え，同党の社会保障政策に影響を与えることとなった。そして，1906年に政権の座についた自由党は，学校給食法（1906），学校保健法（1907），老齢年金法（1908），職業紹介法（1909），国民保険法（1911）等を次々に制定した。なお，各種の社会保険制定の前提となったのはブース（Booth, Charles），あるいは，ラウントリー（Rowntree, B. Seebohm）の社会調査によって，多くの貧困者の存在が明らかになったことである。

一方，公的扶助については，イギリスの救貧法にその原型を求めることができる。同法における救貧事業は，労働能力がありながら働く意欲が欠如している者（「有能貧民」）の労役場（ワークハウス）での強制就労，孤児・捨て子には一定の年齢まで徒弟奉公を課し，就労することが不可能な老人・病人・障害者（「無能貧民」）のみ生活扶養を目的とした救貧院に収容した。また，財源は教区に治安判事の承認を得た貧民監督官を置き，貧民税を強制的に徴収することによってまかなわれた。この救貧法は，国家的組織で富裕者から救貧税を徴収して貧民に分配，貧民を強制就業させることを目的とした。救貧法はその後，産業革命によって資本主義体制が確立するなかで1834年に大改正されることとなった。その内容は，保護基準の全国的統一，劣等処遇の原則，労役場処遇を原則とし，貧民の人間の救済を拒否，自助を強調した厳しい内容を伴う「新救貧法」（new poor law）として成立した。

その後，救貧法はイギリスの救貧事業を担ってきたが，第2次世界大戦後の1948年の「国民扶助法」（National Assistance Act）の成立によって，同法はその役目を終え，国民扶助法が社会扶助として社会保障の一翼を担うことになっ

た。

　社会保障法が世界で初めて制定されたのは，アメリカの「社会保障法」（Social Security Act, 1935）であった。そしてアメリカより遅れること3年，地球の南半球の国，ニュージーランドにおいても社会保障法が誕生した。同国とアメリカの社会保障法を比較検討すると，ニュージーランドの社会保障法が老齢・疾病・寡婦・孤児・失業またはその他の状況から起因する事態に対する保障（保健・医療サービス＋年金給付制度）であるのに対して，アメリカの社会保障法は，年金保険と公的扶助への補助，社会施設，福祉事業への補助の3本柱に限定され，健康保険制度の欠如と国庫負担や運営主体による給付格差等の問題を抱えていた[1]。

　ここで，ニュージーランド独自の社会保障制度の経緯と現状について若干触れることにする。同国の社会保障制度の本格的な展開はイギリス労働党の普遍的サービスの導入の影響を受けたニュージーランド労働党サヴェジ（Savage, Michael Joseph）政権の一般租税を財源とした「社会保障法」（1938）の制定以降である。

　同国は，政権政党が労働党から国民党，あるいは国民党から労働党に交代しても社会保障・社会福祉政策の隔たりは余りないのが同国政情の特徴である。社会保障法成立後，「保健法」（1956），「児童・青少年法」（1974），社会福祉省の創設（1972），「国民老齢年金法」（1977），「精神保健法」（1983）等と次々に社会保障・社会福祉関連法を成立させた。しかし，1970年代の2度の世界的石油危機（1973年，1979年）による原油価格の高騰，イギリスのEC加盟によりニュージーランド経済は大打撃を受けた。このことが労働党政権であるのにもかかわらずロンギ（Lange, David）内閣は，経済危機を乗り切るため，かつて同国がとってきたケインズ主義経済政策路線を破棄し，マネタリズム路線を選択した[2]。その後，1990年代に入り国民党のボルジャー（Bolger, Jim）政権以降，「福祉国家」から「企業国家」をより鮮明にした。このように，同国は福祉の最先進諸国からオイルショックを契機に経済的困難のなかで普通の福祉国家に変貌したのである。

このように，当初，ニュージーランド社会保障法は「一般租税」を財源とした社会保険と社会扶助が統合化された独特のものであり，その独自性は高く評価された。しかし，第2次世界大戦後の世界各国は，社会保障の財源を租税ではなく社会保険を中核としたベヴァリッジの「福祉国家」構想を導入したためニュージーランド方式は普及しなかったのである。

(2) ベヴァリッジの社会保障構想

　福祉国家構想のもとになったのは，ベヴァリッジを委員長とする委員会の報告書である『社会保険および関連諸サービス』(Social Insurance and Allied Services)（通称『ベヴァリッジ報告』(1942)）である。このなかで彼は，「勧告の3つの指導原則」について述べている。その第1の原則は，将来のための提案はすべて，過去に集められた経験を完全に利用すべきであるが，その経験を得る過程で築き上げられた局部的利益への顧慮によって制約されてはならない（抜本的取り組みが必要）。第2の原則は，社会保険の組織が，社会進歩のための包括的な政策の一部にすぎない。すなわち，完全に発達した社会保険は，所得保障であり，窮乏（want）に対する攻撃であるが，しかし，窮乏は戦後の再建を阻む5つの巨人（five giants）のひとつにすぎない。他の4つの巨人とは，疾病（disease），無知（ignorance），不潔（squalor），怠惰（idleness）である（図表3-1参照）。

　第3の原則では，社会保障とは国と個人の協力によって達成されるべきものであるとしている[3]。このようにベヴァリッジの社会保障計画は，①基本的な

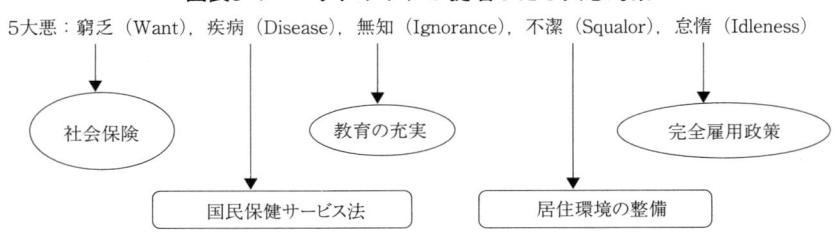

図表3-1　ベヴァリッジが提唱した5大悪対策

5大悪：窮乏（Want），疾病（Disease），無知（Ignorance），不潔（Squalor），怠惰（Idleness）

社会保険　　国民保健サービス法　　教育の充実　　居住環境の整備　　完全雇用政策

ニードに対する社会保険,②特別な措置としての国民扶助,③基本的サービス以上を求める場合の任意保険の3つの組み合わせとなっている。また,国民医療保障に対しては,「国民保健サービス法」(National Health Service Act)(1948)で対処することとなった。なお,彼の社会保障の基本理念はすでに述べたようにウェッブ夫妻(S. Webb & B. Webb)が『産業民主制論』(*Industrial Democracy*)(1897)のなかで提唱したナショナル・ミニマム(最低生活保障)論にある。その前提条件が完全雇用,国民保健サービス,児童手当であった。

このようにベヴァリッジの報告書に基づく諸政策は,第2次世界大戦後のイギリスの社会保障制度の確立に寄与するとともに,福祉国家としてのイギリスを誕生させ,社会保障の国際的発展に貢献したのである。イギリスの福祉国家誕生に至るまでその底流には,不完全ながら生活困窮者に対する救済策として,キリスト教的慈善事業あるいは社会的正義から立法の形をとった「救貧法」に基づく公的扶助が存在した。同法は,エリザベスⅠ世の治世下の1601年より,同法の廃止のきっかけとなった「国民扶助法」(1948)の成立に至るまで歴史的役割を果たした。このようにキリスト教慈善事業や救貧法は,イギリスにおける社会保障制度の確立の礎となり,福祉国家誕生の源流となったのである。

2 社会保障と基本的人権

(1) 基本的人権

社会保障は,人間が生まれながらにして当然有する権利である基本的人権と密接な関係がある。日本国憲法は,基本的人権を第11条〔国民の基本的人権の永久不可侵性〕,第97条〔基本的人権の本質〕において保障している(ただし,第12条,第13条において「公共の福祉」の下で一定の制約がある)が,①平等権,②自由権,③社会権,④参政権を規定している。

主なものをあげると,①平等権は,法の下における平等を意味するが,第14条〔国民の平等,貴族制度の否認,栄典の授与〕では「法の下での平等」を定めている。また,第24条〔家族生活における個人の尊厳と両性の平等〕では

「個人の尊厳」を定め，夫婦の平等の権利を認めている。

次に，②自由権は，基本原則として国家からの権力介入を排除し，個人の自由を保障することであるが，精神的自由として，第19条〔思想及び良心の自由〕を，第20条〔信教の自由〕では，「個人の信仰の自由と国等の宗教活動の禁止」を定めている。

③社会権とは，人間としての最低生活の保障を国に求める権利であるが，日本国憲法第25条〔国民の生存権，国の保障義務〕の第1項「すべて国民は，健康で文化的な最低限度の生活を営む権利を有する。」第2項「国は，すべての生活部面について，社会福祉，社会保障及び公衆衛生の向上及び増進に努めなければならない。」と生存権が明記してある（日本国憲法第25条の捉え方には，具体的権利説，プログラム規定説，抽象的権利説等がある）。また，第26条〔教育を受ける権利，受けさせる義務〕には「すべての国民は，義務教育を受ける権利があり，また，保護者はその子どもに教育を受けさせる義務がある。」としている。

④参政権とは，国民が直接あるいは間接に国政に参加する権利をいうが，日本国憲法の第15条〔国民の公務員選定罷免権，公務員の本質，普通選挙及び秘密投票の保障〕等に明記している。このような基本的人権の系譜は，これまでの幾多の人権宣言に求めることができる。

(2) 基本的人権の系譜

歴史的に人権宣言として有名なのは，イギリスとの戦争後，13の植民地の独立を果たすきっかけとなったジェファーソン（Jefferson, Thomas）が起草した「アメリカの独立宣言」(The Declaration of Independence of the 13 United States of America, 1776) やフランスの基本的文書で，ルソー（Rousseau, Jean Jacques）の「社会契約論」(Du Contrat social, ou principles du droit politique, 1762) にある"自由・平等・博愛"思想やモンテスキュー（Montesquieu, Charles Louis de Second-at）の「法の精神」の権力分離等の影響を受けて，成立した「フランス人権宣言」(Déclaration des Droits de l' Homme et du Citoyen) がある。アメリ

カ独立宣言並びにフランス人権宣言は，ともに「すべての人間は平等である」と唱え，国家構築の基本理念となった。

基本的人権は，当初，自由・平等を中心に推移したが，のちに社会権や生存権が含まれることとなった。そのきっかけとなったのは，第1次世界大戦後の1919年ドイツで公布された「ワイマール憲法」（Weimarer Verfassung）であった。このなかで世界最初の「生存権」（第151条第1項）が明記された。すなわち「経済生活の秩序は，すべての人に，人たるに値する生存を保障することを目指す，正義の諸原則に適合するものでなければならない。」

ところで，人権保障の国際的規範（基本原理）となったのが，第2次世界大戦後，国際連合総会で採択され成立した「世界人権宣言」（Universal Declaration of Human Rights）である。この宣言は，前文と30条より成り立っている。図表3-2が世界人権宣言のなかの基本的人権と社会保障に関する条文である。

世界人権宣言の特徴は，すべての人間は生まれながらに自由であり，かつ，尊厳と権利について平等であり，人は人種・皮膚の色・性・言語・宗教・国等において差別されないとしていることである。

なお，世界人権宣言は法的拘束を持たないため限界があった。そこで，国連総会にて同宣言に法的拘束を持たせた「国際人権規約」（International Covenants on Human Rights, 1966）が採択された（わが国は，1979年に同規約を批准

図表3-2 世界人権宣言（抜粋）

第1条：すべての人間は，生まれながらにして自由であり，かつ，尊厳と権利とについて平等である。人間は，理性と良心とを授けられており，互いに同胞の精神をもつて行動しなければならない。
第22条：すべて人は，社会の一員として，社会保障を受ける権利を有し，かつ，国家的努力及び国際的協力により，また，各国の組織及び資源に応じて，自己の尊厳と自己の人格の自由な発展とに欠くことのできない経済的，社会的及び文化的権利を実現する権利を有する。
第25条：すべて人は，衣食住，医療及び必要な社会的施設等により，自己及び家族の健康及び福祉に十分な生活水準を保持する権利並びに失業，疾病，心身障害，配偶者の死亡，老齢その他不可抗力による生活不能の場合は，保障を受ける権利を有する。
　2．母と子とは，特別の保護及び援助を受ける権利を有する。すべての児童は，嫡出であると否とを問わず，同じ社会的保護を享有する。

した)。

3 社会保障の概念と理念

(1) 社会保障の概念

　わが国の社会保障制度の概念を定義し，社会保障制度の体系化に影響を与えたのは社会保障制度審議会による各年度の勧告である。とくに，社会保障の定義を規定したのが，1950年の社会保障制度審議会「社会保障制度に関する勧告」である。それによると，「社会保障制度とは疾病，負傷，分娩，廃疾，死亡，老齢，失業，多子その他困窮の原因に対し，保険的方法又は直接公の負担において経済保障の途を講じ，生活困窮に陥った者に対しては，国家扶助によって最低限度の生活を保障するとともに，公衆衛生及び社会福祉の向上を図り，もってすべての国民が文化的社会の成員たるに値する生活を営むことができるようにすることをいうのである。」とあり，社会保険を中核とし，補完するものとして公的扶助（生活保護），社会福祉，公衆衛生および医療という社会保障制度の基本的枠組みを提示した。また，社会保険を医療保険，年金保険，失業保険，労働災害補償保険とした。この勧告をもとにわが国の社会保障制度が逐次整備さることとなったが，その目的は貧困に対する救貧並びに防貧，すなわち国民の「最低生活の保障」（ナショナル・ミニマム）にあった。しかしながら今日の少子・高齢社会の下で，逼迫した財政的問題も手伝って，社会保障制度の在り方も，これまでの問題発生の事後的対応から，問題発生を事前に防ぐ予防的対応へ変化しつつある。

　つまり，予防型社会保障制度への変容である。その端的な例が介護保険制度の「介護」から「介護予防」への政策転換である。現在の社会保障制度は，図表3-3「国民生活を生涯にわたって支える社会保障制度」の通りである。なお，現在進行中の「社会保障と税の一体改革」については，第5節で詳しく述べる。

(2) 社会保障理念の発達

社会保障の基本理念は,すでに第1節の(2)で述べたようにウェッブ夫妻が提唱したナショナル・ミニマム論にある。この理論を明確にしたのがすでに述べた『産業民主制論』においてであった。同書のなかでナショナル・ミニマムは,

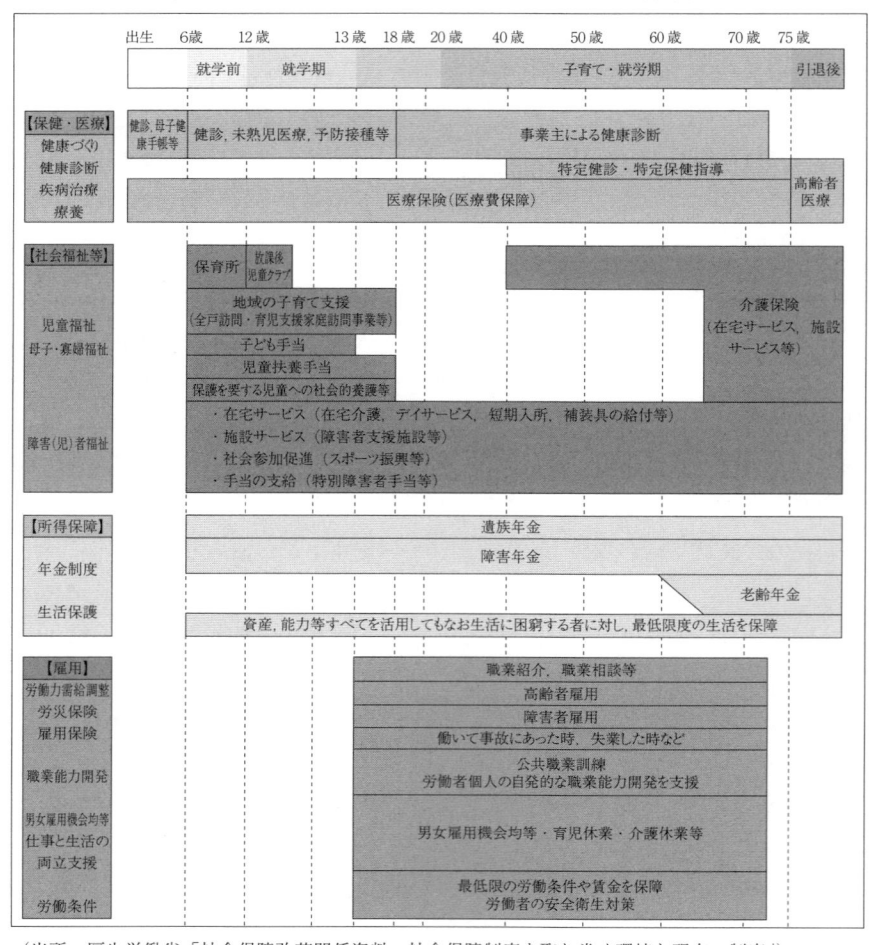

図表3-3　国民生活を生涯にわたって支える社会保障制度

【保健・医療】	健康づくり／健康診断／疾病治療／療養
【社会福祉等】	児童福祉／母子・寡婦福祉／障害(児)者福祉
【所得保障】	年金制度／生活保護
【雇用】	労働力需給調整／労災保険／雇用保険／職業能力開発／男女雇用機会均等／仕事と生活の両立支援／労働条件

(出所:厚生労働省「社会保障改革関係資料―社会保障制度を取り巻く環境と現在の制度」)

労働者を雇用する事業主が守るべき最低の労働条件であるとし，この雇用のための共通規制（common rule）を産業間に強制していくことが労働者の生活向上に繋がるとした。

その後，彼等はナショナル・ミニマム論を展開した。

社会改良主義者であるウェッブ夫妻の考え方は，救貧法のように生活困窮者の救済を選別する選別主義（selectivism）ではなく，すべての生活困窮者に対してサービスを提供する普遍主義（universalism）であった。現在，わが国において，公的扶助あるいは児童手当，児童扶養手当，特別児童扶養手当等は選別主義を採用，その他の社会福祉サービス，たとえば，2010年度から開始された「こども手当」は普遍主義を採用している。

このように，ウェッブ夫妻が提唱した社会保障の基本的理念であるナショナル・ミニマム論は，ベヴァリッジの社会保障構想のなかに基本理念として導入され，第2世界大戦後イギリスをはじめ世界各国の福祉国家構想に影響を与えた。その後，石油ショックを起因とする世界経済の危機の下で福祉国家体制が衰退するとともに20世紀後半における社会保障の理念は，①デンマークのバンク＝ミケルセン（Bank-Mikkelsen, N. E.）が提唱したノーマライゼーション，②ティトマス（Titmuss, R. A.）の福祉の社会的分業論の影響を受け，新保守主義の流れを汲むローズ（Rose, R.）等の福祉の供給源を3つ（国・民間市場・家族）に類型化した福祉ミックス論（福祉多元主義），③元アメリカのニクソン（Nixon, R. M.）大統領が福祉改革において用いた言葉であるが，イギリスの元首相ブレア（Blair, A. C. L.）が推進したワークフェア（Workfare；労働を奨励する福祉政策）等の理念が登場した。そして，④従来の貧困者，障害者等の排除だけでなく，政治の不安定，経済の不安定，社会環境の悪化等のもとで増加する薬物依存者，学校不適応児，失業者等を社会的に排除するというソーシャルエクスクルージョン（social exclusion）がヨーロッパにおいて大きな社会問題となった。こうした状況を打開するため1980年代からヨーロッパを中心に，これまで社会的に排除されてきた人びとを社会のなかに包み込み，支え合うというソーシャルインクルージョン（social inclusion）の理念が注目されている。こ

の理念は「孤独・孤立・排除されているすべての人々を社会のなかに受け入れ，支え合い，社会の構成メンバーとして迎えること」である。イギリスやフランスでは政策目標のひとつとして取り上げてきたが，今日 EU では，社会政策の基本事項となっている。たとえば，フランスでは「エクスクルージョン対策法」(1998) に制定され，同法では，雇用，住宅，医療，教育，職業訓練，文化や家庭生活等の保障を盛り込んでいる[4]。また，イギリスでは，エクスクルージョン対策として，ワークフェアを中心に展開してきた。

なお，EU の具体的政策として，2000年6月に「新社会政策アジェンダ」が発表された。そして，同年の12月にニースの欧州委員会で採択された。このなかで，ソーシャルエクスクルージョンに関しては，「貧困や疎外を防止・撲滅し，すべての者を経済・社会生活に統合・参加させること」が目標として掲げられた[5]。

(3) わが国のソーシャルインクルージョンの取り組み

わが国において，社会的に排除されている人びとに対する政策として，福祉・労働・教育等の政策が導入されるようになったのは，経済のグローバル化，家族規模の小規模化，地域社会の崩壊等によって，失業，中高年の自殺，ホームレス，いじめ等の問題が顕著になってきてからである。そこで，2000 (平成12) 年12月8日に当時の厚生省 (現厚生労働省) は，「社会的な援護を要する人々に対する社会福祉のあり方に関する検討報告書」を発表した。このなかで，社会的排除の対応策として，ソーシャルインクルージョンを新たな理念として提起している。社会福祉の増進のための社会福祉事業法等の一部を改正する法律」(2000) の制定により，新たに「地域福祉の推進」が設けられた。これは，近年わが国の地域社会において弱体化している「つながり」を再構築するためのものであるとし，イギリスやフランスにおいても「ソーシャルインクルージョン」が政策目標のひとつにあげられている。しかし，これらは「つながり」を再構築するための歩みであると指摘しており，これが同報告書の「基本的考え方」となっている。また，同報告書では，「近年における社会経済環境の変

図表3-4　近年における社会経済環境の変化

① 経済環境の急激な変化
・産業構造の変貌とグローバリゼーション
・成長型社会の終焉
・終身雇用などの雇用慣行の崩れ
・企業のリストラの進行
・企業福祉の縮小〜競争と自己責任の強調
② 家族の縮小
・世帯規模の縮小
・家族による扶養機能のますますの縮小
・非婚・パラサイトシングルなどの現象
③ 都市環境の変化
・都市機能の整備
・高層住宅，ワンルームマンションなどの住宅の変化
・消費社会化
・都市の無関心と個人主義
④ 価値観のゆらぎ
・技術革新や社会経済変化の中で，人間や生活，労働をめぐる基本的価値観の動揺

(出所:「社会的な援護を要する人々に対する社会福祉のあり方に関する検討会」報告書，2000年12月8日)

化」として，図表3-4のような要因をあげている。

　また，同報告書は，①問題の背景：経済環境の変化，家族規模の縮小，都市の変化，②問題の基本的性格：心身の障害や疾病，社会関係上の問題，③社会との関係における問題の深まり：社会的排除・摩擦，社会的孤立，④制度との関係における問題の放置：制度に該当しない，制度がうまく運用されていない，制度にアクセスできない，制度の存在を知らない等を問題把握の視点としてあげている。

　このように，わが国においてもソーシャルインクルージョンの取り組みが始まっているのである。

❹　社会保障の役割と機能

　第1に社会保障の役割であるが，国民が病気，障害，事故，失業，退職等にて生活困窮に陥った場合，個人の責任や自助努力で自立した生活を維持することができないとき社会保険である年金や医療保険あるいは雇用保険や社会福祉

等の安全網（セーフティネット）にて国民の生活を保障することである。このようにして，国民の生活が社会保険を中心にして守られているのである。ただし，近年の経済のグローバル化，世界的金融危機，長期デフレ傾向，産業構造の変化に伴って，わが国の雇用環境は厳しい局面を迎え，雇用形態に変化をもたらした。つまり，「雇用の調整弁」の役割を果たす非正規社員の増大であり，彼等は，経済的不安だけでなく，社会保険（年金・医療保険）の未加入による生命の危機を迎えている。この非正規社員（派遣・パート等）は，2009年平均で1,721万人となり，前年より約39万人減少している（総務省「労働力調査」2010年2月22日発表，『朝日新聞』2010年2月23日より）。この結果より，非正規社員が雇用の調整弁になっていることが明らかとなった。今後，雇用の安定化が社会保障制度を維持・継続するために大切な要件となってくる。

　第2に社会保障の機能であるが，主として，(1)生活の安定機能，(2)経済の安定機能，(3)所得再分配機能，(4)社会的統合と政治の安定機能，(5)リスクの分散（＝保険）機能等がある。

　まず，(1)生活の安定と成長機能であるが，私たちは，日常生活において病気やけがをすることがある。こうした場合，医療保険の存在により，一定の自己負担のもとで必要な医療（治療・投薬あるいは手術）を受けて健康を回復し，従来の生活に戻ることができる。また，失業をした場合，雇用保険により再就職まで生活を維持することが可能である。そして，業務中に労働災害に遭遇した場合，労働者災害補償保険制度により自己負担なしで，治療を受けることができる。定年退職後の生活は，各年金制度による経済的保障（ただし，各年金制度により給付額の格差がある）により，日常生活を継続することができる。老後，要介護・要支援状態に至り介護が必要となった場合にも，介護保険制度の利用により，介護サービスを受けることができる。

　このように社会保険制度により，私たちは，日々安定・安心した生活を送ることができるのである。これが社会保障の生活の安定機能である。

　次に，(2)経済の安定機能であるが，社会保障は景気を常に一定化し，経済を安定させる機能がある。すなわち，景気が不況な時には，生活困窮者に対して

社会保険の給付や生活保護費の支給により，消費需要の低下を補うことができる。たとえば，雇用保険は，失業時の生活を支える役割を担っているが，このことにより一定の消費の冷え込みを抑制する効果がある。一方，経済が好況期にある場合，生活保護費の支出や雇用保険の給付が抑制され社会保障財政の安定化に寄与すると同時に所得の上昇に伴って，個人だけでなく企業の保険料負担も上昇するので，景気のヒートアップ（加熱）を抑制することができる。また，高齢者に対する公的年金の支給は，生活の安定化と同時に消費活動を支える。こうした社会保障の自動安定化装置の役割をビルトインスタビライザー（built-in stabilizer）という。

そして，(3)所得再分配機能であるが，この機能には，①垂直的再分配機能と，②水平的再分配機能と，③世代間再分配機能がある。①は高所得者層から低所得者層への所得の再分配，すなわち，所得の移転である。たとえば，高所得階層から累進税（progressive tax）により徴収した所得税や資産課税にて生活保護の費用を賄った場合，所得が高所得階層から低所得者階層へ移転し，所得再分配効果が上がったことになる。②は同一の所得階層内での所得再分配機能で，就労している人が就労できない人（老齢，障害，失業，病気等）に対する所得再分配である。例えば，障害や病気で治療（通院・入院）が必要な場合，健康時に一定の保険料を支払っている医療保険から医療あるいは傷病手当金が給付され生活保障が確保される。すなわち，所得再分配機能が働いているのである。

このような所得再分配機能は，租税や社会保障制度が手段となるのである。③わが国の社会保険は賦課方式（現役の被保険者が支払う保険料で老齢年金給付金を賄う）である。つまり，世代間による所得再分配である（第1章の図表1-1参照）。

次は，(4)社会的統合と政治の安定機能であるが，社会保障の機能が有効に働くことによって，地域で暮らす人びとの生活を安定させることになる。社会保障が効果的に機能することは，国民間の経済的格差を是正し，毎日の生活に余裕をもたらす。その結果，地域社会の人間関係にゆとりが生まれ，人間関係が安定し，所得階層間の対立が緩和され，政治が安定的に機能する。

図表3-5　社会保障の機能

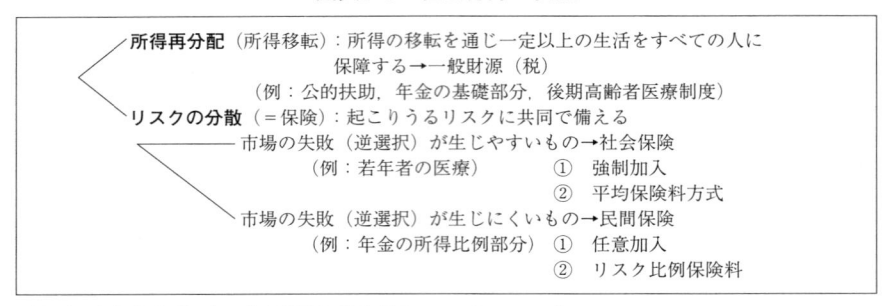

```
所得再分配（所得移転）：所得の移転を通じ一定以上の生活をすべての人に
                保障する→一般財源（税）
            （例：公的扶助，年金の基礎部分，後期高齢者医療制度）
リスクの分散（＝保険）：起こりうるリスクに共同で備える
    市場の失敗（逆選択）が生じやすいもの→社会保険
        （例：若年者の医療）    ①　強制加入
                              ②　平均保険料方式
    市場の失敗（逆選択）が生じにくいもの→民間保険
        （例：年金の所得比例部分） ①　任意加入
                              ②　リスク比例保険料
```

（出所：広井良典『日本の社会保障』岩波新書，1999年，p.105）

　最後に(5)であるが，すでに述べたように本来，社会保障の役割は，人びとが疾病，障害，失業，老齢等によって，生活が不安定化した時に安全網（セーフティネット）により，主として経済的に生活を支える役割を持っている。すなわち，人びとは被保険者として，一定の保険料を支払い，病気や事故等の不規則あるいは不確実なリスクの分散を社会保険（「社会保険」と「民間保険」）というシステムを通じて図っているのである。つまり，私たちはこのセーフティネットによって，人生のリスクを分散しているのである。しかしながら，この機能は既述したようにグローバル経済，高齢社会のもとでの雇用の不安定化が無保険者を増大させ，強いては年金等の財政基盤を揺るがしている。こうした状況がセーフティネットそのものを脆弱化させ，生活困窮者が社会保険の網の目から漏れ，被保護者の増加を招いている。

　なお，被保護者数は，2008（平成20）年度で，1,592,625人，同年の保護率12.5‰，被保護者世帯数は，1,148,766世帯となっている。この数は，1995（平成7）年以降上昇し続けている（福祉行政報告例より厚生労働省社会・援護局作成）。

　以上，社会保障の機能について述べたが，今後もますます国民の生活・生命・安全を守るセーフティネットとしての役割が期待されるのである。

5 社会保障と税の一体改革

　現在，わが国は超高齢社会（全人口に占める65歳以上の割合が21％以上）にある。こうした状況下で，将来の社会保障制度のあり方が論議されている。日本の社会保障制度が確立したのは，1961（昭和36）年の国民皆保険，国民皆年金制度の発足である。しかしながら，高度経済成長期を経て，その後の少子・高齢化社会の到来によって社会保障費の伸びが年々いちじるしくなっている（図表3-7参照）。また，経済の長期低落傾向のもとでの税収入の減少，道路・ダム建設等の大型公共投資の継続，国民医療費なかでも高齢者医療費の高騰化による社会保障費の増加等が国家財政を逼迫（バブル経済崩壊以降の長期低成長による税収入の鈍化・低下）させたと同時に，国民の社会保障・社会福祉サービスに対するニーズの多様化・多種化，雇用基盤の変化（就労形態，雇用形態の変化），家族形態の変化（単身高齢世帯やひとり親世帯の増加），地域基盤の変容（地域コミュニティ基盤の弱体化，過疎化・都市化問題），生活リスクの変化（ストレスによる精神的疾患の増加）等の諸問題の噴出によって，社会保障制度の再構築が緊急課題として取り上げられるようになった。

　この問題が本格的に取り上げられたのは，2008（平成20）年の「社会保障国民会議」（最終報告・平成20年11月）であった。そして翌年の2009（平成21）年に「安心社会実現会議」（報告・平成21年6月）が立ちあがった。そして，現民主党政権によって本格的な社会保障改革が検討されることとなった。それが「社会保障・税の一体改革案」である。その発端は2010（平成22）年の「政府・与党社会保障改革検討本部」の設立である。同本部は，同年12月14日に「社会保障改革の推進」を閣議決定した。

　その基本方針の概要は，次の通りである。

① 　基本方向は民主党「税と社会保障の抜本的改革調査会中間整理」や「社会保障改革に関する有識者検討会報告～安心と活力への社会保障ビジョン～」を尊重し，社会保障の安定・強化のための具体的な制度改革案とその必要財源を明らかにし，必要財源の安定的確保と財政健全化と同時に達成するため

の税制改革について一体的に検討を進める。
② 社会保障・税に関わる背番号制については，幅広く国民運動を展開し，国民にとって利便性の高い社会が実現できるように国民の理解を得ながら推進する。その目途は，平成23年1月とする。その後，議論をオープンに進めていくため，2011（平成23）年2月に「社会保障改革に関する集中検討会議」が改革検討本部のもとに設置された。そして，2011（平成23）年7月1日に閣議決定された「社会保障・税一体改革成案について」が報告された。改革案の骨子は，Ⅰ．社会保障改革の全体像　Ⅱ．社会保障費用の推計　Ⅲ．社会保障・税一体改革の基本姿　Ⅳ．税制全体の抜本改革　Ⅴ．社会保障・税

図表3-6　社会保障・税一体改革の概要

Ⅰ　子ども・子育て
　○　子ども・子育て新システムの制度実施等に伴い，地域の実情に応じた保育等の量的拡充や幼保一体化などの機能強化を図る。
　・待機児童の解消，質の高い学校教育・保育の実現，放課後児童クラブの拡充，社会的養護の充実
　・保育等への多様な事業主体の参入促進，既存施設の有効活用，実施体制の一元化

所要額（公費）2015年
0.7兆円
※ 税制抜本改革以外の財源も含めて1兆円超程度の措置を今後検討

Ⅱ　医療・介護等
　○　地域の実情に応じたサービスの提供体制の効率化・重点化と機能強化を図る。そのため，診療報酬・介護報酬の体系的見直しと基盤整備のための一括的な法整備を行う。
　・病院・病床機能の分化・強化と連携，地域間・診療科間の偏在の是正，予防対策の強化，在宅医療の充実等，地域包括ケアシステムの構築・ケアマネジメントの機能強化・居住系サービスの充実，施設のユニット化，重点化に伴うマンパワーの増強
　・平均在院日数の減少，外来受診の適正化，ICT活用による重複受診・重複検査・過剰薬剤投与等の削減，介護予防・重度化予防

所要額（公費）2015年
～0.6兆円程度

　○　保険者機能の強化を通じて，医療・介護保険制度のセーフティネット機能の強化・給付の重点化などを図る。
　a）　被用者保険の適用拡大と国保の財政基盤の安定化・強化・広域化
　　・短時間労働者に対する被用者保険の適用拡大，市町村国保の財政運営の都道府県単位化・財政基盤の強化
　b）　介護保険の費用負担の能力に応じた負担の要素強化と低所得者への配慮，保険給付の重点化
　　・1号保険料の低所得者保険料軽減強化
　　・介護納付金の総報酬割導入，重度化予防に効果のある給付への重点化
　c）　高度・長期医療への対応（セーフティネット機能の強化）と給付の重点化
　　・高額医療費の見直しによる負担軽減と，その規模に応じた受診時定額負担等の併せた検討（病院・診療所の役割分担を踏まえた外来受診の適正化も検討）。ただし，受診時定額負担については低所得者に配慮。
　d）　その他
　　・総合合算制度，低所得者対策・逆進性対策等の検討
　　・後発医薬品の更なる使用促進，医薬品の患者負担の見直し，国保組合の国庫補助の見直し
　　・高齢者医療制度の見直し（高齢世代・若年世代にとって公平で納得のいく負担の仕組み，支援金の総報酬割導入，自己負担割合の見直しなど）

所要額（公費）2015年
～1兆円弱程度

（出所：政府・与党社会保障改革検討本部　2011年6月30日）

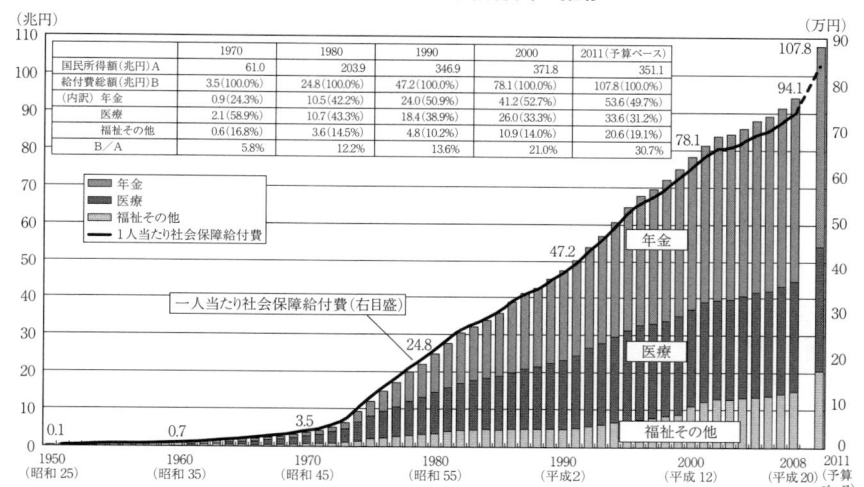

図表3-7　社会保障給付費の推移

	1970	1980	1990	2000	2011（予算ベース）
国民所得額(兆円)A	61.0	203.9	346.9	371.8	351.1
給付費総額(兆円)B	3.5(100.0%)	24.8(100.0%)	47.2(100.0%)	78.1(100.0%)	107.8(100.0%)
(内訳) 年金	0.9(24.3%)	10.5(42.2%)	24.0(50.9%)	41.2(52.7%)	53.6(49.7%)
医療	2.1(58.9%)	10.7(43.3%)	18.4(38.9%)	26.0(33.3%)	33.6(31.2%)
福祉その他	0.6(16.8%)	3.6(14.5%)	4.8(10.2%)	10.9(14.0%)	20.6(19.1%)
B／A	5.8%	12.2%	13.6%	21.0%	30.7%

資料：国立社会保障・人口問題研究所「平成20年度社会保障給付費」，2011年度（予算ベース）は厚生労働省推計，2011年度の国民所得額は平成23年度の経済見通しと経済財政運営の基本的態度（平成23年1月24日閣議決定）
（注）図中の数値は，1950，1960，1970，1980，1990，2000及び2008並びに2011年度（予算ベース）の社会保障給付費（兆円）である。
（出所：厚生労働省「なぜ今，改革が必要なの？」）

一体改革のスケジュール　Ⅵ．デフレ脱却への取り組み，経済成長との好循環の実現等となっている。

　なお，社会保障改革を推進していくために，「3つの理念」（①参加保障，②普遍主義，③安心に基づく活力）と「5つの原則」（①全世代対応，②未来への投資，③分権的・多元的供給体制，④包括的支援，⑤負担の先送りをしない安定財源）を踏まえていくことが重要であると指摘している。この社会保障改革を実現するためには財源（2015年度で2.7兆円程度）の確保が必要となるが，安定財源確保として消費税率の引き上げ（5％程度の引き上げ）が考えられている（図表3-7参照）。しかし，消費税の引き上げは国民の消費行動の抑制につながり，経済成長にとってマイナス要因となる恐れもある。

注)
1）成清美治「世界一の福祉国家」日本ニュージーランド学会編『ニュージーランド入門』慶應義塾大学出版会，1998年，pp. 28-31
2）成清美治「ニュージーランドの社会福祉事情」『総合社会福祉研究（第7号）』総合社会福祉研究所，1994年，pp. 108-110
3）岡田藤太郎『社会福祉学の一般理論の系譜』相川書房，1995年，p. 27
4）日本ソーシャル・インクルージョン推進会議編『ソーシャル・インクルージョン－格差社会の処方箋』中央法規，2007年，p. 65
5）同上，p. 70

参考文献
成清美治・真鍋顕久編著『社会保障』学文社，2011年

第4章 福祉制度の発達過程

1 古代・中世の福祉思想

　古代社会における人びとの日常生活における疾病やケガあるいは飢餓を防衛する方法として相互扶助がある。相互扶助とは，人間が自発的，意図的に協同・協力，親和連帯を維持する場合，「相互扶助」が成立する。家族，同族等はその機能を持つと古代から考えられていた。このように古代社会では，一定の地域における村落共同体において血縁・地縁・宗教的結びつきのもとで相互扶助が行われてきた。この相互扶助は同地域に住むあるいは同組織に属する者同士の同胞愛・人間愛に基づく助け合いであり，その関係は原則として対等，平等であった。この相互扶助は，ヨーロッパ（現在のオランダ，ドイツ，ベルギー並びにイギリスの東部地方）の中世都市の商工業者の同職仲間の団体組織であるギルド（Guild）として発展した。ギルドには，商人ギルド（Merchant）と同職者（Craft）に大別することができる。当初は，同業の発展を図るもので革新的であったが，のちに自ら取引や生産等において独占団体と化し，保守化の道をたどった。ギルドは，それぞれの組織内部で共通の目的で結びついた人びとの連合であると同様に小地域集団間の連合であり，また都市と都市集団間の連合であり，相互扶助，相互支持の原理に基づいた集団である。ロシアの思想家であり地理学者のクロポトキン（Kropotkin, P. A.）は，主著『相互扶助論（*Mutual Aid*）』動物世界及び人類世界における相互扶助のなかで自然的条件に対する闘争の重要性を説き，それが動物，人間の進化，発展において重要であるとした。このように彼は，ダーウィン（Darwin, Charles）のいう同種間の生存闘争ではなく，自然との闘争が重要であるとし，ダーウィンの思想を否定した。すなわち，自然との闘争における相互扶助の実践を発達させた動物がもっ

とも繁栄し，かつ未来進歩を約束されるとした。また，彼は中世都市における相互扶助の理論化をし，相互扶助を村落共同体，都市を通じて資本家に対する闘争としてとらえている。

このように，中世都市における相互扶助はギルドを中心に展開されたのである。

2 イギリスにおける社会福祉の歴史

(1) イギリスの救貧法の成立

中世後期のイギリスは，十字軍の遠征や貨幣経済等の発展により主従関係に基づく社会の仕組みにひずみが入り，封建体制が弱体化した。とくにキリスト教とイスラム教世界の対立による十字軍の遠征（1096〜1270）は，国内の封建領主の資金調達や人的資源の確保に支障をきたし，諸侯の権力が衰退した。そして，このことは，のちの絶対王政を築いたヘンリー8世（Henry Ⅷ）の登場をうながす結果となった。

15世紀中頃以降，富裕な自営農民やジェントリー（郷紳：下級貴族）たちが登場し，新大陸の発見や植民地を形成するとともにオランダなどの新興毛織物工業国の登場やアジア貿易の発展に伴って羊毛の需要拡大に対応するための手段をとった。その手法は，15〜17世紀の村落共同耕地を非合法的に取り上げ，垣根で囲って私有化し，羊の飼育を行うというものであった。これが，第1次囲い込み運動（enclosure）である。また，ヘンリー8世による宗教改革（修道院の解散・没収あるいはカトリック教会領地の没収）や度重なる十字軍の遠征（1096〜1270の約200年間）などをきっかけとした，封建領主の崩壊と，領主の保護のもとで相互扶助によって生計を立てていた多くの農民たちが土地を追われ，大量の浮浪者・貧民・乞食として都市部に流入した。

こうした状況のもとで，浮浪者・乞食対策として，「乞食浮浪取締法改正」（1536）が実施され，働かない浮浪者・犯罪者を厳しく取り締まることとなった。また，「徒弟法」（1563）を制定し，労働義務を強調した。これらの諸法をもと

に強制就労の定着を前提としたエリザベス救貧法（the Elizabethan Poor Law）が1601年，成立したのである。その内容は，次のようなものであった。①国民の救貧税（poor rate）納付を義務づけ，救貧法の運営については教区に貧民監督官を置き，治安判事の監督のもとに貧民税を徴収する，②無能力貧民（老人・病人・障害者）に対しては救貧院（poor house）にて公的救済（生活扶養）を行う，③有能貧民に対しては労役場（work house）において羊毛加工や鍛冶等の就労を強制する，④労働能力を持ちながら浮浪者・乞食の状態にある者は処罰し，自活しえない貧民の子弟に対しては授産，就労や，徒弟奉公（男24歳，女21歳または結婚まで）を強制する，というものであった。このように，世界ではじめて社会的に確立された救貧制度は，封建制度の崩壊により生み出された，浮浪貧民に対する治安維持や労働力の確保を目的とした抑圧的な法律であった。なお，財源は教区の住民に賦課した救貧税であり，その徴収は貧民監督官が行うこととした。

　その後，産業革命を経て資本主義が発達するとともに，労働と生産性との関係が追求されることになった。1722年には救貧費の削減のために貧民に救済の申請を思いとどまらせることを目的とした，ワークハウス・テスト法（the Workhouse Test Act）が制定された。イギリスにおいて，18世紀後半に産業革命がはじまり，工場制機械工業の確立により，大量の失業者・貧困階層を生み出すこととなった。こうした状況下で院外救済を推進する諸法律制度が新たな救貧対策として実施されることとなった。この制度は，家族数によって最低生活費を算定し，失業者には全額，賃金がこの基準に満たない労働者には救貧税でもって手当を支給する賃金補助制度である。しかし，そうした取り組みは都市における貧民の増加により，結果的に救貧費の拡大を招いたのである。

図表4-1　西欧における福祉思想の源流

　　┬─　博愛：人道主義（ギリシャ思想）☞ ヒューマニズム（自由・平等・博愛）
　　└─　慈善：宗教的動機（ユダヤ教・キリスト教）☞ 人間の平等観に基づく思想（隣人愛）

図表4-2　西欧における社会福祉思想の経緯

① 原始・古代社会における相互扶助・社会連帯
↓
② 中世都市における教会・修道院等における救済事業, 宗教改革期の救済思想, 市民的公共性の芽生え
↓
③ フランス革命と「自由・平等・友愛」の人権思想：博愛事業との結合を支える市民主導型ボランタリズム（自由参加）の発芽
↓
④ 社会改良思想, 社会民主主義, フェミニズム（女性解放思想）
↓
⑤ 福祉国家の建設：民主主義, 個人の自由, 完全雇用, 社会保障
　　　　　　　　政治的　　　　経済的
↓
⑥ 福祉国家の危機：福祉社会, 新自由主義思想の台頭

図表4-3　エリザベス救貧法（旧救貧法）成立の背景

- 十字軍の遠征
  - 東方貿易の隆盛
  - 封建領主の没落
  - 教皇権の衰退
- ヘンリー8世の宗教改革
  - 修道院の解体
  - 教会領地の没収
- 第1次囲い込み運動
  - 貧民・浮浪者の大量発生
  - 農耕地を牧草地へ

↓

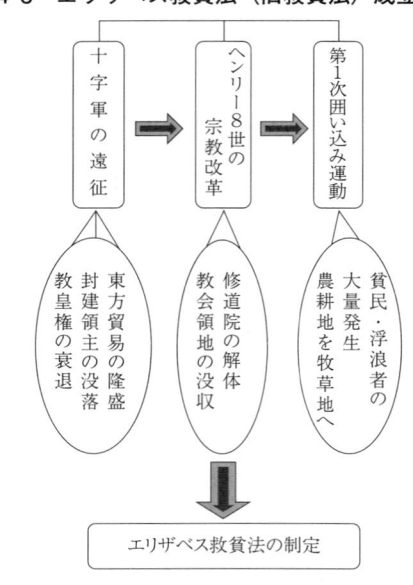

エリザベス救貧法の制定

図表4-4 エリザベス救貧法の処遇内容

- 有能貧民：労働不可能な貧民を労役場において、強制労働（羊毛加工・鍛冶等）
  尚、労働拒否者は懲治院か監獄に送致する
- 無能力貧民：労働不可能な貧民（老人、病人、障害者、妊産婦等）を救貧院に収容して生活の扶養を行う（ただし、親族扶養優先）
- 児童：男子24歳、女子結婚年齢まで徒弟奉公（ただし、親族扶養優先）

⇓

キリスト教のもとでの救済貧民から抑圧される貧民へ
（救済としてのケアから管理としてのケアへ）

(2) 資本主義社会の発展と新救貧法

イギリス政府は1834年に新救貧法（the New Poor Law）を制定し、救貧対策の引き締めを行うため、非人間的な処遇を行った。その内容は、①救貧対象者は最低階層の労働者以下の保護を受けるという「劣等処遇の原則」(the principle of less eligibility)、②収容保護の原則（有能貧民の居宅保護を禁止し、労役場収容に限ること）③全国統一の保護基準の原則に基づくものであり、同法成立の思想的背景として以下の点を挙げることができる。ひとつは、当時の社会がレッセ・フェール（laissez-faire）、つまり、一切の個人の自由な経済活動を尊重し、国家は干渉すべきではないという夜警国家を基調としていた。この考え方は、当初、フランスの商人たちの間でひろまり、重農主義（富の源を土地と考え、農業生産の発達を重視する思想）の支えとなったが、資本主義の発展とともに、スミス（Smith, A.）の『国富論』（*An Inquiry into the Nature and Causes of the Wealth of Nations.* 1776）において確立したのである。もうひとつは、「人口は、制限せられなければ、幾何級数的に増加する。生活資料は算術級数的にしか増加しない。多少ともこの数字のことを知っている人ならば、前者の力が後者のそれと比してどれほど大きいか、それはすぐわかるであろう。」[1]とい

図表4-5 新救貧法の処遇内容

- 全国統一の保護基準の原則：全国どこでも受ける保護基準は同じ
- 劣等処遇の原則：救済水準は最下層の労働者以下であること
- 収容保護の原則：有能貧民の居宅保護廃止と労役場収容

うマルサス（Malthus, T. R.）の思想である。彼は，主著『人口論』（*An Essay on the Principle of Population.* 1798）のなかでこのことを主張している。この2つの思想家の影響が新救貧法の制定に大きな影響を与えている。

　当時の救貧院内の様子をイギリスの社会派作家ディケンズ（Dickens, Charles）は，主著『オリバー・ツイスト』（*Oliver Twist*）で，次のように描写している。

　「子供たちが食事をあてがわれる部屋は，大きな石たたみの広間で，一隅に銅の大釜がおいてある。エプロンを着た賄係りが，一人二人の女に手伝わせ，食事時にこの大釜から，粥を柄杓でついでくれるのである。この大盤振舞いでは，各自一ぱいづつ，それ以上は決してもらえなかった。――鉢を洗う必要はなかった。子供たちは鉢がまたもとのようにぴかぴかになるまで，匙でこするからだ。」[2] この描写からも分かるように，当時の救貧院においては，育ち盛りの子どもたちに対して満足な食事が与えられなかった。つまり，子どもたちにさえも「惰民」意識が向けられていたのである。この新救貧法成立のきっかけとなったのは，イギリス政府による地主・貴族の利益を保護するため，海外からの輸入穀物に高い関税をかけ，第2次囲い込み（1700～1844）を議会の承認の下で行ったことである。その結果，農業資本家の豊富な資本力による土地集中と機械を導入した農業が行われるようになり，大地主以外の大量の小作農民あるいは自営農民が没落し，農村を追われ都市に流入し，低賃金労働者化し，産業革命の大波に飲み込まれ，多数の貧困者として社会の底辺（スラム）を構成することとなった。ここに貧困問題が社会問題化し，貧民の人間的救済を拒否し，自助を強調した新救貧法が登場したのである。

　19世紀半ばになると，新救貧法を補完するために民間による組織的な救貧活動が活発に行われ，公私のすみわけ的役割を果たし，救貧法の不備を担う重要な役割を果たした慈善組織協会が登場した。

　新救貧法は「貧民の救済」に適用されたが，COSは救済を受けている貧民に与えるものでなく，貧民にならないよう予防する手段として機能することを目的とし，民間救貧活動の草分け的存在となったのが，1869年に指導者ロック

図表4-6　COS（慈善組織協会）活動の特徴

- 救済の対象：「救済に値する貧民」に限定し、「救済に値しない貧民」は懲罰を適用
- 貧困観：貧困は個人の責任であるという、非近代的貧困観

(Lock, C. S.) を中心に結成された慈善組織協会であった。創設者は労働者の協調を前提とした組織が必要であると唱えたヘンリー（Henry, Rev Solly）であった。COSは、これまで乱立していた慈善団体間の連絡・調整し、濫救や漏救の防止に努めた。その活動は、"施しではなく友愛を"重視するものであり、キリスト教牧師チャルマーズ（Chalmers, T.）が提唱した友愛訪問（friendly visiting）を基本とするものであった。その活動は、当初、友愛の精神と善意に基づく無給の民間篤志家によって行われたが、19世紀末には、有給専任者による個別訪問や自立に向けた生活指導が実施された。たとえば、COSの中心的なメンバーの一人で1895年には自然保護団体であるナショナル・トラストを共同創設したヒル（Hill, Octavia）は、ロンドンのスラム街における住居改良のための事業を通して、個別援助の重要性を説き、専門従事者の養成と訓練に関わった。この他、COSは、地域単位による慈善事業の組織化にも努め、ソーシャルワークの歴史的な起源となっている。このようなさまざまな実践活動を通して、救済制度の見直しに重要な役割を果たしたCOSの活動の特徴は、①「救済に値する貧民」と「救済に値しない貧民」を道徳的・精神的側面に偏重して区分した。②非近代的貧困観（貧困は個人の責任である）に終始した運動である。それは、慈善事業の対象を前者に限定し、後者に対しては懲罰を与えることとした。

(3) 貧困と社会調査

産業革命を通じて、貧富の格差が生じ、貧困問題が社会問題化した。その実態を科学的見地から明らかにし、社会改良の必要性を説いたものが各種の貧困調査である。その代表的なものとして、ブース（Booth, Chrles）のロンドン調査がある。彼は3回（1886〜1902）にわたり調査を行い、『ロンドン市民の生活

図表4-7　ロンドン市民の階層区分

```
H　（中間階級の上）
G　（中間階級の下）
F　（高賃金労働の階級）
E　（規則的な標準的稼得の階級）
------------------「貧乏の線」------------------
D　（少額の規則的稼得の階級）
C　（不規則的稼得階級）
B　（臨時的稼得階級）
A　（最低の階級）
```

（出所：社会保障研究所編『社会保障の潮流―その人と業績』全国社会福祉協議会，
　　　1977年，p. 45を参照の上，作成）

と労働』（*Life and Labour of the people in London*，1902～1903）をまとめている。ブースの影響を受けて，ラウントリー（Rowntree, B. S.）は，イギリスの地方都市であるヨーク市で，ヨーク調査〈第1次調査〉（1899）を行い，その結果を『貧困－都市生活者の一研究』（*Poverty: A Study of Town Life*, 1901）として報告した。

　まず，ブースであるが，彼はこの調査において，ロンドン社会の階層を8つに分類し，下から上へA～Hで示した（図表4-7参照）。ロンドン市民の30％以上が貧困であることを明らかにした。彼は，貧困問題が慈善事業の対象としてではなく，国家的な施策が必要であるとし，抑圧的な救貧法を批判した。

　他方，ラウントリーは，地方都市のヨーク市において市民の貧困調査を行った。第1回貧困調査（1899）の結果，労働者の一生には経済的浮き沈みがあり貧困時代が3度あるとした。つまり，食べざかりの幼少時代，子育て時代である中年時代，労働能力を喪失する老年時代であるとした（図表4-8参照）。

　また，彼はこの調査から第1次貧困（自らの肉体的再生産が不可能）と第2次貧困（収入を飲酒・賭博等の余分なものに消費しない限り，貧困線以上の生活を送ることができる）を設け，貧困は社会的に創出されるものであることを明らかにした。これらの調査は，貧困が労働者階級全体の問題であることを示すとともに，社会（福祉）政策の重要性を提起し，20世紀初めの救貧行政にも大きな影響を与えることとなった。

図表4-8　ラウントリー（第1回調査）による労働者一生の経済的浮き沈み

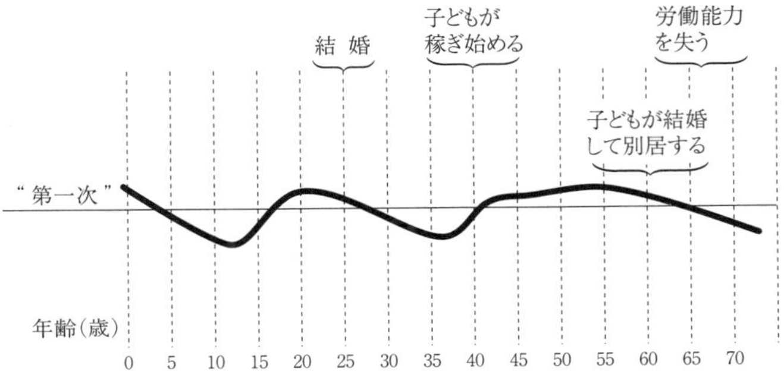

　結婚
　子どもが稼ぎ始める
　労働能力を失う
　子どもが結婚して別居する
"第一次"
年齢（歳）
0　5　10　15　20　25　30　35　40　45　50　55　60　65　70

（出所：社会保障研究所編『社会保障の潮流―その人と業績』全国社会福祉協議会，1977年，p.74）

（4）福祉国家と貧困対策

　国家が国民に最低限の生活水準（ナショナル・ミニマム）を保障するという，イギリス社会保障，社会（福祉）政策の基本理念となる考え方が出されたのは，「救貧法および失業者救済に関する王立委員会」（Royal Commission on the Poor Laws Relief of Distress, 1905～1909）である。当初，この委員会では，救貧法をめぐって，COSのメンバーを中心とする多数派（14名）と，フェビアン主義者（Fabianism）を中心とする革新的な少数派（4名）で意見が二分されていた。そのうちの少数派の中心であったウェッブ夫妻（Webb, S. J. 1859-1947& Webb, B. 1858-1943）が，救貧法を廃止し，国家によるナショナル・ミニマム（national minimum；国民の最低限の生活）の保障を前提に，救済のための社会（福祉）政策を拡充することを提言したのである。

　その後，救貧における公的責任が強化され，関係立法が成立するなかで，救貧法は解体されて最終的に「国家扶助法」（1948）へと見直された。イギリスの福祉国家形成への途としては，1900年代初頭に社会保険が導入された。1908年，世界初の無拠出制となった老齢年金法が誕生し，1911年には，健康保険と失業保険からなる国民保険法が登場している。当時の閣僚チャーチル（Churchill, W.）が述べたように，「国民保険法案は社会組織変革への方向でなされた最も決定的な一歩であり，それは男性と女性をうちのめし，家庭と家族を破壊する

疾病と失業という残酷な浪費がはじめて国民全体の力によってくい止められるようにするものと成るだろう。」という信念のもとで実施された新たな社会連帯の試みであった。

　しかし，第1次世界大戦後の貧困状況，とくに，戦後の外国貿易の斜陽や世界大恐慌の影響による失業者の増大などに際して，社会改良のためのさらなる政策が必要となった。このような時期，イギリス政府は「地方自治法」(1929) を制定し，貧民救済を州もしくは特別都市区議会の管轄による「公的扶助」へと徐々に転換していった。失業対策については，幾度もの改正を経て，資産調査（ミーンズ・テスト）の導入や，失業保険と失業扶助の2本立てからなる「失業法」(1934) を制定した。失業扶助制度の創設は，失業保険からもれた失業者を国が責任をもって救済するという，救貧法に代わる仕組みとした点で画期的なものであった。

　第2次世界大戦に至る混乱期，緊急対策的に出された諸制度では，失業や疾病などの問題に十分対応しきれず，社会保障のしくみを体系的に見直す必要が出てきた。そのため，公的社会保険制度に関する特別調査委員会の委員長の任にあったベヴァリッジ（Beveridge, W. 1879～1963）は，国民に必要最低限の生活水準（ナショナル・ミニマム）を保障することを提案したのである。その新しい構想は，全市民を包括する社会保険を軸に，公的扶助や保健医療サービスを加えて，国民生活を"ゆりかごから墓場まで"保障する福祉国家を目指すものであった。ベヴァリッジの社会保障計画に基づいて，1946年には，全国民のための社会保険である「国民保険法」(National Insurance Act) と総ての人びとが無料で医療サービスを利用できる「国民保健サービス法」(National Health Service Act) が，1948年には救貧と失業の役割を兼ね備え，国民の最低生活の保障を目的とする公的扶助制度として，「国民扶助法」(National Assistance Act) が成立した。この法律は，1996年の「社会保障法」の制定にともない扶助という言葉からイメージする恥辱を排除するため，国民扶助から「補足給付」(Supplementary Benefits) に名称が変更された。

　1950年代～1960年代にかけて，経済成長と福祉国家政策により，極貧の状態

にある人びとは減少した。しかし，タウンゼント（Townsend, P. B.）の貧困研究によって，国民全体の6～9％が「貧困状態（in poverty）」，22～28％が「貧困すれすれの状態（on the margins of poverty）」にあるという新たな貧困状態が発見（「貧困の再発見」）された。この割合は，先のブースやラウントリーらの貧困調査によって示された数値とほぼ同率であり，その主要な原因もまた，低賃金，病気，疾病，老齢など，非常に類似するものであった。この他，1950年代末以降は，精神障害者の地域生活の保障を求める運動が起こるなど，福祉ニーズが多様化し，社会福祉の量的・質的な充実が大きな課題となった。こうした情勢にあって，政府は社会保障省を設置し，国民扶助を補足給付に変更して，資産調査の簡素化と扶助イメージの払拭を図った。高齢や障害によって生活支援を必要とする人びとに対するサービスについては，「地方当局並びに関連対人社会サービス委員会報告書」（通称シーボーム報告）（1968）が出され，国民扶助法のもとで施設入所中心であったサービスに代わって，コミュニティに立脚し，地方自治体レベルで対人援助サービスを強化することが提案された。この報告をもとに，「地方自治体社会サービス法」（1970）が成立し，対人援助を軸に，地方自治体に「社会サービス部」の設置の義務づけやソーシャルワーカーの制度化などが行われた。住み慣れた地域で生活するために必要な体制が整備され，今日に至る地域福祉・在宅福祉サービスの時代に入ることとなる。

(5) イギリスの福祉国家体制と新たなる第3の道

1970年代初頭のオイルショックは，世界経済に影響を及ぼしたが，イギリスもまた財政危機に直面した。このような経済情勢にあって，福祉国家は体制的危機を迎え，新自由主義あるいは新保守主義（小さな政府と市場原理を主張）の批判の矢面に立たされることとなった。こうしたなか1979年，サッチャー政権に始まった保守党政府によって，福祉国家財政の削減が図られ，福祉サービスの民営化，コミュニティ・ケアが推進された。1990年代には，要援護者の在宅生活を支援するためのサービスを整備する一方で，人口高齢化などによって増大する医療費を抑制する必要が生じた。そのため，政府は「国民保健サービ

ス及びコミュニティ・ケア法」(1990) を成立させ，自治体ごとのコミュニティ・ケア計画の策定や，サービス評価システムの導入，民間資源の活用を目指した。コミュニティ改革の流れを受けて，要援護高齢者・障害者の在宅生活を地域で効率良く効果的に支援するためのケアマネジメントシステムへの関心が高まった。1997年以降は，ブレア (Blair) 首相を中心とする労働党政府によって，旧来の福祉国家主義「ゆりかごから墓場まで」でもなく，サッチャー (Thatcher) 政権以降の新保守主義の「小さな政府」でもない，"第三の道"（中道路線）をスローガンとして，雇用政策にも力点をおいた社会保障・福祉政策が目指されてきたのである。

(6) 現代イギリスの社会福祉の動向

現在のイギリスの貧困対策は労働党政権によって，「福祉から就労へ」(Welfare to Work) のもとで「働くことこそが貧困を脱出する道」という考えを基本として就労対策の環境整備が行われている[3]。

イギリスの所得保障は国民保険を中心に行われているが，それに社会手当や公的扶助が補完的に行われている。そして，同国の公的扶助はわが国の生活保護制度のように包括的な単一の制度はなく，稼働能力の有無，週当たりの労働時間，年齢等でカテゴライズされ，対象者別の複数制度となっている[4]。

脱貧困とソーシャルインクルージョン（社会的包括）を掲げてきたイギリスの労働党政権は，近年「福祉改革法」(Welfare Reform Act 2007) を新たに成立させ就業の促進を図っている。現在のイギリスの公的扶助は，①働ける能力がありながら失業している場合は，「求職者給付」(job seeker's allowance) ②障害等があり働けない場合は，「雇用および生活補助手当」(employment and support allowance) ③①②以外の16歳〜60歳未満の未就労者，または週16時間未満の就労者等の場合は，「所得補助」(income support) の3種類となっている[5]。

その他の貧困対策として，児童税額控除 (child tax credit), 就労税額控除 (Working Tax Credit) 等がある。また，イギリスの児童貧困率もOECDのなかでは高くなっており，今後の同国の重要課題となっている。ブレア政権の発

足から児童の貧困（child poverty）の対策が重要課題として行われてきた結果，1996〜1997年以降児童の貧困率は減少傾向にあったが，2005〜2006年には再び増加傾向に転じた。ブレア首相引退の後，2007年に引き継いだブラウン首相も児童の貧困問題に積極的に取り組んでいるが，その根絶はなかなか困難となっている。

3 アメリカ社会福祉の歴史的展開

1935年にアメリカのルーズベルト大統領（Roosevelt, F. D.）は，世界大恐慌による大量失業・貧困対策として，ニューディール政策（不況克服策）を打ち出した。その結果，世界で最初の「社会保障法」（Social Security Act）が誕生した。同法は，①社会保険部門（年金保険，失業保険），②公的扶助（高齢者扶助，視覚障害者扶助，要扶養児童扶助），③社会福祉サービス（児童福祉サービス，母子保健サービス，肢体不自由児福祉サービス）の3つの柱から成り立っている。この政策によって，低所得者階層に対する具体的支援（光熱費，住宅費，食費，医療等）がなされるようになった。ただし，国民の健康生活を保障する医療保険は存在しなかった。

第2次世界大戦後のアメリカは，開国以来の「自立の精神」という精神的風土も手伝って国民間において貧困者に対する惰民意識が根強くあった。そのため，連邦政府はニューディール以降の公的扶助の拡大に対して引き締めを行うことを目的とし，社会保障法の「サービス」改正（1962）を行い，社会福祉サービス部門の財政の抑制を図った。その方法は，ケースワークによる公的扶助受給者に対する社会復帰や更生の促進を図ることによって，公的扶助受給者の抑制を図ろうというものであった。しかし，ベトナム戦争による戦費の拡大等によるアメリカ経済の悪化が国民の生活を直撃し，結果的に公的扶助受給者数の増加につながった。こうした事態に対して，ジョンソン大統領（Johnson, Lyndon B.）は1964年に「貧困戦争」（貧困撲滅事業）を宣告した。この構想のもとで，同年に「経済機会法」が成立し，貧困撲滅策として，職業訓練，雇用

対策，教育事業（「ヘッドスタート」：低所得の障害児等に対する就学前教育，1994年には「アーリー・ヘッドスタート」として，3歳児未満の児童と妊婦へと対象が拡大化された），ボランティア訓練，地域活動事業等が導入された。また，社会保障法の改正や連邦政府によって公的扶助に関する改革が行われた。たとえば，1962年の社会保障法の改正では，要扶養児童扶助の適用が母子世帯まで広がり，「要扶養児童家庭扶助」（Aid to Families with Dependent Children）に変更となった。また，1964年に連邦政府は，独自に低所得世帯（要保護世帯）に対して食料品購入クーポン券の配布をする制度である「フードスタンプ法」（Food Stamp Act）を制定し，連邦の農務省食糧栄養部によって運営されることとなった。

また，1965年の社会保障法の改正では，低所得者を対象とした医療扶助（メディケイド）が創設された。そして，1972年の同法改正では，保護を要する高齢者，視覚障害者，その他の障害者を対象とする公的扶助制度として，「補足的保障所得」（Supplemental Security Income）が設けられた。その後，1996年には要扶養児童家庭扶助が「貧困家庭一時扶助」（Temporary Assistance for Needy Families）に改正されたが，この改正の目的は保護受給期間を5年間に制限し，保護受給から2年以内の就労を義務づけることによって，保護から就労へ促進させることであった。このように，現在のアメリカの公的扶助制度は，かつての保護一辺倒から，「働けない低所得者」に対しては生活支援を「働ける低所得者」に対しては就労支援へと理念が変化している。すなわち，「福祉から就労へ（Welfare to Work）」，「働くことが報われる社会（Make Work Pay）」の方向へとシフトしているといえる[6]。

4 わが国における社会福祉の歴史

(1) 前近代社会の公的な救貧

わが国の救済制度の基礎を築いたのは，古代時代に大宝律令（701）を改正した形で登場した養老戸令（718）である。その注釈書が「令義解（りょうのぎげ）」である。

このなかで，「鰥寡孤独貧窮老疾(かんかこどくひんきゅうろうしつ)」の状態にある者について，近親者が身柄を引き取って世話をし，身寄りがない場合は坊里（近隣）において援助することが規定された。

この戸令は，基本的に相互扶助思想による「公的救済制度」である。そのため，まず，救済対象を近親者に扶助させ近親者がいない場合のみ近隣（他者）により救済することを規定している。しかし，大土地私有発生と農民の過大な負担に対する抵抗により平安期には，荘園制が台頭し，律令制度は崩壊した。

しかし，律令制度が崩壊した後は，全国的な救貧のための施策はほとんど行われなかった。

古代後期になると貴族社会の展開のもとで荘園を支配する領主は，単なる慈善慈悲のみならず，治安の維持や租税の確保など，支配体制を強化することを目的に領民のための救済を行った。中世に入ると，荘園領主は支配体制を強化する目的で領民のための救済を行った。

近世に入り，江戸時代になると，封建制による各藩の治世のもとで，飢饉や災害など非常事態への備えとして，人民相互の助け合いを前提とした制度や組織が登場した。とくにこの時代は，人倫調和を意味する「仁」や道徳による人民強化を目指す「徳治主義」の考え方に基づき，儒教思想を強く反映した教化主義的な救済が行われた。たとえば，農村では，近隣五家による隣保制度（五人組）が組織され，貢租の連帯責任を課し，治安の維持，犯罪の防止，儒教思想の浸透によって，小農民の村落脱退・都市集中の防止が図られた。

この制度は，村落の固定化—共同体の維持，存続—であるが，村落協同体が持つ地縁・血縁を媒介とする相互扶助の側面を有していた。他方，都市では，小作農民の流入や庶民の窮乏を背景に，幕府は窮民対策を実施した。とくに，亨保時代から発生し，天明飢饉以降，重大な社会問題となった浮浪人問題を受けて実施された老中松平定信による寛政の改革では，七分積立金制度（1791）によって，江戸市中の町費のうち7割を町会所に積み立てて，貧民の救済や非常用の資金に当てた。この他，救済施設として，8代将軍吉宗時代に救療施設として設けられた小石川養生所（1722）や，軽犯罪者や身寄りのない者の留置

第4章　福祉制度の発達過程　69

図表4-9　二宮尊徳の報徳仕法（生活様式）

- 「勤労」：勤勉に働くことにより，人間が向上し，生活が成立する ──→ 個人の生活向上の問題
- 「倹約」：単なる節約ではなく，天地異変に備えること
- 「推譲」：今日のものを明日に譲るという意味であるがこれは単に子孫に譲るというのではなく，他人への移譲も意味する ──→ 社会・道徳
- 「分度」：推譲には各人の一定の枠がある。これを分度という。

労役場として設けられた人足寄せ場（1790）などが有名である。

　ここで，江戸期において相互扶助の実践者である二宮尊徳について若干触れることにする。二宮尊徳思想は「勤労」「倹約」「推譲」「分度」を基本とする「報徳仕法」であるが，彼は親和連帯的相互扶助思想を有して，農村開拓事業を実践したのである。

　二宮尊徳の思想の特徴は「勤」・「倹」「譲」が柱となっている。すなわち，「勤」は勤勉を意味し，まじめに働くことにより人間は向上し，生活が成り立つというものである。「倹」は単なる倹約ではなく，異変（たとえば，天災による飢饉）に備えること。「譲」は推譲のことで，今日ある物を明日に譲るという意味である。しかし，これは単に子孫に対する移譲ではなく，他人に対する移譲も意味する。勤・倹は個人の生活上の問題であるが，譲があって初めて社会が成立し，「道徳」が生まれるのである。ただし，この譲は無制限ではなく，各人に一定の枠がある。これが，「分度」である。この分度に「勤労」「倹約」「推譲」を加えたものが二宮尊徳の思想の基礎となっている[7]。

(2) 明治期の社会福祉

　明治に入り，わが国は近代国家の形成に向けてひたすら進んだ。武士階級の廃止，秩禄（家禄・賞典禄）の廃止など，これまでの封建体制は次々と解体され，明治維新によって，版籍奉還（1869），廃藩置県（1871），地租改正（1873）が進められ，近代的な行政機構が確立されていった。このような体制の大きな変化は，多くの窮乏層を生み出し，社会不安を招いた。特に，旧下層武士層や町人，下層農民の困窮度は深刻であった。このように全国的に増加した生活困

窮者対策として，恤救規則（1874）が制定された。この法律は，国家による統一的な救貧制度としては画期的であったが，その基本理念は，「人民相互の情誼」のもとで，お互いの同情心，とりわけ家族扶養および共同体による相互扶助をまず重視し，「無告の窮民」（誰も頼る者のない生活困窮者）を公的に救済することにあった。この規則は，資本主義の発展段階にあって，富国強兵政策のもとで展開された救貧制度には，個人的惰民観により，制限主義的に展開されたところに限界があった。恤救規則を補完する制度として，各地を浮浪する「乞食」等が病気や死亡したときそこで救済を行う「行旅死亡取扱規則」（1882）や捨て子の救済策としての「棄児養育米与方」（1873），そして風水害，冷害，火災等の罹災者を救済する「備荒備蓄法」（1880）等が定められた。

日清・日露戦争前後の産業革命期には，恐慌や自然災害を経験して，「戦争が生める窮民」（『平和新聞』）として生活に困窮する人びとが増大した。都市や地方における「下層社会」の実態を横山源之助が『日本之下層社会』（1899）のなかで明らかにすることにより，貧民問題が社会的に注目されるようになった。これを受けて，政府は，恤救規則の運用の一時的な拡充や特殊救済制度の発足などで対応を図った。

生活困窮者が増大するなかで，公的救済を補充するかたちで成長したのが，民間慈善事業であった。日露戦争後から大正前半の帝国主義形成期にかけては，富国強兵の政策のもと，犯罪者や非行少年の「感化と善導」への関心が高まるなかで，感化救済事業が展開された。この間のキリスト教者による代表的な実践として，石井十次による岡山孤児院（1887），石井亮一による滝乃川学園（1891），留岡幸助の巣鴨家庭学校（1899）と北海道家庭学校（1914），山室軍平を中心とする救世軍（イギリスのブースによって始められた慈善事業）の創設（1895）による社会改良運動，片山潜の隣保事業（ソーシャル・セツルメント事業）としてのキングスレー館（1897）などがある。これらの活動の他，国家の救済政策に変わる組織活動として，中央慈善教会（1908）が発会している。

大正後半期，第1次世界大戦を経て，富山県で勃発した米騒動（1918）をきっかけに，資本主義恐慌，関東大震災，労働争議・小作争議などを背景として，

貧困問題への関心が一気に広まった。この流れを受けて，人道主義や社会連帯観（国家の維持と階級協調）の思想が展開された。国や地方自治体では「社会事業」の組織化が進められ，中央では，内務省救護課（1917）（現厚生労働省），救済事業調査会（1918）などが組織された。また，地方では，大阪府知事林市蔵が岡山県の済世顧問制度（1917）をもとに方面委員制度（1918）を創設し，小学校区を単位に，民間の篤志家（ボランティア）による貧困者の生活実態調査を実施して，彼らの生活を救済することを目指した。この制度は，後に全国に普及し，民生委員制度の原型となっている。この他，専門職員の養成に向けては，1920年代にケースワーク理論が導入されている。

(3) 昭和期の救護法の成立

大正から昭和の時期にかけては，経済的な危機が繰り返し訪れた。とりわけ世界大恐慌（1929）の影響により，都市失業者が増大し，農村への人口逆流と凶作によって，農村生活もまた窮乏した。このような状況にあって，これまでの恤救規則では対応が不可能なり，「救護法」（1929）が制定された。この法律において，日本ではじめて公的扶助の義務（公的救護義務主義）を明確化したものであったが，依然として厳しい制限主義（①65歳以上の老衰者，②13歳以下の幼者，③妊婦，④廃疾・疾病・心身障害等により働けない者）に基づく救済制度であった。この制度における救護内容は，①生活扶助，②医療，③助産，④生業扶助となっている。

その後，日本は，国内の経済矛盾を海外進出で打開する方向へ戦時体制期に入った。日本社会は，軍事支配のファシズム体制を確立し，日中戦争（1937）から太平洋戦争（1941～1945）へと戦争への歩みを進めていった。この時期，軍需産業の活性化によって景気が回復したなかで，救護法による公的な救済は大幅に縮小されている。国家や民間による貧困問題への取り組みとして芽生えた社会事業は，戦争に役立つ人材保護・育成のための人口政策を基本とする戦時厚生事業として展開され，兵役につくことができない人びとへの救済については，家族・地域での助け合いが求められた。戦時体制下にあっては，健民健

兵政策の一環,すなわち人的資源の保護育成を目指した政策として保護立法が増大し,公的救済による貧困対策という意味での救護性は薄れていったのである。それは,たとえば,母子保護法(1937),軍事扶助法(1937),国民優生法(1940),医療保護法(1941)などの法律の制定に見ることができる。行政組織においても,国民の体力向上と福祉増進に向けて,厚生省(1937)が創設された。

(4) 戦後の社会福祉
1) 旧生活保護法の成立

敗戦直後,引揚者,失業者,浮浪者,戦災孤児,戦傷病者などがあふれ,日本社会は「総スラム化」した。「戦時中に放棄を強要された人権・生存権を社会事業対象に取り戻すことが重要課題」となるなか,GHQ(連合国軍総司令部)は,非軍事化・民主化政策の一環として,生活困窮者を救済保護するための計画を推進する「社会救済に関する覚書」(SCAPIN775, 1946)を提示した。その考え方は,①「国家責任の原則」(生活困窮者の保護は国家が行う),②「公私分離の原則」(国家責任を民間に転嫁してはならない),③「無差別平等の原則」(困窮者保護は無差別平等でなければならない),④「必要かつ十分の原則」(困窮防止に必要な限り救済費に制限をつけてはならない)を基本方針として,戦後のわが国における社会福祉の展開に大きな影響を及ぼした。

GHQの原則を受けて,まず,旧生活保護法(1946)が成立した。同年,民生委員令が公布され,方面委員が民生委員として生活保護の補助機関に位置付けられている。旧生活保護法の要点は,以下の通りである。

① この法律の目的は,生活の保護を要する状態にある者の生活を,国が差別的または優先的な取り扱いをすることなく,平等に保護して,社会福祉を増進することである。
② 能力があるにもかかわらず,勤労の意思のない者,勤労を怠る者その他生計の維持に努めない者,素行不良な者は保護をしない。
③ 保護の種類は,「生活扶助」「医療」「助産」「生業扶助」「葬祭扶助」の5種類とした。

④ 保護の実施は，居住地の市町村が行い，民生委員は保護事務に関し，市長村長を補助する。
⑤ 国は，市町村または都道府県が負担した費用の8割を補助する。
⑥ 詐欺その他の不正な手段によって保護を受けた場合，6か月以下の懲役または500円以下の罰金とする。

旧生活保護法の実態は，戦前の救護法と変わらず，親族扶養を求める世帯単位の原則のもとで，能力があるのに勤労を怠る者，その他生計の維持に努めない者，素行不良の者には保護を実施しないという欠格条項が設けられた。また，保護基準は極めて低く，保護請求権や不服申し立てについても未整備で，国民の権利を保障する体制や国の実施体制が未確立など改正すべき点が多かった。

2）現生活保護法の成立

社会保障制度審議会の勧告による「生活保護制度の改善強化に関する勧告」(1949) を受けて，1950（昭和25）年，旧生活保護法は全面的に改正された。新たに制定された生活保護法では，1946（昭和21）年の日本国憲法の公布とともに第25条（生存権，国の生存権保障義務）との関係が明確化され，「無差別平等の原則」，「保護の補足性」（資産，労働能力，親族扶養，他法による給付が保護に優先すること），「最低生活の保障の原則」に基づく公的扶助制度が完成した。主な改正点として，欠格条項の廃止，保護請求権の確立，保護決定・実施に対する不服申立の保障，制限扶助主義の廃止による労働能力の有無にかかわらず保護の対象としたこと，また，有給専門職員（社会福祉主事）を設置して，民生委員をその補助機関として位置付けることなどが改めて規定された。

戦後日本の社会保障・社会福祉の理念を示したものとして，「社会保障制度に関する勧告」(1950) がある。この勧告は，日本国憲法第25条「生存権」の理念のもとで，社会保険，国家扶助（生活保護），公衆衛生・医療，社会福祉からなる日本の社会保障制度の体系を明らかにした。翌年には，社会福祉事業を実施するための組織および運営に関する社会福祉事業法 (1951) が成立し，社会福祉審議会，社会福祉事務所，社会福祉主事，社会福祉法人，社会福祉事業，共同募金，社会福祉協議会などが規定された。社会福祉協議会に関しては，

同年，全国社会福祉協議会の前身となる中央社会福祉協議会（1951）が結成されている。

　こうして成立した生活保護法をめぐり，戦後最大の訴訟問題となったのが1957（昭和32）年の朝日訴訟であった。訴えたのは重症の結核患者であった朝日茂氏である。朝日氏は当時，生活保護入院患者に支給される日用品費（生活扶助）が月額600円であったのに対し，憲法第25条で規定する「健康で文化的な最低限度の生活」ができないとして，厚生大臣（現厚生労働大臣）を被告として提訴したのである。その判決は，被告死亡後の養子の訴訟の継承を認めないということであったが，「人間裁判」といわれたこの裁判によって国民が「憲法第25条」に対する関心を寄せ，その後の社会保障裁判のあり方に大きな影響を与えることとなった。

(5) 新しい貧困

　1960年代以降の高度経済成長によって，多くの国民は総中流意識を持つようになり，貧困問題への関心を持たなくなった。しかし，1990年代に入り，バブル経済の崩壊とともにホームレス増大等により貧困は新たに「見える貧困」として再登場した。

　今日の「新しい貧困」においては，従来の高齢者や労働者階層の貧困だけではなく，学校を卒業したばかりの若者が雇用形態の相違によって貧困に陥る状況も生じている。多くの若者が正規雇用ではなく，非正規雇用として低賃金でかつ社会保険未加入で採用され，雇用機会を喪失するとともに，仕事・居住を失い，貧困状態（ホームレス）に陥る状況に直面している。湯浅誠は，こうした社会を著書『反貧困』のなかで「すべり台社会」と定義している[8]。

　こうした若者を含めて，現在，わが国の労働者のうち，年収200万円未満の収入の労働者が1,000万人を超えているといわれている。これらの人びとは，憲法第25条が保障している「健康で文化的な生活」に程遠い，ワーキングプアの状態に置かれている。このようにこれまでと異なった新しい貧困の出現に対して，わが国はどのように対応して行こうとしているのであろうか。生活保護

受給者が200万人を抱えている現代社会において，問題は山積している。

注)
1 ）ロバート・マルサス著／高野岩三郎・大内兵衛訳『初版　人口の原理』岩波書店，1983年，p. 30
2 ）チャールズ・ディケンス著／中村能三訳『オリバー・ツイスト（上）』新潮文庫，2005年，p. 25
3 ）4 ）萩原康生他編集代表『世界の社会福祉年鑑（2007）』旬報社，2007年，p. 58
5 ）若友千穂「欧米諸国の低所得者政策―イギリス①低所得者政策の概要」『週刊社会保障』No. 2539，法研（2009年7 月20日）p. 63
6 ）久世理恵子「欧米諸国の低所得政策―アメリカ①低所得者支援の位置づけ」『週刊社会保障』No. 2547，法研（2009年9月14日）
7 ）成清美治『社会福祉を考える』杉山書店，1995年，p. 29
8 ）湯浅　誠『反貧困』岩波新書，2009年，p. 19

参考文献
仲村優一・一番ヶ瀬康子『世界の社会福祉―アメリカ・カナダ』旬報社，1999年
仲村優一・一番ヶ瀬康子『世界の社会福祉―イギリス』旬報社，1999年
社会保障研究所編『イギリスの社会保障』東京大学出版会，1987年
社会保障研究所編『アメリカの社会保障』東京大学出版会，1989年
成清美治編著『新・社会福祉概論（第2 版）』学文社，2003年
成清美治・加納光子編著『現代社会と福祉（第2 版）』学文社，2010年
成清美治・加納光子代表編集『現代社会福祉用語の基礎知識（第10版）』学文社，2011年

第5章 児童・家庭福祉の理念と概念

1 児童・家庭福祉の理念

(1) 児童・家庭福祉とは

　現在，児童の福祉に関する表現は，児童福祉が一般的であるが，近年，児童家庭福祉あるいは子ども家庭福祉という表現が見られる。これは「児童の権利に関する条約」(Convention on the Rights of the Child) (1989) や「国際家族年」(International Year of the Family) (1994) の影響を受けて使用されるようになったもので，これまでの保護的福祉観を転換させ，主体性の福祉観といえるもので，利用者や住民の主体的意志を尊重した福祉観であるといえる[1]。

　図表5-1は，高橋重宏が，「児童福祉」（ウェルフェア）と「子ども家庭福祉」（ウェルビーイング）の理念とその特徴を示したものである。前者の理念を児童の保護（問題が発生してから動き出す），後者の理念をすべての児童と保護者の自立支援（自己実現），エンパワーメント，ノーマライゼーションと規定している。

(2) 児童福祉理念の系譜

　まず，ルソー (Rousseau, J. J.) をあげることができる。彼は，18世紀後半のフランスの社会思想家で啓蒙思想家の代表的人物である。教育に関する著書『エミール』(Emile ou de l'education) (1761) において，教育を受けることが人間としての権利であり，現存する秩序に適応する教育を否定し，すべての教育は自然による教育によって導かれなければならないとした。彼の教育思想は，ペスタロッチ (Pestalozzi, J. H.)，フレーベル (Fröbel, Friedrich) 等の当時の教育改革者に影響を与えた。その一人であるペスタロッチは，スイスの教育者で青

図表5-1　伝統的な「児童福祉」と新たな「子ども家庭福祉」の理念と性格・特徴

項　目		児童福祉	子ども家庭福祉
理　念		ウェルフェア 児童の保護	ウェルビーイング（人権の尊重・自己実現） 　子どもの最善の利益 　自己見解表明権 自立支援 　エンパワーメント 　ノーマライゼーション
性格・特徴		救貧的・慈恵的・恩恵的（最低生活保障）	権利保障（市民権の保障）
		補完的・代替的	補完的・代替的 支援的・協働的（パートナー）
		事後処理的	事後処理的 予防・促進・啓発・教育 （重度化・深刻化を防ぐ）
		行政処分・措置	行政処分・措置（個人の権利保障を担保） 利用契約
		施設入所中心	施設入所・適所・在宅サービスとコンビネーション ケースマネージメントの導入 セーフティ・ネットワーク（安全網）

（出所：仲村優一他監修『エンサイクロペディア社会福祉学』中央法規, 2007年, p. 926）

　年時代にルソーの自然の教育の影響を受けた。彼の教育の目的は、人間の生まれながらの人間性である、頭（精神的能力）と胸（道徳的能力）と手（身体的能力）を調和的に発達させることであるとした。

　彼は教育における労働の重要性を主張し、教育の場として、神仰深い農民の家庭と母の愛を強調した。主著として『隠者の夕暮れ』（*Die Abendstunde eines Einsiedlers*）（1780）、『ゲルトルートはいかにその子を教えるか』（*Wie Gertrud ihre Kinder lehrt*）（1801）等がある。彼の児童観、教育論は各国に影響を与えた。幼稚園の創設者として有名なドイツのフレーベルは、ペスタロッチに師事したのち1817年に小学校を開設し教育システムを実践するが、彼の思想の特徴は、幼児に内在する神性（こころ）をどのようにして成長発達させるかに心をいため、幼児教育に一生を捧げた。すなわち、子どもの本質を神的なものとして捉え、この児童観に基づいて彼の幼児教育が遊戯及び作業を通じて展開されるのである。なお、主著は『人間の教育』（*Die Menschenerziehung*）（1826）である。

また，主著『児童の世紀』（Barnets Arhundrade）（1900）のなかで，「20世紀は児童の世紀」と名付けたスウェーデンの教育学者で女性問題研究家であるケイ（Key, Ellen）は，「子どもは両親の自由な結婚生活のなかで，母親によって育てられるべきである」とした。そのために，母親をよき教育者として教育・訓練すべきであると述べている。彼女の児童観の特徴は，子どもは愛情ある夫婦のもとで，生まれ育たなければならないと考え，児童中心主義（＝家庭中心主義）を展開し，当時の不自由で保守的な押しつけ教育を批判した。彼女の児童観は，ルソーの考え方を継承し，発展させたものであり，教育を通じて子どもの権利が保障されるのを希望するものであった。このように，多くの思想家による児童に関する思想は，わが国はじめ多くの諸外国の児童福祉の理念の構築に影響を与えたのである。

❷ 児童の定義と概念

(1) 児童の定義

　児童の定義とは一体どのような内容であろうか。わが国において，平安時代から江戸時代までの公家・武家の社会では，12歳〜16歳の男子は，子どもの髪型を改め大人の髪を結い，氏神の前で大人への式（成人式）を行った。この儀式は室町時代以降，民間にも広まり江戸時代には女性も元服の儀式（女子の場合，元服の年齢は18歳〜20歳である）が広まった。つまり，この儀式を終えると成人（大人）とされ，身体的，精神的に未熟であっても，一人前の社会人（社会の一員）と見なされたのである。この元服式が行われたのは，平均寿命が50歳前後の時代であるが，現在のわが国の平均寿命が男性：79.64歳，女性：86.39歳（2011）の時代とは隔絶の感がある。当時の時代においては，基本的人権（人間が生まれながらに有している権利：自由権・平等権・社会権等）は存在しなかったのである。そこで，現代社会の国際的各条約，国内的各法律に照らし合わせて児童の定義を規定すると，次のようになる。すなわち，「児童とは，身体的，精神的或いは社会的に，未発達，未成熟で，親・社会の保護を必要と

する状態にある或いは準ずる状態にある者で，基本的人権を有する18歳未満の未成年者である」とすることができる。

(2) 児童の概念

　児童の概念をエリクソンの理論を展開しながら述べると，以下の通りである。
　児童は成長・発達するなかで，多様な発達課題を有しているのである。人間の人格発達過程を心理・社会的視点から考察したエリクソン（Erikson, Erik H.）は全生涯にわたる自我（意志）の発達段階を8つに分類し，各段階に応じて人間が達成しなければ発達課題があるとした。エリクソンが展開するライフ

図表5-2　エリクソンのライフサイクル8段階

老年期								統合 対 絶望 英知
成年期							生殖性 対 自己投入 世話	
成年前期						親密性 対 孤独 愛		
思春期					アイデンティティ 対 混乱 忠誠			
学童期				勤勉性 対 劣等感 才能				
遊戯期			自発性 対 罪悪感 決意					
児童初期		自律 対 恥と疑惑 意志						
幼児期	基本的信頼 対 基本的不信 希望							

（出所：E. H. エリクソン，J. M. エリクソン，H. Q. キヴニック著／朝長正徳・朝長梨枝子訳『老年期』みすず書房，1990年，p. 35）

サイクル8段階とは図表5-2の通り，①幼児期，②児童初期，③遊戯期，④学童期，⑤思春期，⑥成年前期，⑦成年期，⑧老年期となっている。

　このなかで，児童期にあたるのが，幼児期，児童初期，遊戯期，学童期，思春期である。各段階の特徴について述べると，次のようになる。①幼児期は，出生直後から1歳頃を指すが，口唇活動（授乳によって飢えを満たすと共に母親の肌のぬくもりや優しい声かけ等が児童に安心感を与える）を通して母親の愛情により「希望」が育まれ，親子の基本的信頼関係を確立する。この口唇期は，人格形成において重要なポイントとなる。すなわち，母親から適切な愛情や信頼関係を得ることができない場合，愛する人（母親）との関係において基本的不信関係，強いては将来，大人や社会に対する不信感につながることも考えられる。②児童初期は，口唇期後半から3～4歳頃の子どもを指すが，この時期の特徴は自律性の確立にある。すなわち，この時期は排出と貯留の2つの時期が含まれるが，排出の喜びを感ずると同時に排出をコントロールすることによって自立（自律）性を獲得することとなり，「意志」の育成に繋がる。また，排出をコントロールできなかった場合，児童にあまり厳しい躾をすることは結果的に「恥と疑惑」の気持ちを子どもに持たせるので厳しすぎる躾は逆効果である。③遊戯期では，児童は積極性の確立を学習するようになる。この時期は児童初期の終りから6～7歳頃までを指し，その特徴は，子ども自らが描く空想に打ちひしがれたり，罪悪感に苛まれたり，また懲罰に妨げられたりしても自らが決めた目標に向かって物事を達成する「決意」の形成期である。すなわち，子どもが積極性を確立する時期である。④学童期は，年齢的に5.6～12.3歳頃で日常生活に必要な社会や文化の基本的な原則と技術を習得する時期である。そのために，児童は勤勉性を確立するが，その反面，失敗を危惧して劣等感を敏感に感じる時期でもある。この劣等感を克服するためには普段から技術の習得が必要となるが，訓練により次第に力をつけることが仕事を達成する器用さと知性を自由に操る「才能」が芽生えることになる。このことが，結果的に劣等感を克服することに繋がる。児童期の最後にあたるのが⑤思春期である。年齢的に12.3～18歳頃まであるが，同期の特徴は，児童が自己同一性（アイデン

ティティ：identity）を獲得する時期である。しかし，この段階はアイデンティティを確立するために常に心は揺れ動いており，混乱の状態にある。この状態を平常な状態，すなわち，アイデンティティを確立するための礎石（土台）が「忠誠」であるとエリクソンは指摘している。その後，成年前期，成年期，老年期と続くことにより，全生涯にわたる人間の人格発達のプロセスが終了するが，大切なことは如何に発達段階に応じた学習を「適切」に学ぶかによって，個人の人格形成が異なってくるのである。児童は両親・保護者から豊かな愛情と安心感を得ることにより健やかに育つことができる。しかし，すべての児童が同一同質の家庭環境を享受できるわけではなく，個々のケースによって家庭環境は自ずと異なってくるのである。また，児童の人格形成には家庭環境のみならず，学校や地域社会の環境の影響を考慮する必要がある。

❸ 児童福祉法

(1) 児童福祉法の基本的枠組み

わが国の児童福祉に対する基本的枠組みは，「日本国憲法」（1946）と「児童福祉法」（1947）並びに「児童憲章」（1951）によって構築された。まず，日本国憲法第11条「国民は全ての基本的人権の享有を妨げられない」，第13条「すべて国民は，個人として尊重される」また，第18条「何人も，いかなる奴隷的拘束も受けない」，第25条「すべての国民は，健康で文化的な最低限度の生活を営む権利を有する」。このように，「基本的人権」「個人としての尊重」「奴隷的拘束を受けない」「健康で文化的な生活の保障」等によって，児童の個人としての人格が保障されている。

また，「児童福祉法」の第1条「すべて国民は，児童が心身ともに健やかに生まれ，且つ，育成されるように努めなければならない」②「すべて児童は，ひとしくその生活を保障され，愛護されなければならない」第2条「国及び地方公共団体は，児童の保護者とともに，児童を心身ともに健やかに育成する責任を負う」と「児童福祉の理念」と「児童育成の責任」を明記し，第3条で第

1条，第2条の「原理の尊重」を謳っている。

そして，児童憲章の前文において，・児童は人として尊ばれる・児童は，社会の一員として重んぜられる・児童は，よい環境のなかで育てられる，とある。このように児童に対する基本的枠組みは日本国憲法，児童福祉法，児童憲章等において成されているのである。

ところで，児童福祉の中核を占めるのが児童福祉法であるが，この法律が制定されるまでの経緯について簡単に触れておくことにする。

(2) 成立の経緯

児童福祉法成立までの経緯は，戦前にさかのぼる。関連諸法の経緯をたどってその背景をみていこう。

戦前，1929（昭和4）年にわが国の救貧法である「救護法」が公布され，世界大恐慌のもとで3年後の1932（昭和7）年に施行された。同法の基本理念は，家族制度，隣保相扶であった。救護の対象は，貧困による生活不能者のうち，①65歳以上の老衰者，②13歳以下の幼者，③妊産婦，④不具廃疾，疾病，傷痍その他精神または身体の障害により働くことができない者，とされた。また，救護の種類は，①生活扶助，②医療，③助産，④生業扶助の4種類であった。そして，救護の方法としては，居宅保護を原則としたが，収容保護，委託保護も認めた。このように，救護法において母子・児童の救済が認められたのである。

つづいて，不良児童の保護を目的とした「少年救護法」(1933)が制定され，生活困難に陥った母子世帯を救済するために「母子保護法」(1937)が，また1914年の日本赤十字社京都支部の乳幼児健康相談事業等をきっかけに「保健所法」(1937)が成立した。そして，1940年には戦時下の母子保健対策として，保健所法につづいて「国民体力法」，「国民優生法」が制定された。

これらの法律は，いずれも児童の人権思想擁護が欠如していたが，一定の母子・児童保護の役割を果たした。

第2次世界大戦は，弱者である児童に対して痛ましい結果を与えた。戦禍の

なかを逃げまどい、両親とはぐれ、住まいもなく飢えに苦しむ戦災孤児や浮浪児が増大した。彼等のなかには生きるため、帰る家もなく街にたむろし、物乞いをしたり、時には犯罪をおかして、反社会的行動をとる児童が多数見られるようになった。また、戦災孤児のなかには大人に交じって「靴磨き」等をして生活費をかせいでたくましく生きる児童もいたのも事実である。

戦後直後、戦災孤児は全国で12万3千人有余もいた（1948年2月厚生省調査）。そのうち緊急保護を要する児童は前年の調査で1万人2千人程度と推定されていた。こうした状況のもとで国は、「戦災孤児等保護対策要綱」（1945）を決定し、緊急を要する孤児等に対する公的責任を明らかにした。そして同年12月には「戦災引揚孤児援護要綱」を閣議決定した。また、翌年1946年4月には各都道府県に「浮浪児その他児童保護等の応急措置実施に関する件」が通知され、街頭の浮浪児を補導し、養護施設に保護することになった。しかし、補導された浮浪児のなかには、施設の規則を嫌って脱走する児童もあった。

その後、GHQ（連合国軍最高司令官総司令部）の児童保護対策の積極的支援を受けて厚生省は、児童福祉の基本法制定の必要性が緊急課題であるとした。

このような背景のもとに、1947年に児童の健全育成を願って「児童福祉法」が成立したのである。

(3) 児童福祉法の諸改正

わが国の児童福祉が体系化されたのは、第2次世界大戦後である。すべての児童の健全育成と生活の保障、愛護を目的として成立した「児童福祉法」（1947）の第1条第1項には「すべて国民は、児童が心身ともに健やかに生まれ、且つ、育成されるよう努めなければならない」とある。また、第2項において、「すべて児童は、ひとしくその生活を保障され、愛護されなければならない」とあり、児童の育成に関する国民の義務と児童の権利を謳っている。児童福祉法は、その後、改正を重ねたが、1997年には少子化の進行、共働き家庭の増大、地域・家庭環境の変化のなかで、「児童福祉法等の一部を改正する法律」が公布された。この法律は翌年の4月1日から施行されたが、戦後最大の児童福祉

法の改正といわれた。その理由は，①保育サービスの選択制の導入（保育所入所を「措置」から「利用選択」への移行），②要保護児童（児童虐待等）の発見の通告は社会福祉関係者，保健医療関係者，社会教育関係者，警察関係者，弁護士等の他，国民一般に課せられる，③虚弱児施設と養護施設は，統合して児童養護施設とする，④母子寮を母子生活支援施設，教護院を児童自立支援施設に名称変更，⑤市町村，社会福祉法人は放課後児童健全育成事業を行うことができる，⑥要保護児童に対する指導及び児童相談所等の連絡調整等を目的とする児童福祉施設として，児童家庭支援センターを設ける等であり，その趣旨は少子化の進行，夫婦共働きの一般化，家庭や地域の子育て機能の低下及び家庭環境の変化に対応するためである。その結果，従来の児童福祉から児童・家庭福祉への変化であり，新しい時代にふさわしい質の高い子育て支援の制度として再構築を図るものである。そして，社会福祉基礎構造改革のもとで，その後幾度か児童福祉法の改正（2000年改正，2001年改正，2003年改正，2004年改正，2006年改正，2007年改正，2008年改正等）が行われ，児童福祉の実施体制の改革，地域における子育て支援の強化，次世代育成支援推進対策の推進，児童虐待防止対策等が遂行された。

なお，2008（平成20）年の「児童福祉法等の一部を改正する法律」の概要は，①保育者が自宅で乳幼児を預かる家庭的保育事業を保育所の補完として位置づける，②乳児家庭全戸訪問事業，養育支援訪問事業，地域子育て支援拠点事業，一時預かり事業等が同法に位置づけられ，市町村の努力義務とする，③里親制度の拡充，④児童自立支援援助事業（自立援助ホーム）の新規入所対象児童が18歳未満から20歳未満に拡大，⑤児童養護施設等の職員による虐待，子ども間の暴力の放置を「被措置児童等虐待」として，発見者の児童相談所等への通告義務を課す，等である。なお，これらは一部を除き2009年4月から実施されている。2010年度より，子育てを社会が担うという理念のもと，民主党政権は，すべての児童（中学生以下）に所得制限なしで，「子ども手当」（同年度は半額の13,000円）の支給を行うことにした。しかし，その後の与野党の政治的折衝の結果2012年度より，子ども手当が廃止され，従来の児童手当と一本化された。

図表5-3　年齢別児童・家庭福祉施策の一覧

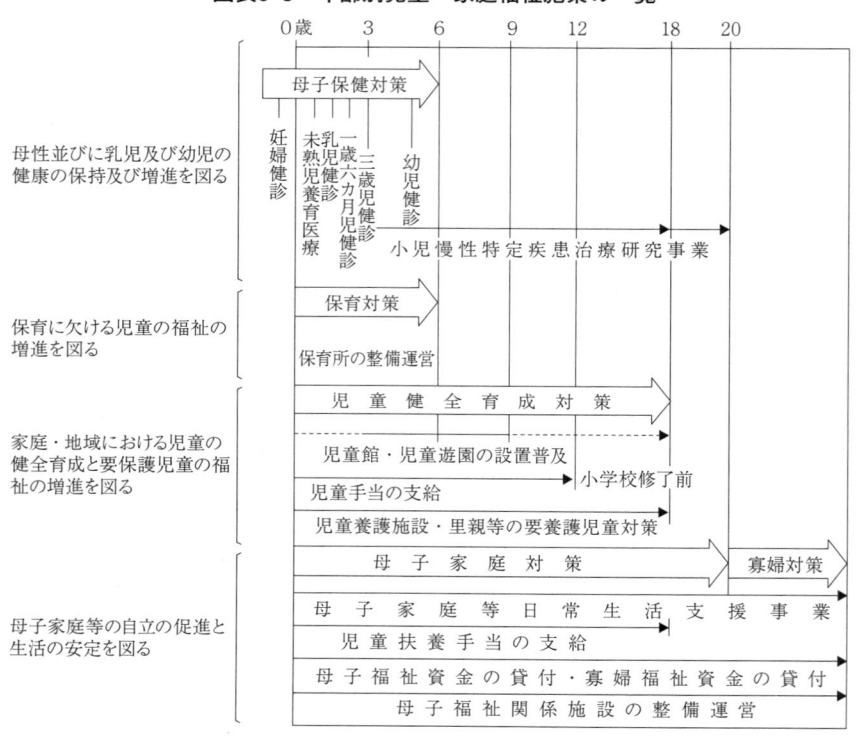

対象区分	施策内容
母性並びに乳児及び幼児の健康の保持及び増進を図る	母子保健対策（妊婦健診、未熟児養育医療、乳児一カ月児健診、三歳児健診、幼児健診）、小児慢性特定疾患治療研究事業
保育に欠ける児童の福祉の増進を図る	保育対策、保育所の整備運営
家庭・地域における児童の健全育成と要保護児童の福祉の増進を図る	児童健全育成対策、児童館・児童遊園の設置普及（小学校修了前）、児童手当の支給、児童養護施設・里親等の要養護児童対策
母子家庭等の自立の促進と生活の安定を図る	母子家庭対策、寡婦対策、母子家庭等日常生活支援事業、児童扶養手当の支給、母子福祉資金の貸付・寡婦福祉資金の貸付、母子福祉関係施設の整備運営

（出所：厚生労働統計協会編『国民の福祉の動向（2011/2012）』p.79）

なお，年齢別児童・家庭福祉施策の全体的概況は，図表5-3の通りである。

(4) 児童福祉に関連する諸法律

1) 児童手当法

この児童手当は，1971（昭和46）年に制定され，翌年の1月から実施された。その目的は，「児童を養育している者に児童手当を支給することにより，家庭における生活の安定に寄与するとともに，次代の社会をになう児童の健全な育成及び資質の向上を資すること」（同法第1条）となっている。実施機関は，市

図表5-4 児童手当の費用負担

〈0歳から3歳未満（児童手当）〉	
被用者である受給者に支給する費用	事業主7／10，国1／10，都道府県1／10，市区町村1／10
被用者以外の受給者に支給する費用	国1／3，都道府県1／3，市区町村1／3
公務員である受給者に支給する費用	国，地方公共団体がそれぞれの全額を負担する。
〈3歳から小学校終了前（法附則第7条給付）〉	
被用者及び被用者以外の受給者に支給する費用	国1／3，都道府県1／3，市区町村1／3
公務員である受給者に支給する費用	国，地方公共団体がそれぞれの全額を負担する。

（出所：『社会保障の手引き（平成21年1月改訂）』中央法規，p.212）

町村長が認定及び支給の事務を取り扱う。ただし，公務員については，所属官署等の長又はその委任をうけた者が行う。

現在，支給される手当は，3歳未満は一律10,000円となっているが，3歳から小学校終了前は第1子，第2子月額5,000円，第3子以降月額10,000円となっている（支払い月は2月，6月，10月にそれぞれの前月までの分を支払う）。また，費用負担は図表5-4の通りである。なお，同制度の給付については，所得制限が設けられている。

2）子ども手当

次代を担う子どもの育ちを社会全体で応援するという観点から中学校修了までの児童を対象に，所得制限なしの1人13,000円を支給する「22年度における子ども手当の支給に関する法律」（通称「子ども手当法」）が2010年に制定された。しかし，この法律の制定により，これまでの児童手当法は廃止されず，2010年度の子ども手当については，その一部として児童手当法に基づく児童手当を支給する仕組みとなった。この費用に関しては，国・市町村・事業主が負担するというものである。ただ，費用負担のあり方が年齢等によって複雑化したため制度としての問題を抱えることとなった。

このようにその趣旨は，従来の子育ては親がするものという考え方から，子育てを社会が支援する―次代の社会を担う子ども1人ひとりの育ちを社会が応援する，子育ての経済的負担を軽減し，安心して，子どもが育てられる社会を

つくる―という欧米福祉先進諸国と同様の素晴しいものであるが，発足当初から財政負担，，児童手当との関係等の問題を抱えてスタートした。手当は，2010年の4月1日から施行された。

その後，与野党間の政治的折衝の結果，子ども手当の見直しがなされ，2013（平成24）年度3月をもって廃止し，児童手当へ一本化，拡充されることとなった。そのため，2011（平成23）年から2012（平成24）年3月までの子ども手当について，「平成23年度における子ども手当の支給等に関する特別措置法」に基づいて支給されることとなった。

また，子ども手当の支給で廃止されていた所得制限も復活することになった。

3）児童扶養手当法

この法律の目的は，「父と生計を同じくしていない児童が育成される家庭の生活の安定と自立の促進に寄与するため，当該児童について児童扶養手当を支給し，もつて児童の福祉の増進を図ること」（同法第1条）を趣旨として，1961（昭和36）年に制定された。その後，幾度か法律改正が行われたが，2009（平成21）年に「児童扶養手当の一部を改正する法律」が成立し，翌年の2010（平成22）年8月1日より，父子家庭にも同手当が支給されることとなった。その趣旨は，ひとり親家庭の生活の安定と自立を促進し，もって児童の福祉の増進を図るため，児童扶養手当について父子家庭の父を支給対象とすることにある。

図表5-5　児童扶養手当受給者の推移（各年度末）

	受給者数	
	人　数	指　数
昭和50年度　（1975）	251,316	100
昭和60　（1985）	647,606	258
平成7　（1995）	603,534	240
平成17　（2005）	936,579	373
平成20　（2008）	966,266	384
平成21　（2009）	985,682	392
平成22　（2010）	1,038,244	413

（出所：厚生労働統計協会編『国民の福祉の動向（2011/2012）』p.74）

ところで，日本経済の長期的不況による雇用関係の不安定化と経済格差の拡大が母子並びに父子家庭を直撃し，年々児童扶養手当の受給者が増加している（図表5-5参照）。

　図表5-5から判明することは，2005（平成17）年度にて，受給者数，指数ともに伸び率が高くなり，それ以降の傾向が続き2010（平成22）年度には，受給者数が100万人を突破した。この背景には，経済の低迷化に伴う，雇用状況の悪化を指摘することができる。すなわち，有効求人倍率は2008（平成20）年秋から急激に悪化し，1.0を下回り，現在もその傾向が続いている。また，完全失業率も2009（平成21）年には5.5％を記録し，有効求人倍率も0.43倍まで低下し，完全失業率も同様にこの傾向が続いている。こうした経済的背景が児童扶養手当給付率の上昇に繋がっているのであるが，その対策として，母子・寡婦福祉があるがその現状を見ると次のようになっている。まず，母子・寡婦福祉資金の貸付制度であるが，その種類は，①事業開始資金，②事業継続資金，③修学資金，④技能修得資金，⑤修業資金，⑥就職支度資金，⑦医療介護資金，⑧生活資金，⑨住宅資金，⑩転宅資金，⑪就学支度資金，⑫結婚資金，⑬特例児童扶養資金等がある。また，母子福祉関係施設として，児童福祉法に基づく母子生活支援施設並びに母子及び寡婦福祉法による母子福祉センター，母子休養ホームがある。

　なお，父子家庭への支援策として，既述したように2010（平成22）年度より児童扶養手当が支給されたが，従来からの支援として，①児童相談所や福祉事務所（家庭児童相談所）での相談受け付けのほか，②保育所への優先入所措置，③やむを得ない場合の児童養護施設への入所措置がある。また，父子家庭の子どもが訪問した大学生等に相談する児童訪問援助事業等もある。また，2002（平成14）年度より，母子家庭が明確に位置づけられると同時に「ひとり親家庭生活支援事業」に名称が変更された。児童扶養手当の給付額であるが，現在，児童1人の場合41,720円となっている。また，児童2人以上の場合の加算額は，2人目5,000円，3人目以降は，1人につき3,000円となっている。

　なお，給付は各市町村（特別区を含む）で行われているが，給付に際して一

図表5-6　障害の種類別に見た特別児童扶養手当支給対象児童数の推移

(単位：人)　　　　　　　　　　　　　　　　　　　　　　　　　　　　　　各年度末現在

		総数	知的障害者	身体障害	その他
昭和60年度	(1985)	124,861	62,195	45,573	17,093
平成2	(1990)	128,131	67,162	43,258	17,711
平成7	(1995)	127,554	69,336	40,271	17,947
平成12	(2000)	145,159	83,210	41,399	20,550
平成17	(2005)	168,819	100,948	42,497	25,374
平成20	(2008)	185,494	114,033	41,841	29,620
平成21	(2009)	191,609	118,050	41,785	31,774
平成22	(2010)	198,238	113,276	41,812	43,150

(出所：厚生労働統計協会編『国民の福祉の動向（2011/2012）』p. 111)

定の所得制限が設けられている。

4）特別児童扶養手当等の支給に関する法律

　特別児童扶養手当の目的は，「精神又は身体に障害を有する児童について特別児童扶養手当を支給し，精神又は身体に重度の障害を有する児童に障害児福祉手当を支給するとともに，精神又は身体に著しく重度の障害を有する者に特別障害者手当を支給することにより，これらの者の福祉の増進を図ること」（同法第1条）として，1964（昭和39）年に「特別児童扶養手当等の支給に関する法律」が制定された。なお，この法律において「障害児」とは，20歳未満であって，障害等級に該当する程度の状態にある者となっている。この法律は，他の児童に関する法律同様，障害児の福祉の増進に寄与している。障害の種類別にみた特別児童扶養手当支給対象児童の推移は，図表5-6の通りである。

　この手当は，1972（昭和47）年10月から従来の重度知的障害あるいは重度身体障害に加えて，その対象に内臓疾患等の内部障害，精神病等の精神障害の併合障害（心臓機能障害，結核性疾患，腎臓疾患，血液疾患，総合失調症，てんかん，そううつ病等）を含めた。

　また，1989（平成元）年より，児童扶養手当等と同様物価スライド制が導入された。なお，同手当の給付に際して，一定の所得制限が設けられている。

　現，2011（平成23）年度の支給手当月額は，1級（重度）の障害児は1人に

つき50,750円，2級（中度）該当する障害児は，1人につき33,800円となっている。

5）母子及び寡婦福祉法

この法律の目的は，「母子家庭及び寡婦の福祉に関する原理を明らかにするとともに，母子家庭及び寡婦に対し，その生活の安定と向上のために必要な措置を講じ，もつて母子家庭等及び寡婦の福祉を図ることを目的とする。」（同法第1条）。1964（昭和39）年制定当初は，母子福祉法であったが，1981（昭和56）年の法改正により，母子家庭に加えて母子家庭の母である寡婦を福祉の措置に加えることによって，現在の法律名となった。具体的な支援策として，すでに3）児童手当法で詳しく述べたように，①母子・寡婦福祉貸付金制度，②公共的施設内での売店の設置，③製造たばこの小売業の許可，④公営住宅の優先入居，⑤保育所の優先入所，⑥母子自立支援員による相談指導，⑦寡婦居宅介護事業等がある。

また，母子福祉施設として，①母子福祉センター，②母子休養ホーム等がある。

6）母子保健法

母子保健法（1965）の目的は，「母性並びに乳児及び幼児の健康の保持及び増進を図るため，母子保健に関する原理を明らかにするとともに，母性並びに乳児及び幼児に対する保健指導，健康診査，医療その他の措置を講じ，もつて国民保健の向上に寄与することを目的とする。」（同法第1条）

同法の事業は，①母子健康手帳の交付，②保健指導，③訪問指導，④1歳6か月児童健康診査，⑤3歳児健康診査，⑥妊産婦及び乳幼児健康診査，⑦妊娠高血圧症候群（妊娠中毒症）等の療養援護，⑧未熟児の養育医療，⑨B型肝炎母子感染防止事業，⑩母子保健相談指導事業，⑪育児等健康支援事業等となっている。これらの事業の実施主体は，⑧は都道府県，保健所を設置する市又は特別区以外各市町村となっている。

7）児童買春，児童ポルノに係る行為等の処罰及び児童の保護等に関する法律

この法律の目的は，「児童に対する性的搾取及び性的虐待が児童のの権利を

著しく侵害することの重大性にかんがみ，あわせて児童の権利の擁護に関する国際的動向を踏まえ，児童買春，児童ポルノに係る行為等を処罰するとともに，これらの行為等により心身に有害な影響を受けた児童の保護のための措置等を定めることにより，児童の権利を擁護すること」（同法第1条）となっている。

(5) 児童福祉施設

現在，児童福祉施設関係は20種類あるが，その多くは第1種社会福祉事業（社会福祉法第2条第2項）となっている。第2種社会福祉事業（社会福祉法第2条第3項）は，助産施設，保育所，児童館，児童遊園のみとなっている（図表5-7参照）。

図表5-7　児童福祉施設の種類

施設の種類	種別	入(通)所・利用別	設置主体	施設の目的と対象者
児童福祉施設 助産施設（児福法36条）	第2種	入所	都道府県 市町村（届出） 社会福祉法人 その他の者（認可）	保健上必要があるにもかかわらず，経済的理由により，入院助産を受けることができない妊産婦を入所させて，助産を受けさせる。
乳児院（児福法37条）	第1種	入所	同上	乳児（保健上，安定した生活環境の確保その他の理由により特に必要のある場合には，幼児を含む。）を入院させて，これを養育し，あわせて退院した者について相談その他の援助を行う。
母子生活支援施設（児福法38条）	第1種	入所	同上	配偶者のない女子又はこれに準ずる事情にある女子及びその者の監護すべき児童を入所させて，これらの者を保護するとともに，これらの者の自立の促進のためにその生活を支援し，あわせて退所した者について相談その他の援助を行う。
保育所（児福法39条）	第2種	通所	同上	日日保護者の委託を受けて，保育に欠けるその乳児又は幼児を保育する。
児童養護施設（児福法41条）	第1種	入所	同上	保護者のない児童（乳児を除く。ただし，安定した生活環境の確保その他の理由により特に必要のある場合には，乳児を含む。），虐待されている児童その他環境上養護を要する児童を入所させて，これを養護し，あわせて退所した者に対する相談その他の自立のための援助を行う。

知的障害児施設 （児福法42条）	第1種	入所	国・都道府県 市町村　　届出 社会福祉法人｝認可 その他の者	知的障害のある児童を入所させて，これを保護し，又は治療するとともに，独立自活に必要な知識技能を与える。
自閉症児施設 （児福法42条，昭23.12.29厚令63号）	第1種	入所	都道府県 市町村　　届出 社会福祉法人｝認可 その他の者	自閉症を主たる病状とする児童を入所させ，保護するとともに必要な治療，訓練等を行う。
知的障害児通園施設 （児福法43条）	第1種	通所	同上	知的障害のある児童を日々保護者の下から通わせて，これを保護するとともに，独立自活に必要な知識技能を与える。
盲児施設（児福法43条の2，昭23.12.29厚令63号）	第1種	入所	同上	盲児（強度の弱視児を含む。）を入所させて，これを保護するとともに，独立自活に必要な指導又は援助を行う。
ろうあ児施設 （児福法43条の2，昭23.12.29厚令63号）	第1種	入所	同上	ろうあ児（強度の難聴児を含む。）を入所させて，これを保護するとともに，独立自活に必要な指導又は援助を行う。
難聴幼児通園施設 （児福法43条の2，昭23.12.29厚令63号）	第1種	通所	同上	強度の難聴の幼児を保護者の下から通わせて，指導訓練を行う。
肢体不自由児施設 （児福法43条の3，昭23.12.29厚令63号）	第1種	入所 通所	同上	上肢，下肢又は体幹の機能の障害のある児童を治療するとともに，独立自活に必要な知識技能を与える。
肢体不自由児通園施設（児福法43条の3，昭23.12.29厚令63号）	第1種	通所	同上	通園によっても療育効果が得られる児童に対し，必要な療育を行い，もってこれら児童の福祉の増進を図る。
肢体不自由児療護施設（児福法43条の3，昭23.12.29厚令63号）	第1種	入所	同上	病院に入院することを要しない肢体不自由のある児童にあって，家庭における養育が困難なものを入所させ，治療及び訓練を行う。
重症心身障害児施設（児福法43条の4）	第1種	入所	都道府県 市町村　　届出 社会福祉法人｝認可 その他の者	重度の知的障害及び重度の肢体不自由が重複している児童を入所させて，これを保護するとともに，治療及び日常生活の指導をする。
情緒障害児短期治療施設（児福法43条の5）	第1種	入所 通所	同上	軽度の情緒障害を有する児童を，短期間，入所させ又は保護者の下から通わせて，その情緒障害を治し，あわせて退所した者について相談その他の援助を行う。

施設名	種別	入・通・利用	設置者	内容
児童自立支援施設 （児福法44条）	第1種	入所 通所	国・都道府県 市町村　　　届出 社会福祉法人　認可 その他の者	不良行為をなし，又はなすおそれのある児童及び家庭環境その他の環境上の理由により生活指導等を要する児童を入所させ，又は保護者の下から通わせて，個々の児童の状況に応じて必要な指導を行い，その自立を支援し，あわせて退所した者について相談その他の援助を行う。
児童家庭支援センター （児福法44条の2）	第2種	利用	都道府県 市町村　　　届出 社会福祉法人　認可 その他の者	地域に密着した相談・支援体制を強化するため，虐待や非行等の問題につき，児童，母子家庭，地域住民などからの相談に応じ，必要な助言を行うとともに，保護を要する児童又はその保護者に対する指導及び児童相談所等との連携・連絡調整等を総合的に行う。
児童館 （児福法40条，平2.8.7厚生省発123号） （小型児童館） （児童センター） （大型児童館A型） （大型児童館B型） （大型児童館C型） （その他の児童館）	第2種	利用	国・都道府県 市町村　　　届出 社会福祉法人　認可 その他の者	屋内に集会室，遊戯室，図書館等必要な設備を設け，児童に健全な遊びを与えて，その健康を増進し，又は情操をゆたかにする。
児童遊園 （児福法40条，平4.3.26児育8）	第2種	利用	都道府県 市町村　　　届出 社会福祉法人　認可 その他の者	屋外に広場，ブランコ等必要な設備を設け，児童に健全な遊びを与えて，その健康を増進し，又は情操をゆたかにする。

（出所：厚生労働統計協会編『国民の福祉の動向（2011/2012）』pp. 303～304）

4 社会的養護

(1) 社会的養護とは

　社会的養護とは保護者のいない児童や，保護者に監護させることが適当でない児童を，公的責任で社会的に養育し，保護するととともに，養育に大きな困難を抱える家庭への支援を行うことをいう。なお，社会的養護の理念は，「子どもの最善の利益のために」と「社会全体で子どもを育む」となっている。

　厚生労働省は2012（平成24）年1月16日に「社会的養護の5つの施設種別ごとの運営指針案と里親等養育指針案」を明らかにした。その内容はこれまで，家庭養護と呼ばれてきた里親と小規模住居型児童養護事業（ファミリーホーム）

図表5-8　指針における用語の整理

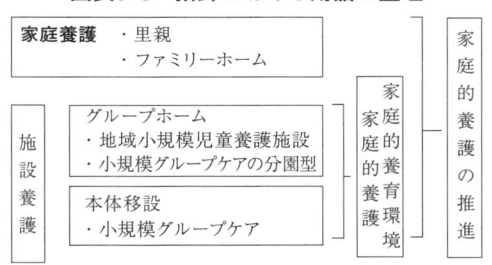

- 家庭養護
  - 里親
  - ファミリーホーム
- 施設養護
  - グループホーム
    - 地域小規模児童養護施設
    - 小規模グループケアの分園型
  - 本体移設
    - 小規模グループケア

→ 家庭的養育養護環境 → 家庭的養護の推進

（出所：厚生労働省「社会的養護についての五つの施設種別ごとの運営指針案と里親等養育指針案」2012年1月）

図表5-9　社会的養護の現状

保護者のない児童、被虐待児など家庭環境上養護を必要とする児童などに対し、公的な責任として、社会的に養護を行う。対象児童は、約4万7千人。このうち、児童養護施設は約3万人。

里親	家庭における養育を里親に委託	登録里親数	委託里親数	委託児童数
		7,180人	2,837人	3,836人
区分（里親は重複登録有り）	養育里親	5,823人	2,296人	3,028人
	専門里親	548人	133人	140人
	養子希望里親	1,451人	178人	159人
	親族里親	342人	341人	509人

ファミリーホーム	養育者の住居において家庭的養護を行う（定員5～6名）
ホーム数	49か所
委託児童数	219人

施設	乳児院	児童養護施設	情緒障害児短期治療施設	児童自立支援施設	母子生活支援施設	自立援助ホーム
対象児童	乳児（特に必要な場合は、幼児を含む）	保護者のない児童、虐待されている児童その他環境上養護を要する児童（特に必要な場合は、乳児を含む）	軽度の情緒障害を有する児童	不良行為をなし、又はなすおそれのある児童及び家庭環境その他の環境上の理由により生活指導等を要する児童	配偶者のない女子又はこれに準ずる事情にある女子及びその者の監護すべき児童	義務教育を終了した児童であって、児童養護施設等を退所した児童等
施設数	124か所	575か所	33か所	58か所	272か所	59か所
定員	3,794人	34,569人	1,539人	4,043人	5,430世帯	399人
現員	2,968人	30,594人	1,111人	1,545人	4,002世帯 児童5,897人	283人
職員総数	3,861人	14,892人	831人	1,894人	1,995人	256人

小規模グループケア	458か所
地域小規模児童養護施設	190か所

資料：福祉行政報告例（平成22年3月末現在）
※職員数は、社会福祉施設等調査報告（平成20年10月1日現在）
※児童自立支援施設は、国立2施設を含む（家庭福祉課調）
※自立援助ホームは、家庭福祉課調（施設数は平成22年3月末現在、その他は同年3月1日現在）
※小規模グループケア、地域小規模児童養護施設は家庭福祉課調（平成22年3月末現在）

（出所：厚生労働省「社会的養護の現状について（参考資料）2012年1月」）

は養育指針上「家庭養護」とし、施設で養護環境を小規模化する「家庭的養護」と区別している。また、情緒障害児短期治療施設は実態を正確に表す通称として「児童心理治療施設」とした（図表5-8参照）。

図表5-10 里親数等の推移

(福祉行政報告例各年度末現在)

	昭和30年	40年	50年	60年	平成17年	18年	19年	20年	21年
登録里親数	16,200	18,230	10,230	8,659	7,737	7,882	7,934	7,808	7,180
委託里親数	8,283	6,090	3,225	2,627	2,370	2,453	2,582	2,727	2,837
委託児童数	9,111	6,909	3,851	3,322	3,293	3,424	3,633	3,870	3,836 (4,055)

(注) 平成21年度委託児童数の（ ）はファミリーホームを含む。
(出所：図表5-9と同様)

　ところで、社会的養護の現状は、図表5-9の通りである。図表からも分かるようにわが国の社会的養護は、施設が9割で、里親が1割と圧倒的に施設養護に依存している。今後、登録里親数を増やす必要があるが平成19年以降、再度減少傾向にある。

　しかしながら、登録里親数は減少傾向にあるが、委託里親数は、平成18年以降増加に転じ、現在にいたっている。それに伴い委託児童数も同年以降増加傾向にある。この背景には、2008（平成20）年の児童福祉法の改正により、社会的養護の担い手である養育里親に対して、養子縁組を前提とする里親と区別し、養育里親に養育里親研修を課し、里親の質的向上を担保した。それに加えて里親手当を引き上げることによって、経済的支援の向上を図った。この里親支援体制の強化が、委託里親数並びに委託児童数の増加につながったと考えられる。

(2) 里親の定義と種類

　里親の定義については、児童福祉法に規定している。まず、里親とは、「この法律で、里親とは、養育里親及び厚生労働省令で定める人数以下の要保護児童を養育することを希望する者であつて、養子縁組によつて養親となることを希望するものその他のこれに類する者として厚生労働省令で定めるもののうち、都道府県知事が第27条第1項第3号の規定により児童を委託する者として適当と認めるものをいう。」(第6条の3) と次に養育里親とは、「この法律で、養育里親とは、前項に規定する厚生労働省令で定める人数以下の要保護児童を養育

図表5-11　里親の種類

○里親は，要保護児童（保護者の無い児童又は保護者に監護させることが不適当であると認められる児童）の養育を委託する制度であり，その推進を図るため，
・平成20年の児童福祉法改正で，「養育里親」を「養子縁組を希望する里親」等と法律上区分するとともに，
・平成21年度から，養育里親・専門里親の里親手当を倍額に引き上げ
・養育里親と専門里親について，里親研修を充実

種類	養育里親	専門里親	養子縁組を希望する里親	親族里親
対象児童	要保護児童（保護者のいない児童又は保護者に監護されることが不適切であると認められる児童）	次に掲げる要保護児童のうち，都道府県知事がその養育に関し特に支援が必要と認めたもの ①児童虐待等の行為により心身に有害な影響を受けた児童 ②非行等の問題を有する児童 ③身体障害，知的障害又は精神障害がある児童	要保護児童（保護者のいない児童又は保護者に監護されることが不適切であると認められる児童）	次の要件に該当する要保護児童 ①当該親族里親の扶養義務者（祖父，祖母，兄弟姉妹等）及びその配偶者である親族であること ②児童の両親その他当該児童を現に監護する者が死亡，行方不明，拘禁等の状態となったことにより，これらの者により，養育が期待できないこと

里親に支給される手当等
- 里親手当（月額）　養育里親　72,000円（2人目以降36,000円加算）／専門里親　123,000円（2人目以降87,000円加算）
  ※平成21年度に引上げ(それ以前は，児童1人当たり，養育里親34,000円，専門里親90,200円)
- 一般生活費　乳児54,980円，乳児以外47,680円（食費，被服費等，1人月額）
- その他(幼稚園費，教育費，入進学支度金，就職，大学進学等支度費，医療費等)

（出所：厚生労働省「里親の種類」）

することを希望し，かつ，都道府県知事が厚生労働省令で定めるところにより行う研修を修了したことその他の厚生労働省令で定める要件を満たす者であって，第34条の18に規定する養育里親名簿に登録されたものをいう。」（第6条の2）

以上のように里親について，児童福祉法に規定しているが，委託児童は2人以内，委託期間は原則2年間となっている。また，主な里親への委託理由は，父母の行方不明，父母の虐待，養育放棄・拒否，家庭環境によるもの等となっ

ている。なお，里親の種類は，図表5-11となっている。

5 欧米の児童福祉の展開

　欧米において，児童福祉の問題が世界で本格的に論議された場は，アメリカの第26代大統領セオドア・ルーズベルト（Theodore, Roosevelt）のもとで開催された第1回ホワイトハウス会議（白亜館会議）（1909）であった。要保護児童問題を論じたこの会議のなかで，「家庭生活は，文明の所産のうち最も高い，もっとも美しいものである。児童は，緊急なやむを得ない理由がない限り，家庭から切り離してはならない。」とする宣言がなされた。この宣言が20世紀の児童問題の基本的テーマとなり，児童問題が多方面で論じられることとなった。

　第1次世界大戦による児童惨禍を反省して，国際連盟は「児童の権利に関するジュネーブ宣言」（Declaration of the Rights of the Child, 1924）（以降，ジュネーブ宣言）を採択した。この宣言のなかで「人類が児童に対して最善のものを与えるべき義務がある」とし，最初に児童の権利を認めた。ただし，児童の権利は付与され，児童自らの権利意識の主体者とはなり得なかった。また，アメリカの第31代大統領フーバー（Hoover, Herbert）は，第3回ホワイトハウス会議において先駆的児童憲章である「アメリカ児童憲章」（Children's Charter, 1930）を採択し，各国の児童憲章成立に影響を与えることとなった。

　こうして第1次世界大戦後，児童に関する宣言や憲章が成立することになり，児童・家庭福祉における理念が構築されていった。

　しかし，人間の愚かさは再び戦争を引き起こす結果となった。それが，多くの尊い人命と財産を奪った第2次世界大戦であった。こうした惨禍を二度と繰り返さないことを誓った第3回国連総会にて，法の下における人権の保護を謳った「世界人権宣言」（Universal Declaration of Human Rights, 1948）が採択された。つづいて，ジュネーブ宣言の理念を発展継承させた「児童の権利に関する宣言」（Declaration of the Rights of the Child, 1959）が採択された。この宣言は，世界人権宣言による児童に関する規定が具体化されたものとなっている。全体

は10条からなり，児童に対する権利が明記されており，戦後の児童の基本的人権を認め，両親，篤志団体，地方行政機関および政府に対して児童の権利（1条～10条）を守る努力義務が規定してある。一方，わが国でも同じく第2次世界大戦後，戦災孤児・浮浪児・引き上げ孤児等の救済を行うため児童に関する基本法である「児童福祉法」が成立したのである。これによって，国民と国及び地方自治体の児童に対する育成の努力と責任が明記された。そして，児童福祉法の理念を国民が再認識することを目的として，「児童憲章」(1951)が制定された。その前文の理念は，①児童は，人として尊ばれる。②児童は，社会の一員として重んぜられる。③児童は，よい環境のなかで育てられる，となっている。そして，「児童扶養手当法」(1961)，「母子保健法」(1965)，「児童手当法」(1971)，「特別児童扶養手当等の支給に関する法律」(1973)と次々と児童に関する法律が制定されることとなった。各国が締結することにより，児童の権利の実効性を可能とする条約（国家間の合意に基づく，法的拘束を持つものである）の形をとったのが，ポーランドの提案による「児童の権利に関する条約」(Convention of the Rights of the Child, 1989)であった。わが国も1994年3月30日に国会で批准し，5月22日に効力が生じることとなった。この条約は，全文と54の条文からなっている。その前文は要約すると世界人権宣言，ジュネーブ宣言，国際人権規約，児童権利宣言等の精神を前提とし，①尊厳及び平等で且つ奪えない権利，②基本的人権並びに人間の尊厳及び価値，③人種，皮膚の色，性，言語，宗教，政治的意見，出生又は他の地位等による如何なる差別もないこと，④家族の責任，⑤幸せな家庭環境の下で成長すること，⑥児童は平和，尊厳，寛容，自由，平等，連帯の精神に従って育てられるべきこと，⑦児童は，身体的及び精神的に未熟であるため，出生の前後において，特別な保護及び世話を必要とすること，⑧きわめて困難な条件で生活している児童が世界のすべての国に存在していることを認めること，⑨児童の保護及び調和のとれた発達のため各人民の伝統及び文化的価値が有する重要性を考慮すること，⑩開発途上国における児童の生活を改善するため国際協力が重要であることをみとめること等が全文に明記してある。そして，1990年には「児童の権利に関

する条約」の成立を受けて、同年国連にておいて「子どものための世界サミット」が開催された。このサミットにおいて「子どもの生存、保護、発達に関する世界宣言」(World Declaration on the Survival, Protection and Development of Children) が採択された。そして、2000年までに達成すべき目標が27掲げられた。とくに以下の7つが取り上げられた。それは、①5歳未満の子どもの死亡率の減少の推進、②妊産婦死亡率の減少、③5歳未満の栄養不良児数を1990年の半分まで減らす、④すべての人が安全な水と衛生施設を使用できるようにする、⑤全ての子どもが小学校に進学でき、そのうち80％が卒業できるようにする、⑥大人の非識字率を減らし、男女共に平等に教育が受けられるようにする、⑦厳しい暮らしの子どもを守り、とくに戦争に巻き込まれた子どもを保護する等である。そして、2002年に「子どものための世界サミット」の目標の達成と評価と今後の新たな取り組みを討議するため「国連子ども特別総会」(United Nations Special Session on Children) が開催された。わが国では、児童虐待の早期発見、早期対処を行うため「児童虐待の防止等に関する法律」(2000) が制定された。また、前述したように児童福祉に関する基本的法律である「児童福祉法」の改正も社会的状況に対応するため幾度も行われた。また、2005年には障害者の自立を目指すことを目的とした「障害者自立支援法」が成立した（しかし、同法はサービスの利用者に1割の自己負担を課すため、将来は廃止の予定）。

　ここで児童福祉の展開を整理すると、アメリカの「ホワイトハウス会議」の開催、つづいて、第1次世界大戦後、国際連盟によって採択された「ジュネーブ宣言」と「世界人権宣言」の理念を踏まえて、「児童の権利に関する宣言」が国際連合によって採択され、児童の権利と自由、人類の責任を明確にした。そして国連は、世界に対する児童の教育と福祉を啓発する目的で、1979年を国際児童年とした。このように、児童・家庭福祉の理念は時代と共に発達してきたのであるが、今日の児童・家庭福祉の理念は国・人種・宗教・性別を超越したグローバルな観点に立つ自立支援を目的とし、エンパワーメント並びにノーマライゼーション思想に基づくものでなければならないのである。

6 児童・家庭福祉の意義と役割

(1) 児童と家庭

　家族のあり方は，その後の児童の他集団との関わりに影響を与える。故に，家族は児童がすべての感情を安心して，全面依存することができる集団であることが望ましい。さもなければ信頼や愛情に満ちた母子関係，家族からの自立が困難になる。ところが，近年離婚件数が増加傾向にある。この離婚が児童に精神的，経済的に影響を与えることは周知の通りであり，児童の生活権を奪うことにもなりかねない。このように離婚は，児童の生活環境を大きく変えるが，夫婦間の不和・葛藤に基づく離婚は健全な児童の人格の発達を阻害する要因になる。また，最近の傾向として核家族化が進展することにより祖父母等からの子育てや生活の知恵・知識の継承が困難となり，経済的困難も伴って，子育て不安から児童虐待（child abuse）に至るケースが年々増加傾向にある。虐待には①身体的虐待，②養育の放棄（ネグレクト），③性的虐待，④心理的虐待等があるが，これらは児童の生きる権利の侵害であり，児童の健全な成長発達を阻害することにもなる。この背景には，子育てに不適格（＝「未熟な親」）な親の存在があり，このことが育児無知から子どもを溺愛し，「愛玩化」することによって，依存心の強い，わがままな児童を育てることに繋がる。また，子どもを意のままにするため，挙句の果てには児童を虐待する行為に至る。児童虐待の早期発見・防止を目的として「児童虐待の防止等に関する法律」（2000）が成立した。しかし，同法施行以降も，児童虐待が頻繁に起こったので国及び地方自治体の責務の改正，警察署長に対する援助要請，児童虐待の通告義務の拡大等を織り込んだ，「児童虐待の防止等に関する法律改正」（2004）が行われた。しかし，児童虐待の減少が見られないため，2007年に児童の権利権益の擁護に資すること等を明記した「児童虐待の防止等に関する法律及び児童福祉法の一部を改正する法律」が成立し，翌年から施行された。

　わが国の家族は高度経済成長以降大きくその形態・機能が変化した。すなわち，家庭形態・機能の変容（たとえば，家族規模の縮小，家庭内人間関係の希

薄化, 家族機能の縮小化) がある。こうした家庭の変化が親の育児・子育て, 児童の思考・行動パターンに影響を及ぼすことになる。

(2) 児童と地域社会

　地域社会は, 児童にとって学びの空間であると同時に遊びの空間でもある。しかし, 過密化した都市における効率・経済優先の街づくりは, 生活機能を麻痺させ, 児童から遊びや創造の空間を奪っている。一方, 地方では, 過疎化が進展しており, 親和連帯による村落共同体が崩壊し, 高齢者中心の生活が営まれている。この原因は, 人間社会本来の共生と連帯を軽視した競争原理優先の社会となっているところにある。しかも, わが国は少子・高齢社会にある。わが国の高齢化率は20％を超えているが, 逆に合計特殊出生率は, 1.39 (2011) と低迷している。こうした事態は経済的視点に立った場合, 労働力や生産性そして, 社会保障制度に影響を与え, 生活者的視点に立った場合, 地域社会の疲弊が進み親和連帯社会の存続が危ぶまれている。このことが児童に対する生活環境に影響を与えることは容易に想像できるのである。児童が安心・安全そして地域社会のなかで発達・成長するためには地域社会の再生が必要となる。そのためには, 児童・家庭福祉施策である①母子保健対策, ②保育対策, ③児童健全育成対策, ④児童手当の支給年齢の延長, 支給額の増額 (2010年から実施される子ども手当はその一環である) ⑤母子家庭対策, ⑥母子家庭等日常生活支援事業, ⑦児童扶養手当の増額, ⑧母子福祉資金の貸付・寡婦福祉資金の貸付, ⑨母子福祉関係施設の整備運営等福祉施策の充実と地域環境の整備 (公園・歩道・自転車道), 公的住宅の充実が必要となる。

(3) 児童・家庭福祉の意義と役割

　児童にとって家族は, 生まれてはじめて所属する共同体である。しかしながら現代社会においては, 狭小住宅, いじめ, 経済的不安定, 介護ストレス, 児童虐待, 育児放棄, ドメスティック・バイオレンス (DV), 機能不全家庭, 育児ストレス, 離婚等を原因とする家族崩壊が多数見られる。その結果, 「子育て」

「団欒」「隣人との関わり」等の家族機能が失われ，家庭機能不全となり，最悪の場合は，夫婦間の離婚問題に発展し，児童にとって，家庭崩壊という最悪の局面を迎えることになる。

　この節では，児童の成長発達において重要な役割を担う児童・家庭福祉の意義と役割について検討することにする。児童福祉法は，児童福祉の理念と児童育成の責任を明記している。児童・家庭福祉は，公助（公的責任：国・地方自治体），共助（社会的責任：社会福祉法人，事業体，民間団体等）によって成立しているが，それに自助（私的責任：親・家族）が加わることによって児童の健全育成をトータルに達成することができる。

　前述したように公的責任の理念として，児童福祉法が存在するが，同法の理念を具体化するために関連する法律として，児童手当法，児童虐待防止法，児童扶養手当法，母子及び寡婦福祉法，特別児童扶養手当法，母子保健法等がある。これらの法のもとで，今日の児童・家庭福祉政策が遂行されている。具体的には，①次世代育成支援（少子化対策），②子育て支援対策，③要保護児童対策（児童の自立支援），④母子家庭等支援対策，⑤児童虐待防止対策，⑥父子家庭への支援，⑦DV対策等を中心に展開されている。なかでも，緊急課題である次世代育成支援対策は，児童・家庭福祉の中核となっている。具体的な施策の経緯は，厚生労働省が中心となって子育支援を講じてきた。その最初の具体的計画が「今後の子育て支援のための施策の方向性について（エンゼルプラン）」(1994) であった。この計画は当時の文部省（現文部科学省），厚生省（現厚生労働省），労働省（現厚生労働省），建設省（現国土交通省）の各大臣の合意に基づくものであり，1995（平成7）年度から1999（平成11）年度までの5年間のプランで，その目的は子育て支援社会の構築にあった。このプランを実施するため保育所の量的な拡大や0歳児保育並びに地域子育てセンターの整備等を具体化する目的で「緊急保育対策5か年事業」(1994) が策定された。その後，少子化対策推進基本方針 (1999) に基づいて，新たに2000（平成12）年度から2004（平成16）年度までの5年間のプランである「重点的に推進すべき少子化対策の具体的実施計画について（新エンゼルプラン）」が当時の大蔵省（現財

務省),文部省(現文部科学省),厚生省(現厚生労働省),労働省(現厚生労働省),建設省(現国土交通省),自治省(現総務省)の各大臣の合意のもとで新たに策定された。

　この新しいエンゼルプランは,これまでの保育サービス関係だけではなく,雇用,相談,支援体制,住宅,母子保健,教育に至る総合的な実施計画であり,具体的数値目標が掲げられた。2002（平成19）年には,男性を含めた働き方の見直し,地域における子育て支援等が含まれた「少子化対策プラスワン」が策定された。そして,翌年の2003（平成15）年7月に少子化社会における施策の基本理念を明らかにした「少子化社会対策基本法」が制定された。また,同年に平成17年度から10年間の時限立法である「次世代育成対策推進法」が成立した。同法の目的は,次世代の社会を担う子どもが健やかに育つ環境の整備を社会全体で推進することである。これにより,国の行動計画の策定の義務,この行動計画の指針に基づく地方公共団体あるいは事業主による行動計画の策定等が義務付けられた。そして,2004（平成16）年に少子化対策を長期的な対策とするための施策の大綱を定めた「少子化社会対策大綱」が閣議において決定された。

　このような施策が次世代育成支援対策として講じられてきたが,少子化の歯止めにはならなかったこうした状況のもとで策定されたのが2005（平成17）年から2009（平成21）年までの5年間の施策と目標を掲げた「子ども・子育て応援プラン」(2004)である。このプランは,少子化社会対策大綱の4つの課題に沿っている。その4つの課題とは,①若者の自立とたくましい子どもの育ち,②仕事と家庭の両立支援と働き方の見直し,③生命の大切さ,家庭の役割等についての理解,④子育ての新たな支え合いと連帯等となっている。すなわち,このプランではこれまでの主として保育プラン中心となっていたのを若者の自立,たくましい子どもの育ち,男性の家庭での子どもと向き合う時間の確保,児童虐待の防止,子育てバリアフリーを取り入れた総合的な少子化対策となっている。同プランをさらに推進するため,保育所の待機児童ゼロ作戦として,「新待機児童ゼロ作戦」(2008)が策定された。具体的には,10年後の目標とし

て保育サービスの提供割合を現在の20%から38%に引き上げ、保育施策を質・量ともに充実することである。また同時に保育対策推進事業として、同年から「一時預かり事業」「休日・夜間保育事業」「病児・病後児保育事業」が開始された。なお、地域の教育・保育のニーズに応えるため「就学前の子どもに関する教育、保育等の総合的な提供の推進に関する法律」(2006)が成立し、「認定こども園」が設置されている。

　これまで、次世代育成支援対策等の現状についてみてきたが、最後に次世代育成支援対策の課題を明記する。

　それは、まず①国・地方自治体・住民の三位一体の取組に関する課題：これまで、わが国の福祉サービスは、行政を中心に提供されてきた。しかし、今後は保育サービスを含めて、地域住民が国と地方自治体、なかでも地方自治体との連携のもとで住民参加型の福祉サービスを構築する必要がある。

　②男性の育児・子育て姿勢に関する課題：日本の男性は欧米の男性に比較して、育児・家事に参加・協力する時間が極端に少ないといわれている（これは女性が専業主婦、兼業主婦に関わらず同じである）。その理由として、伝統的な男尊女卑思想のもとで男子が育つため、女子に対する「思いやり」や「配慮」の気持ちが子どもの時代から育成される機会に乏しく、逆に「横暴さ」が育成されることにもなる。このことが結婚しても家事・育児は女性の仕事という固定観念から抜け出ることを困難にしている（ただし、最近の諸調査では、育児に対する男性の意識に変化がみられるようになってきた）。

　③児童手当の支給期間・支給制限の課題：児童手当の目的は児童を養育している家庭の生活安定と健全育成、資質の向上にある。しかし、ここ数年来のわが国における「格差社会」(ア.貯蓄残高ゼロ世帯の増加、イ.正規雇用者の減少、ウ.非正規雇用者の増加、エ.大企業と中小企業の1人当たり年間給与の差等によって、所得間格差が子育てを困難にしている。その意味で、児童手当の存在は重要であるが、欧米福祉先進国と比較した場合、支給期間、支給金額において前者は短く、後者は少ないという現状に加えて、わが国の場合、児童手当の支給に対して所得制限が設けられている。たとえば、子どもが2人いる場合の

1ヵ月の支給額（2人分）は，ドイツの場合，40,000円（18歳未満まで支給で所得制限なし），スウェーデンの場合の支給額は，26,000円（16歳未満まで支給で所得制限なし），フランスは第2子より，2人分で32,000円（20歳まで支給で，所得制限なし）（資料：人口問題審議会「少子化に関する諸外国の取り組みについて」1999，『社会保障入門（2009）』中央法規，pp. 70～71）に対して，日本は3歳未満の第1子，第2子は，1ヵ月20,000円支給（所得制限あり）となっており，支給期間，所得制限に関する差は歴然としている（2010年度より，所得制限なしの子ども手当が支給される）。

　④女性の就労形態：日本の女性の就労の特徴は，結婚・出産後，子どもがある程度の年齢に至るまで家庭に入る傾向がある。すなわち，日本の女性の就労形態は「M字型就労」となっている。これは，わが国の場合，子育て環境が不十分なため，本人は子育てと就労の両立を望んでいても結果として，女性を取り囲む就労環境が整備されていないため就労と育児・子育てを諦めざるを得ない。このように労働市場から一時期にしろ，女性が家庭に入るのは，将来，わが国の労働力不足がいわれるなか，量・質の両面から，マイナスである。⑤育児休業制度の課題：わが国において，育児休業を定めた法律は「育児休業，介護休業等育児又は家族介護を行う労働者の福祉に関する法律」である。これによって，休暇中の所得保障と本人負担の社会保険料の納付が免除される。また，この法律は男女共に取得できるが，その取得者は圧倒的に女性となっている。この理由として，男女の賃金格差と社会の偏見をあげることができる。また，取得者の絶対数が少ないため一般化・普遍化には程遠い現状にある。また，欧米福祉先進諸国との同制度を比較して見ると，育児期間，手当てともに見劣りがする。

　このように，わが国と欧米福祉先進諸国と児童手当を比較した場合，その課題は，①所得制限の存在，②育児休暇が短期間である。

　以上，児童・家庭福祉の役割と意義について，わが国の少子化対策を中心に展開してきたが，この問題は将来のわが国の経済力，労働力人口問題，若年者の雇用の促進，児童手当の増額，育児休業取得の拡大，地域子育て支援（仕事

と子育て支援）等と児童・家庭福祉の枠を超えた経済・社会保障全般の問題となっている。児童・家庭福祉の役割は、児童の健全な発達の保障にあり、児童の生活と発達の過程において生じる生活上の問題（教育、疾病、障害、非行等）に働きかけ、児童の健全な育成を保障するための施策である。すなわち、少子化対策の促進は、結果的に児童の健全なる育成・発達を保障することになる。

7 児童の権利保障及び児童虐待

この節では、児童の権利及び児童虐待について述べる。まず、児童の権利であるが、児童が健全に育成されるためには、児童の諸権利を保障・擁護することが大切となる。

何人も生まれながらにして、誰にも侵されない権利、すなわち、人権を（human right）を有する。人権には自由権、社会権、人格権があるが、すべての子どもにもこれらの権利が保障されなければならない。国内・国際人権文書のさきがけとなったのは、アメリカ合衆国の「独立宣言」（Declaration of Independence）（1766）であった。また、すべての人びとの人権保障の国際的基準を示したのが「世界人権宣言」である。同宣言は全30条からなっており、すべての人びとの権利の保障、保護を謳っている。その第25条第2項に児童の保護について「母と子は、特別の保護及び援助を受ける権利を有する。すべての児童は、嫡出であると否とを問わず、同じ社会的保護を受ける。」と規定している。そして、児童の権利に関する宣言をしたのが、「児童の権利に関する宣言」であった。この前文に「児童が、幸福な生活を送り、かつ、自己と社会の福利のためにこの宣言に掲げる権利と自由を享有できるようにするために、この児童の権利宣言を公布し、また、両親、個人としての男女、民間団体、地方行政機関及び政府に対し、これらの権利を認識し、次の原則に従って漸新的に執られる立法その他の措置によってこれらの権利を守るよう努力することを要請する。」とある。また、世界の国々が児童の権利に関して特別な保護が必要であるとし、

保護を与えることだけではなく，平和で世界安全な下での子どもの成長と教育の促進を訴えたのが「児童の権利に関する条約」であった。この条約のなかで児童の権利に関して前文の一部に次のように定めている。児童の権利に関する宣言において示されているとおり，「児童は，身体的及び精神的に未熟であるため，その出生の前後において，適当な法的保護を含む特別な保護及び世話を必要とする。」とし，児童の保護と世話の必要性を説いている。

そして，「子どもの生存，保護及び発達に関する世界宣言」(World Declaration on the Survival, Protection, and Development of Children) (1990) の「決意」の項目(18)で，「子どもの福祉のための最高レベルの政治的行動が必要である。われわれは断固としてこの行動を取る決意である。」また，(19)では，「われわれは，子どもの権利，生存，保護及び発達に対し高い優先順位を与えるとの厳粛な決意をここに表明する。これはすべての社会の福祉をも確保するであろう。」としている。このように児童に関する権利は，宣言，条約等で規定されているが，現実社会においては児童の人権が守られていない場合が多く存在する。そのひとつが，児童虐待である。

児童虐待は今に始まったものでなく，古くはギリシャ時代から捨て子や嬰児殺しがあったとされる。これらの境遇の子どもは奴隷に売られたり物乞いの道具として使われたりしたと伝えられている。また，産業革命後，児童に関する最初の団体は，アメリカの「児童虐待防止協会」(Society for the Prevention of Cruelty to Children) (1874) で，当初は非行少年の救済を目的としていたが，そのうち児童の養育の放棄あるいは物乞いに児童を利用することの防止を目的とするものとなった。この運動は海を渡ってイギリスにも波及し，「全国児童虐待防止協会」(National Society for the Prevention of Cruelty to Children) (1884) がつくられ，児童虐待防止の啓蒙活動を行った。この活動は，今日民間活動にも継承されているが，石井十次の児童施設づくりにも影響を与え，イギリスの児童ホームづくりに多大なる貢献をしたのが，バーナード (Barnardo, Dr. Thomas. John.) であった。

そして，同国において，1889年には「児童虐待防止法」(Prevention of Cruel-

図表5-12　児童相談所における児童虐待相談対応件数

【参考】児童虐待相談対応件数の推移

年　度	平成14年度	平成15年度	平成16年度	平成17年度	平成18年度	平成19年度	平成20年度	平成21年度（速報値）
件　数	23,738	26,569	33,408	34,472	37,323	40,639	42,664	44,210
対前年比	102.0%	111.9%	125.7%	103.2%	108.3%	108.9%	105.0%	103.6%

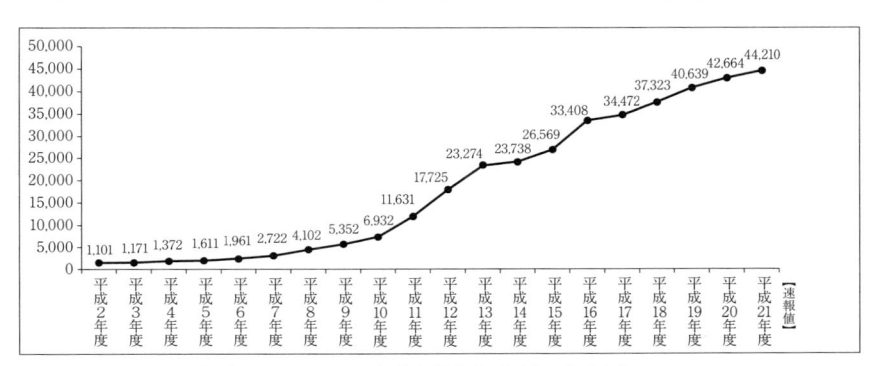

平成2年度 1,101／平成3年度 1,171／平成4年度 1,372／平成5年度 1,611／平成6年度 1,961／平成7年度 2,722／平成8年度 4,102／平成9年度 5,352／平成10年度 6,932／平成11年度 11,631／平成12年度 17,725／平成13年度 23,274／平成14年度 23,738／平成15年度 26,569／平成16年度 33,408／平成17年度 34,472／平成18年度 37,323／平成19年度 40,639／平成20年度 42,664／平成21年度（速報値）44,210

（出所：厚生労働省「児童相談所における児童虐待件数（平成21年度）」）

図表5-13　児童虐待防止等に関する法律及び児童福祉法の一部を改正する法律の概要

1．児童の安全確認等のため，裁判官の許可状を得た上で，解錠等を伴う立ち入りを可能とする立ち入り調査等の強化
2．保護者に対する面会・通信等の制限の強化，都道府県知事が保護者に対し児童へのつきまといや児童の住居等付近でのはいかいを禁止できる制度の創設等
3．保護者に対する指導に従わない場合の措置の明確化等

（出所：「厚生労働白書（平成19年版）」p.200）

ty to Children Act）が成立した。

　一方，わが国で児童虐待防止法が最初に成立したのは，1933（昭和8）年であった。同法は限定的な児童保護立法で，児童福祉法の成立と共に廃止された。

　ところで，児童虐待が注目されるようになったのは，アメリカの小児科医ケンプ（Kemp, C. H.）が1962年に報告した「虐待児症候群」（battered child syndrome）であるといわれている。

　児童虐待の定義について「児童虐待の防止等に関する法律」（第2条）において，以下のように定めている。「この法律において，「児童虐待」とは，保護

者がその監護する児童に対して次に掲げる行為をいう。

① 児童の身体に外傷が生じ，又は生じるおそれのある暴行を加えること。
② 児童にわいせつな行為をすること又は児童をしてわいせつな行為をさせること。
③ 児童の心身の正常な発達を妨げるような著しい減食又は長時間の放置その他の保護者としての監護を著しく怠ること等となっている。

また，児童虐待の要因として，一般的に指摘されているのは，①育児に対する精神的ストレス，②再婚者の連れ子への嫌悪，③地域社会からの孤立，親族・友人関係者との疎遠による育児不安，④親の被虐待体験，⑤配偶者の育児に対する無関心，非協力による怒り，⑥保護者としての精神的未熟，経済的不安定等をあげることができる。

この児童虐待に関する相談対応件数が急激に増加したのは，1998（平成10）年度以降で，2009（平成21）年度の児童相談所の対応件数は44,210件である（図表5-12参照）。なお，この数字は児童相談所が受け付けた件数であるが，実数はこれ以上の数字であると予測することができる。

このなかでも，1996年以降，急激に児童虐待が増加した。すなわち，1996（平成8）年に4,102件であったのが，10年後の2006（平成18）年には37,323件と実に10倍近くにもなっている。この間「児童虐待の防止等に関する法律」(2000)も成立したが，児童虐待に関する事件は後を断つことなく増加している。この原因として，不確実性の時代，恥の文化の喪失，親になりきれない「大人」の存在，「個」優先の社会，家庭教育の崩壊，人権意識の希薄性等が考えられるが，いずれにせよ原点に戻って「生」と「死」とは何かをもう一度問い直す必要がある。こうした状況下で2007（平成19）年5月25日「児童虐待の防止等に関する法律及び児童福祉法の一部を改正する法律」が成立し，2008年4月施行された。なお，改正の概要は，図表5-13の通りである。

8　幼保一体化

　文部科学省管轄の幼稚園（学校教育法）と厚生労働省管轄の保育所（児童福祉法）の一元化構想は，1975（昭和50）年11月に行政管理庁が幼稚園と保育所の運営について連携及び調整を密にするよう当時の厚生・文部省に対して勧告したことを契機に始まった。

　その後，同勧告を受けて，文部省・厚生省の設置した「幼稚園及び保育所に関する懇談会」は，1981（昭和56）年6月に文部・厚生大臣に対して幼保一元化について，報告を行った。その内容は，「幼稚園は学校教育施設であり，保育所は児童福祉施設であって，目的・機能が異なり，一元化は困難である。」というものであった。これ以降，幼保一元化に関する論議は立ち消えになった。

　しかしながら，少子・高齢社会のもとで，女性の自立・経済的状況，家庭・

図表5-14　これまでの幼児教育の振興及び次世代育成支援改革の流れ

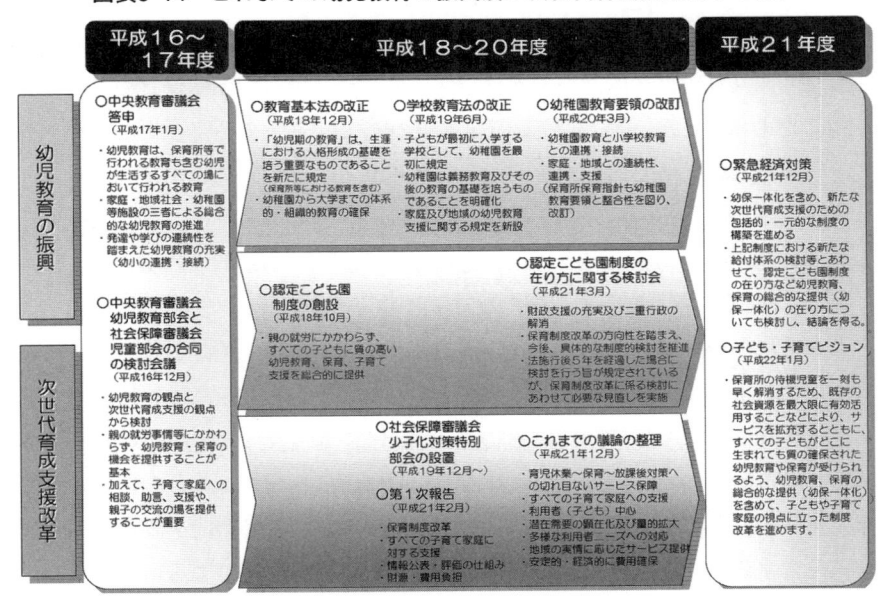

	平成16～17年度	平成18～20年度			平成21年度
幼児教育の振興	○中央教育審議会答申（平成17年1月） ・幼稚園は，保育所等で行われる教育も含む幼児が生活するすべての場において行われる教育 ・家庭，地域社会，幼稚園等施設の三者による総合的な幼児教育の推進 ・発達や学びの連続性を踏まえた幼児教育の充実（幼小の連携・接続）	○教育基本法の改正（平成18年12月） ・「幼児期の教育は，生涯における人格形成の基礎を培う重要なものであることを新たに規定	○学校教育法の改正（平成19年6月） ・子どもが最初に入学する学校として，幼稚園を最初に規定 ・幼稚園は義務教育及びその後の教育の基礎を培うものであることを明確化 ・家庭及び地域への幼児教育支援に関する規定を新設	○幼稚園教育要領の改訂（平成20年3月） ・幼稚園教育と小学校教育との連携・接続 ・家庭・地域との連続性の確保 （保育所保育指針にも幼稚園教育要領と整合性を図り，改訂）	○緊急経済対策（平成21年12月） ・幼保一体化をはじめ，新たな次世代育成支援のための包括的・一元的な制度の構築を進める ・上記制度における新たな給付体系の検討とあわせて，認定こども園制度の在り方など幼児教育，保育の総合的な提供（幼保一体化）の在り方についても検討し，結論を得る。
		○認定こども園制度の創設（平成18年10月） ・親の就労にかかわらず，すべての子どもに質の高い幼児教育，保育，子育て支援を総合的に提供	○認定こども園制度の在り方に関する検討会（平成21年3月） ・財政支援の充実及び二重行政の解消 ・保育制度改革の方向性を踏まえ，今後，具体的な検討を推進 ・法施行後5年を経過した場合に検討を行うこととされているが，保育制度改革に係る検討にあわせて必要な見直しを実施		○子ども・子育てビジョン（平成22年1月） ・保育所の待機児童を一刻も早く解消するため，既存の社会資源を最大限に有効活用することなどにより，サービスを拡充するとともに，すべての子どもがどこに生まれても質の確保された幼児教育，保育の総合的な提供（幼保一体化）を含めて，子どもや子育て家庭の視点に立った制度改革を進めます。
次世代育成支援改革	○中央教育審議会幼児教育部会と社会保障審議会児童部会の合同の検討会議（平成16年12月） ・幼児教育の観点と次世代育成支援の観点から検討 ・親の就労事情等にかかわらず，幼児教育・保育の機会を提供することが基本 ・加えて，子育て家庭への相談，助言，支援や，親子の交流の場を提供することが重要	○社会保障審議会少子化対策特別部会の設置（平成19年12月～） ○第1次報告（平成21年2月） ・保育制度改革 ・すべての子育て家庭に対する支援 ・情報公表・評価の仕組み ・財源・費用負担		○これまでの議論の整理（平成21年12月） ・育児休業～保育～放課後等へのぬけ目ないサービス保障 ・すべての子育て家庭への支援 ・利用者（子ども）中心 ・潜在需要の顕在化及び雇用の拡大 ・多様な利用者ニーズへの対応 ・地域の実情に応じたサービス提供 ・安定的・継続的に費用保障	

（出所：内閣府幼保一体化ワーキングチーム「幼保一体化の検討経緯について」2010年10月14日）

地域の子育て力の低下も伴って，子育て環境が変化した。こうした状況のなかで，国・行政は幼児教育の振興並びに次世代育成支援として図表5-14のような各答申並びに教育基本法の改正，学校教育法の改正，幼稚園教育要領の改訂，認定こども園制度等の諸対策を講じてきた。このなかで，親の就労に関わらず，すべての子どもに質の高い幼児教育，保育，子育て支援策として登場したのが「認定こども園」である。

　この認定こども園は，2006（平成18）年10月から本格的に制度運用が始まった。しかし，この制度は文部科学省管轄の幼稚園と厚生労働省管轄の保育所の枠（縦割り行政）をそのままにした幼保一元化のため手続き上の煩雑さもあり，2011（平成23）年4月1日現在の認定件数は762件に過ぎない。

　こうした状況のなかで，子ども・子育て新システム検討会議作業グループである幼保一体化ワーキングチーム（第8回）は，2011（平成23）年5月11日に「幼保一体化について」（案）を報告した。このなかで，幼保一体化の目的として，①質の高い学校教育・保育の一体的提供（世界に誇る学校教育・保育を全ての子に），②保育の量的拡大（男女がともにあらゆる場面で活躍できる社会を目指し，女性の就労率向上や多様な保育のニーズに対応する保育の量的拡大を図るために），③家庭における養護支援の充実（支援を必要とするすべての親子がすべての地域であらゆる支援を受けられるように）等を掲げている。

　また，幼保一体化の具体的仕組みとその効果・進め方として，①幼保一体化の具体的仕組み，②施設の一体化～総合施設（仮称）の創設～をあげている。

　以上，「認定こども園」と，新たなる子ども・子育て新システムに基づく「こども園」について述べたが，両者の相違は，前者の場合，施設を管轄する行政機関は文部科学省であり，厚生労働省であった。しかし，後者は幼稚園と保育所を一体化させたもので，約23,000か所ある保育所の大部分を新しい施設に移管させると同時に定員に満たない幼稚園も同施設に移行することを奨励し，待機児童解消にあたる予定である。また，管轄は新たに管轄機関を設置して，管理・運営するというもので，財政的，手続き上の二重構造による煩雑化を避けることができるようになった。予算に関しては，こども園を管轄する各市町村

が権限を有することになり,「総合こども園」として,2015（平成27）年前後にスタートする予定であった。しかしながら,その後の消費税関連法案をめぐる民主,自民,公明3党の実務者協議において,総合こども園の創設は取り下げ,今後,現在の「認定こども園」を拡充することになった。

注)
1）山縣文治「子ども家庭福祉の歴史・理念と制度体系」仲村優一・一番ヶ瀬康子・右田紀久恵監修『エンクロペディア社会福祉学』中央法規,2007年,p.926

参考文献
成清美治・高橋紀代香編著『新版・家族援助』学文社,2007年
成清美治・吉弘淳一編著『新版・児童福祉』学文社,2008年
成清美治・加納光子編著『現代社会と福祉（第2版）』学文社,2010年
エドワード・ローソン編著／宮崎繁樹監訳『人権百科辞典』明石書店,2002年
百瀬　孝『日本福祉制度史』ミネルヴァ書房,1997年
一番ヶ瀬康子・高島　進編『講座社会福祉2―社会福祉の歴史』有斐閣,1981年
厚生省50年史編集委員会『厚生省五十年史（記述編）』中央法規,1988年

第6章 障害者福祉

1 障害者とは

　障害の定義を見直し，社会的障壁の排除をもとめた「障害者基本法の一部を改正する法律案」（以後，改正障害者基本法）が2011年7月29日に成立，8月5日に公布された。改正障害者基本法の目的は，①全ての国民が，障害の有無にかかわらず，等しく基本的人権を享有するかけがえのない個人として尊重されるものである，②全ての国民が，障害の有無によって分け隔てられることなく，相互に人格と個性を尊重し合いながら共生する社会の実現を掲げる，等となっている。また，障害者の定義を身体障害者・知的障害者・精神障害者（発達障害を含む）その他の心身機能の障害がある者であって，障害及び社会的障害（事物・制度・慣行・観念等）により継続的に日常生活又は社会生活に相当な制限を受ける状態にあるもの（社会モデルの観点を反映）とし，新たに発達障害が含まれた。

　また，基本原則として，①地域社会における共生，②言語（手話を含む）等の意志疎通手段の選択の機会の確保，③差別等を禁止する観点から，社会的障壁の除去は，現に必要としている障害者が存在し，かつ，負担が過重でないときは，その実施について必要かつ合理的な配慮がなされなければならない，としている。

　また，基本的施策として，①医療・介護等，②教育，③療育（新設），④職業相談等，⑤公共的施設のバリアフリー化，⑥情報の利用におけるバリアフリー化，⑦相談等，⑧文化的諸条件の整備等，⑨防災・防犯（新設），⑩消費者としての障害者の保護（新設），⑪選挙等における配慮（新設），⑫司法手続きにおける配慮等（新設），⑬国際協力（新設）等となっている。なお，交付日か

ら1年以内に，①障害者政策委員会，②地方における合議制の機関等を設けることになっている。

2　障害者福祉の理念

　現代社会において，障害者の社会的地位はかつての社会からの隔離政策はまったく影を潜め，一人の生活者として人権意識醸成のもとで社会的地位を獲得しつつある。しかし，現実は障害者に対する社会的差別は歴然と存在している。それは障害者に対する人権軽視，就職差別，教育機会の不平等等である。この節では，障害者福祉理念の形成について述べることによって，人間が生まれながらに有している人権，すなわち障害者の人権について考察する。

　すべての人びとにとって人権は，人種・性別・老若に関わらず，生きていく上において必要不可欠なものである。人権には，一般的に①自由権（最大の自由を容認する），②社会権（生存権・発達権），③人格権（人間の尊厳・プライバシーの尊重）等があるが，これらすべては，人類の歴史において最も渇望され，かつ普遍的な願望であった。ところで，世界平和と人権の尊重を掲げて登場したのが，第2次世界大戦後の第3回国連総会にて採択された「世界人権宣言」である。この宣言は全文が30条から成り，基本的人権，思想・良心および宗教の自由，表現の自由，平和，人間の尊厳並びに男女同権等を掲げている。第1条では「すべての人間は，生れながらにして自由であり，かつ，尊厳と権利とについて平等である。人間は理性と良心とを授けられており，互いに同胞の精神をもって行動しなければならない。」とし，人間としての尊厳と権利の平等性を高らかに謳っている。さらに，第2条は「すべて人は，人種，皮膚の色，性，言語，宗教，政治上その他の意見，国民的若しくは社会的出身，財産門地その他の地位又はこれに類するいかなる事由による差別をも受けることなく，この宣言に掲げるすべての権利と自由とを享有することができる。」と，如何なる事由による差別もあってはならないとしている。また，第22条では「社会保障を受ける権利」そして，第25条では「衣食住，医療及び必要な社会的施

設等により，自己及び家族の健康及び福祉に十分な生活水準を保持する権利」等を明記し，社会保障に対して人権としての地位も付与したものとなっている。このように世界人権宣言によって，全人類に対する人権が国際連合を通じて高らかに宣言されたのであるが，障害者に対する具体的な人権の宣言あるいは「障害者」という用語の意味の規定は「知的障害者の権利宣言」ならびに「障害者の権利宣言」を待たなければならなかったのである。知的障害者に対する諸権利を定めたのは，第26回国連総会にて採択された「知的障害者の権利宣言」(Declaration on the Rights of Mentally Retarded Persons)（1971）であった。第1条は「知的障害者は，実際上可能な限りにおいて，他の人間と同等の権利を有する。」として，知的障害者には他者と同等の権利があることを認めている。

また，第2条では「知的障害者は，適切な医学的管理及び物理療法並びにその能力と最大限の可能性を発揮せしめ得るような教育，訓練，リハビリテーション及び指導を受ける権利を有する。」としている。そして，重度な知的障害者が，その障害が重いため実質的に自らの権利のすべてを行使することが不可能な場合，あるいはそれらの諸権利の若干または全部の制限ないし否定が必要になる場合はいつでも，これらの権利の制限ないし否定のために用いられる手続きは，あらゆる形態の濫用に対し適切な法的保護を含むものでなければならないとしている。

障害者の用語をはじめて定義したのは，第30回国連総会にて採択された「障害者の権利宣言」(Declaration on the Rights of Disabled Persons)（1975）である。すなわち，「『障害者』という言葉は，先天的か否かにかかわらず，身体的又は精神的能力の不全のために，通常の個人又は社会生活に必要なことを確保することが，自分自身では完全に又は部分的にできない人のことを意味する。」とし，障害者について具体的に述べている。そして，「障害者は，その人間としての尊厳が尊重される生まれながらの権利を有している。障害者は，その障害の原因，特質及び程度にかかわらず，同年齢の市民と同等の基本的権利を有する。このことは，まず，第一に，可能な限り通常のかつ十分満たされた相当の生活を送ることができる権利を意味する。」（第3条）と謳っている。

なお，同法においても知的障害者の諸権利と同様に制限または抑制が適用されている（第7条）。ただし，その適用に際しては適切な法的手続きが必要である。

このように，第2次世界大戦の犠牲と教訓として，全人類に対する人権の尊重と理念の高揚のもと，これまで差別の対象として社会の片隅に追いやられていた，障害者に対する「人権の尊重」「生命の尊重」「人格の尊重」等が各人権宣言の各条文に明記され，障害者の諸権利が認められるようになった。こうして，世界における障害者福祉の理念が形成されるのであるが，障害者の人権や福祉に対する諸課題に対して多大なる影響を与えたのが，「国際障害者年」(International Year of Disabled Persons)（1981）であり，「国連・障害者の十年」(1983-1992)であった。また，アメリカにおいて，ノーマライゼーションの理念と結びついた「障害を持つアメリカ人法」(Americans with Disabilities Act)（1990）が成立した。

3　わが国の障害者福祉の発達過程

第2次世界大戦によってわが国の戦後の経済・社会は完全にマヒ状態に陥った。多くの国民は戦後の混乱，悪性インフレのなかに投げだされ，苦難の道を辿った。海外からの救援物資・援助と国民と政府の戦後の復興に対する着実な努力によって，混乱・疲弊したわが国の経済は徐々に回復傾向を辿ることになった。とくに，朝鮮戦争の特需によって日本の経済は復興を成し遂げ，その後の高度経済成長期を迎えるのである。わが国の社会福祉も徐々に整備されることになる。社会保障制度審議会の「社会保障制度に関する勧告」（1950）によって，社会保障制度体系が確立され「最低生活の保障」を理念としたわが国の社会福祉はスタートした。こうしたなか，児童憲章，児童権利宣言を基本理念とした児童福祉の総合基本法である「児童福祉法」（1947）が成立した。これによって，身体障害児に対する医療と教育を結合させ「療育」という側面から施策が講じられるようになった。具体的には児童相談所，肢体不自由児施設等

が設置されることとなった。また，身体障害児（満18歳未満）については保護指導（措置）がとられることとなった。

その後，1967（昭和42）年には「児童福祉法」の一部改正により，重度の知的障害と肢体不自由が重複している重症心身障害児を入所させて，保護すると同時に，医療的ケア，治療，日常生活指導を行うことを目的とする重症心身障害児施設が新設された（同時に国立療養所へ委託も制度化されることになった）。また，1969（昭和44）年には肢体不自由児通園施設が設置された。在宅対策として，在宅重症心身障害児の家庭訪問指導や心身障害児家庭奉仕員派遣事業（1970）も行われるようになった。

一方，身体障害者（満18歳以上）に対しては，身体障害者福祉法によって，保護されることになるが，直接の要因は戦争で犠牲を負った人びとに対する救済と援護にある。同法の制定に拍車をかけたのが，「三重苦」（盲・聾・唖）であり，アメリカの女性教育家・社会福祉事業家であるケラー（Keller, Helen Adams）の来日である。彼女の来日（1937年・1948年・1955年の3度）は，敗戦で国民が意気消沈しているときに，国民の間に一筋の希望の光を投げかけることとなり，各地で熱狂的な歓迎をうけた。とくに2度目の来日が，主として傷痍軍人対策とした「身体障害者福祉法」（1949）成立に影響を与えたとされている。この法律の制定によって，わが国において，はじめて身体障害者に対する法的保護手段を講ずることとなった。同法第1条では「この法律は，身体障害者の自立と社会経済活動への参加を促進するため，身体障害者を援助し，及び必要に応じて保護し，もつて身体障害者の福祉の増進を図ることを目的とする。」（昭24法283）（現・「この法律は，障害者自立支援法と相まって，身体障害者の自立と社会経済活動への参加を促進するため，身体障害者を援助し，及び必要に応じて保護し，もつて身体障害者の福祉の増進を図ることを目的とする。」）（平成17法123）となっている。このなかで，身体障害者の自立を謳っているが，これは，単なる経済的自立（＝職業的自立）のみではなく，自らの意思・決定に基づいた日常生活を営むことを意味する。すなわち，それは個人の権利と尊厳が尊重され，地域社会の構成メンバーとしての社会的地位が確保さ

れることである。

　また，第4条で「この法律において，『身体障害者』とは，別表に掲げる身体上の障害がある18歳以上の者であつて，都道府県知事から身体障害者手帳の交付を受けたものをいう。」と定義している。また，障害者を1級から7級まで区分し，障害を①視覚障害，②視覚又は平衡機能の障害，③音声機能，言語機能又はそしゃく機能の障害，④肢体不自由，⑤心臓・じん臓若しくは呼吸器又はぼうこう若しくは直腸と若しくは小腸若しくはヒト免疫不全ウイルスによる免疫の機能の障害等に分類している。

　なお，身体障害者手帳の障害の等級は1・2級（重度），3・4級（中等度），5・6級（軽度）の6段階となっている。こうして身体障害者に対する法的整備が図られるが，精神薄弱者（現・知的障害者）に関する法的整備がなされるのは，福祉三法（「生活保護法」，「児童福祉法」，「身体障害者福祉法」）体制の確立から遅れること10年後の高度経済成長期に「精神薄弱者福祉法」（現・「知的障害者福祉法」），「老人福祉法」「母子福祉法」（現・「母子及び寡婦福祉法」）等の三法が成立し，いわゆる，福祉六法体制が誕生するのである。

　そして，精神薄弱者（知的障害者）対策が生活保護法の枠組みで行われていたのが，1960（昭和35）年「精神薄弱者福祉法」（現・「知的障害者福祉法」）の成立をきっかけに，同法の枠組のなかで対処されることとなった。同法成立のきっかけとなったのは，児童福祉法において知的障害児対策が施設，在宅の両面から実施されていたが，年齢が満18歳未満に制限されていたからである。そのため，知的障害者の援護事業対策が必要となった。第1条「この法律は，精神薄弱者に対し，その更生を援助するとともに必要な保護を行い，もつて精神薄弱者の福祉を図ることを目的とする。」（昭35法37）（現・「この法律は，障害者自立支援法と相まって，知的障害者の自立と社会経済活動への参加を促進するため，知的障害者を援助するとともに必要な保護を行い，もつて知的障害者の福祉を図ることを目的とする。」（平成17法123）とあり，法の目的も成立時の更生と保護から自立と社会経済活動の参加へと変化している。

　なお，この法律では知的障害者に対する定義はなされていない。この「精神

薄弱者福祉法」が1998（平成10）年に，「知的障害者福祉法」に改正された。そして，これまで差別用語であるとして，評判の良くなかった"精神薄弱者"の呼称が"知的障害者"に改められた。また，現在の「知的障害者法」にある「自立と社会経済への参加」という文言は2000（平成12）年の法改正において新たに加えられたものである。そして，社会福祉構造改革の一環として「社会福祉事業法」が「社会福祉の増進のための社会福祉事業法等の一部を改正する等の法律」（平成12法111）により改正され「社会福祉法」に題名変更された。そして，地域で生活する知的障害者の自立と社会経済活動への参加を支援するため，知的障害者相談支援事業，知的障害者デイサービス事業，知的障害者デイサービスセンターが新たに追加された。また，新たに，身体障害者福祉法にも身体障害者の地域生活を支援する事業として，身体障害者相談支援事業と手話通訳事業が加えられた。そして，翌年の2001（平成13）年に，身体障害者生活訓練等事業，盲導犬訓練施設が開始・設置された。

　このようにわが国の障害児（者）対策は，「児童福祉法」「身体障害者福祉法」「知的障害者福祉法」を中心に展開してきた。しかし，「国際障害者年」あるいは「国連・障害者の十年」の宣言後，わが国の障害者対策も「完全参加と平等」というスローガンを実現させるため，1993（平成5）年3月に同年から約10年間の障害者施策の基本方針である「障害者対策に関する新長期計画」が策定された。そして，同年12月に障害者の権利を保障するために制定された「心身障害者対策基本法」(1970) が，障害者の自立と社会参加を推進するため，全面的に「障害者基本法」（平成5法94）に改正，改称されることになった。なお，障害者基本法は，2004（平成16）年に，①都道府県，市町村の障害者基本計画の策定を義務化し，②障害者の日を障害者週間に改め，③障害を理由とする差別禁止等を定めた改正法が成立した。

　同条において障害者を身体障害者，知的障害者，精神障害者の3つであると定義したのである（改正障害者基本により精神障害者に発達障害が含まれる）。また，同法第3条の1において「すべて障害者は，個人の尊厳が重んぜられ，その尊厳にふさわしい生活を保障される権利を有する。」また，同条の2では「す

べて障害者は，社会を構成する一員として社会，経済，文化その他あらゆる分野の活動に参加する機会が与えられる。」と規定している。そして，同条の3では「何人も，障害者に対して，障害を理由として，差別することその他の権利利益を侵害する行為をしてはならない。」(平成16法80) と明記し，障害者（身体障害者・知的障害者・精神障害者）の人権と尊厳を重んじ，生活を保障される権利を有すると同時に，社会を構成する一員として，あらゆる分野の参画が認められており，これらに対する差別の撤廃ならびに障害者の諸権利を保障すべきであるとしている。

　これまで，精神障害者に対する法的保護は，社会的情勢・事件（たとえば，1984年には患者に対する暴行事件によって死亡者を出した宇都宮病院事件がある。）等を反映して，精神障害者の医療と保護の機会の提供を目的とした「精神衛生法」(1950) から，精神障害の人権保護と国民の精神保健の向上を目的とした「精神保健法」(1987) へ，そして，精神障害者に対する福祉施策の充実を目的とした「精神保健及び精神障害者福祉に関する法律」(1995)（平成7法94，以下，略称「精神保健福祉法」）へと，精神障害者に対する法的保護が変化してきたのである。すなわち，精神病院から社会復帰施設・地域社会での生活へとケアのあり方が変容したのである。精神障害者については同法の第5条で「この法律で『精神障害者』とは，精神分裂病，精神作用物質による急性中毒又はその依存性，知的障害，精神病質その他の精神疾患を有する者をいう。」と定義している。なお，2005（平成17）年の同法改正により，"精神分裂病"が"統合失調症"に改められた。

　また，精神障害者の社会復帰を促進する社会福祉専門職である精神保健福祉士が「精神保健福祉士法」(1997) の制定によって誕生した。

　これまで見てきたように，わが国の障害者に対する福祉政策は，時代の変化とともに多種多様な施策が講じられてきたのであるが，既述したように社会福祉基礎構造改革のもとで，障害者に対する施策も総合的な見直しが図られることとなった。その具体策が「新障害者基本計画」である。この計画は2003（平成15）年度から2012（平成24）年度までの10年間の計画として定められたもの

である。その前半の5年間（2003年度～2007年度）の達成目標，計画の推進について定めたものが「重点施策5か年計画」（新障害者プラン）である。この計画の推進の基本方針は，1）社会のバリアフリー化の推進，2）利用者本位の支援，3）障害の特性を踏まえた施策の展開，4）総合的かつ効果的な施策の推進，等となっている。

なお，この計画の2005（平成17）年度予算の「在宅サービス計画」を見ると次のようになっている。

①訪問介護員（ホームヘルパー）：約91,200人，②短期入所事業（ショートスティ）：約5,220人分，③デイサービスセンター：約1,380か所，④障害児通園（デイサービス）事業：約10,330人分，⑤重症心身障害児（者）通園事業：約250か所，⑥精神障害者地域生活支援センター：約440か所となっている。また，「住まいや働く場または活動の場の確保」としての同年の予算を見ると，①地域生活援助事業（グループホーム）：約30,710人分，②福祉ホーム：約4,560人分，③通所授産施設：約70,950人分，④精神障害者生活訓練施設（援護寮）：約6,220人分，等となっている。

このプランの掲げる目標は「共生社会」の実現を達成するため障害者の自立を支えるものとなっている。2004（平成16）年12月には，発達障害の明確な定義と理解，地域における支援等を目的とした「発達障害者支援法」が成立し，翌年4月から実施された。

障害者福祉サービスは，社会福祉基礎構造改革による「措置」から「契約」という福祉サービスの転換のもとで，障害者の「自立と共生」をめざして，2003（平成15）年度より，「支援費支給制度」のもとで，実施されてきた。しかしサービス利用率の地域間格差やサービス利用者の増大によって，財政の逼迫する自治体（市町村）が多く見られるようになってきた。そこで政府は障害者福祉政策の抜本的見直しとして，「障害者自立支援法案」を第162回通常国会に提出したが，衆議院の解散後審議未了で廃案となった。しかし，第163回特別国会に再提出され，2005（平成17）年10月に「障害者自立支援法」が成立した。同法第1条で「この法律は，障害者基本法の基本的な理念にのっとり，身

体障害者福祉法，知的障害者福祉法，精神保健及び精神障害者福祉に関する法律，児童福祉法，その他障害者及び障害児の福祉に関する法律と相まって，障害者及び障害児が自立した日常生活又は社会生活を営むことができるよう，必要な障害者福祉サービスに係る給付その他の支援を行い，もって障害者及び障害児の福祉の増進を図るとともに，障害の有無にかかわらず国民が相互に人格と個性を尊重し安心して暮らすことのできる地域社会の実現に寄与することを目的とする。」としている。

このなかで明らかなように，障害者基本法（第3条）では，障害者の個人の尊厳にふさわしい生活の保障をされる権利と社会・経済・文化等あらゆる分野に参加する権利を有し，何人も障害者を差別し，権利権益を侵害する行為をしてはならないという基本的理念に基づいて，障害者が自立した日常生活又は社会生活を営むことができると障害者自立支援法では謳っている。そして，「障害者」を，身体障害者福祉法第4条に規定する身体障害者，知的障害者福祉法にいう18歳以上の知的障害者，精神保健及び精神障害者福祉に関する法律に規定する18歳以上の精神障害者と定義し，「障害児」を児童福祉法に規定する18歳未満の障害児及び精神障害児と定義している。これらの児・者が障害福祉サービスの対象となっている。

以上のようにわが国の障害者福祉は発展・展開してきたが，ここで障害者施策の歴史をみてみると図表6-1のような経緯をたどっている。すなわち，1981年の国際障害者年以降，ノーマライゼーション理念の浸透により，障害者基本法に基づいて「障害者対策に関する長期計画」，「障害者対策に関する新長期計画」，「障害者基本計画」等の施策が講じられてきた。それと同時に障害者サービスのあり方も支援費制度の施行に伴って，「措置から契約へ」と変化し，そして，3障害（身体・知的・精神）共通のサービス体系である障害者自立支援法が2006（平成18）年に施行された。利用者のサービス負担等多くの問題を抱えていた。2010（平成22）年12月に，①利用者負担の見直し，②障害者範囲の見直し，③相談支援の充実，④障害児支援の強化，⑤地域における自立した生活のための支援の充実等を目的とした「障がい者制度改革推進本部等における

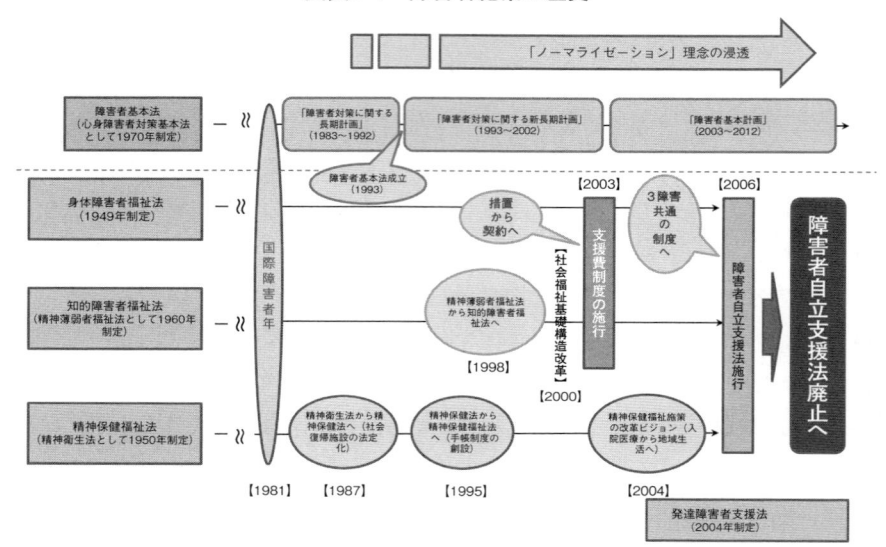

図表6-1　障害者施策の歴史

（出所：厚生労働省「障害者の新たな福祉制度の検討について」平成22年8月12日）

検討を踏まえて障害保健福祉施策を見直すまでの間において障害者等の地域生活を支援するための関係法律の整備に関する法律」（通称障害者自立支援法改正案）が成立した。その後，障害者自立支援法に代わり利用者の応能負担を基本とする障害者総合福祉法を制定することとなった。詳しくは7，8節で述べる。

❹　自立とリハビリテーション

(1)　自立とは

　自立とは一般的に人間が他者の援助を受けず経済的あるいは精神的に自らの力で生活することを意味するが，障害者に対する自立支援はこれまで経済的・職業的自立や身辺自立を可能にするADL（日常生活動作）を実現するための職業訓練が主であったため，結果として身辺自立が困難な重度障害者や経済的

自立が不可能な障害者が支援から除外されていた。しかし，今日では，自立にQOL（生命の質，生活の質，人生の質）の理念が導入され重度障害者に対する自立概念が改善した。すなわち，ADLの自立は他者の援助に任せ，QOLの向上にエネルギーをそそぐようになり，残存能力の活用を図ることによって，自己実現が達成されると同時に，社会参加が可能となった。

障害者の自立に関して影響を与えたのはアメリカが発祥の地となったIL運動（自立生活運動）である。この運動はベトナム戦争で脊椎損傷等による障害を負ったアメリカ人帰還兵によって始められた運動で瞬く間に世界各地に広まった。その後，アメリカで自立生活者をサポートするプログラムとして，精神的サポートであるピア・カウンセリング（対等な者（仲間）あるいは友人がカウンセリングを担当する）に加えて，より実践的プログラムを計画して実践する支援方法である自立生活技術プログラムが導入された。障害者にとって，自ら望む事柄を自分の意思に基づいて決定し，実行する能力の獲得は，つまり，人間にとって最も崇高な自己実現の欲求に相当するものである。この自己実現の欲求に関して，アメリカの心理学者のマスロー（Maslow Abraham；1908～1970）は「人間にはまだ実現されていない可能性を最大限に成就したいという欲求が等しく備わっており，この欲求を自己実現の欲求という」と定義している。故に，自己決定＝自己実現となり，すなわちこれを「自立」ととらえることができる。このように，障害者なかでも重度障害者にとって自立を獲得することは最大の意義のあることである。

(2) リハビリテーション

近年，リハビリテーション（＝「全人間的復権」）は高齢者や障害者のQOLを高め人間としての生きる権利を得る手段として，その重要性が年々増している。

まず，語源であるが，「Rehabilitation」とはもともと，ラテン語で，「Re」（再び）と「Habilitation」（もとに戻す）からなっており，その意味するところは，人間が何らかの理由で障害・疾病等により，日常生活において人間らしくない

生活に陥ったとき，再び人間として相応しい状態に戻ることである。この語源は中世ヨーロッパに求めることができる。20世紀に入り，身体的或いは精神的な障害のために社会生活に復帰できない人びとに対して，医学的治療に加えて，教育的，社会的，職業的，経済的な援助を行うことによって，社会復帰をめざす総合的な考え方が主流となった。

次に，リハビリテーションが世界的に注視されるようになったのは，第1次世界大戦後の大量の傷痍軍人の存在であった。アメリカでは，「戦傷軍人リハビリテーション法」(1918) が制定されたが，戦傷軍人以外の民間人も対象とした「職業リハビリテーション法」(Vocational Rehabilitation Act) (1919) に改正された。さらに第2次世界大戦後は，戦場における被弾等による負傷が各国での傷痍軍人を増加させ，リハビリテーションの必要性が増すこととなった。また，イギリスでは，「障害者リハビリテーションに関する各省合同委員会」(1940) が，アメリカは「全米リハビリテーション審議会」(1943) が設立されることにより，リハビリテーションが世界的に注目されることとなった。

最後に，リハビリテーションの定義であるが，代表的なものをあげると，①全米リハビリテーション審議会の定義がある。すなわち，「リハビリテーションとは，障害者をして，可能な限り，身体的，精神的，社会的及び経済的に最高度の有用性を獲得するように回復させることである。」(1943) としている。ここでは，リハビリテーションのあり方を提示しているが，具体性に欠けている。ただ，当時としては画期的なものであった。

また，②世界保健機関 (World Health Organization；WHO) は「リハビリテーションとは医学的，社会的，教育的，職業的手段を組み合わせ，かつ，相互に調整して，訓練あるいは再訓練することによって，障害者の機能的能力を可能な限り最高レベルに達せしめることである。」(1968) とし，リハビリテーションを医学的リハビリテーション，社会的リハビリテーション，教育的リハビリテーション，職業的リハビリテーションの4つに分類した。そして，③国連の「障害者に関する世界行動計画」(World Programme of Action concerning Disabled Persons) (1982) の定義は「リハビリテーションとは，身体的，精神的，

かつまた社会的に最も適した機能水準の達成を可能にすることによって，各個人が自らの人生を変革して行くための手段を提供していくことを目指し，かつ，時間を限定したプロセスである。」とある。ここでは，人生の目標を設定するのは障害を持った人自身であり，障害を持った人びとが自らの人生を変革するための手段を提供するのがリハビリテーションであるとし，これまでの理念と体系を大きく変化させた。すなわち，これまで，障害の解決は医療専門家（「医学モデル」）として位置づけられていたのが，この定義ではリハビリテーションは当事者自身（「生活モデル」）によるものであるという考え方に移行している。この定義は現在，世界的に共通の認識として定着しているが，より現実的な対策は，国・行政側の諸施策の実施であり，当事者の社会変革意識と行動である。具体的方法として社会的弱者である障害者の人権擁護を基盤に，社会参加，社会環境の改善，社会意識の変革，諸施策を促進するソーシャルワークの援助方法のひとつであるソーシャルアクション（social action）の活用がある。このように欧米のリハビリテーションは障害を「医学モデル」側面のみで捉えるのではなく，「生活モデル」の側面からも捉えられるようになった。この考え方を取り入れているのが，世界保健機関の国際障害分類による ICIDH モデル（International Classification of Impairments, Disabilities, and Handicaps）(1992) である。

(3) ICIDH モデルと ICF モデルの相違

　ICIDH モデルでは，疾病や変調の帰結として機能障害（impairment）が起り，その機能障害が原因でコミュニケーションや行動等の能力障害（disabilities）

図表6-2　国際障害分類（ICIDH）モデル（1980年版）

```
                              ┌──────── 障害 ────────┐
Disease or Disorder → Impairment → Disabilities → Handicaps
（疾病または変調）   （機能障害）   （能力障害）   （社会的不利）
        └──────────────────────────────────────┘↑  ↑
                                              環境条件
```

（出所：厚生省大臣官房統計情報部『WHO国際分類試案（仮訳）』厚生統計協会，1984年，一部修正）

図表6-3 ICF モデル

国際生活障害分類(ICF)モデル(2001)
Health Condition
(Disorder or Disease)
健康状態
(変調または病気)

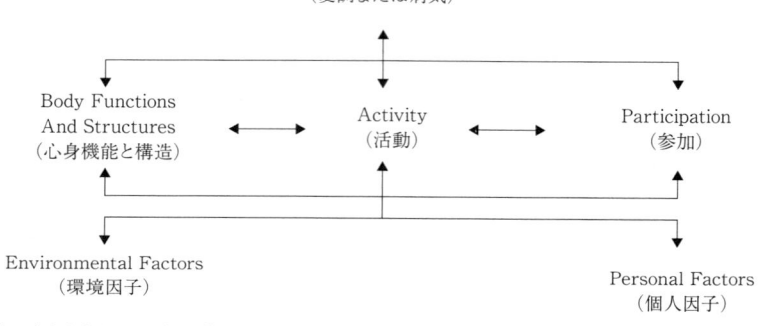

Body Functions And Structures （心身機能と構造） ←→ Activity （活動） ←→ Participation （参加）

Environmental Factors （環境因子）　　　Personal Factors （個人因子）

（出所：障害者福祉研究会編『ICF・国際生活機能分類―国際障害分類改定版―』中央法規, 2002年）

を生起し，その結果，身体の自立や移動性あるいは経済的自立における社会的不利（handicaps）を蒙るというものである。すなわち，障害を生物学的（病気や怪我）レベルで見る機能障害，個人的レベル（能力の低下や機能の減退）で見る能力障害，社会生活的レベル（生活の水準や社会参加）で見る社会的不利の3つに区別し，構造的概念モデルとして捉えている。

このようにICIDHは障害を3つに分類した。ここで，それぞれについて説明をする。

このICIDHモデルを改良し，障害をマイナス面だけ評価するのではなく，プラスの面も評価し，障害者の主体性を強調したものが，世界保健機関が提示したICFモデル（International Classification of Functioning, Disability and Health）(2001)である。

このモデルが障害を3つのレベルに規定している点は，ICIDHと同じである。ただ，ICIDHとの違いは，機能障害を「心身機能と構造」に，能力障害を「活動」に，社会的不利を「参加」として用いている。そして，「心身機能と構造」，「参加」，「活動」という3つの生活機能（人間が生きていくための機能全体）

が低下した状態を「機能・構造障害」「活動制限」「参加制約」とし，これらを総称して障害（＝生活機能低下）としている。

(4) わが国のリハビリテーション

　わが国のリハビリテーションの歴史において，リハビリテーションを最初に導入したのは，東京帝国大学整形外科の教授であった高木憲次（1888-1963）である。彼は，日本で最初の肢体不自由児学校である光明学校（1932）や整肢療護園（現・心身障害児総合医療療育センター）（1942）を開校し，その治療過程においてわが国で最初にリハビリテーションを導入した。そして，身体障害児に対しては，医療と養育が大切であるとし，「療育」という言葉を始めて使った。戦後のリハビリテーションは「身体障害者福祉法」のもとで，戦傷者をはじめ肢体不自由者，視覚・聴覚障害者に対して法的保護のもとで福祉施策がはじまったが，現在と異なって，リハビリテーション＝更生の意味のもとで保護が行われた。一方，京都帝国大学出身で滋賀県に奉職していた，糸賀一雄（1914-1968）は戦後の1946年，滋賀県に知的障害児施設「近江学園」（1946）を創設した。その後，重症心身障害児施設「びわこ学園」を創設し，わが国の知的障害児に対する発展に多大なる影響を与えた。彼は「精神薄弱児の父」と慕われたが，その実践活動のなかから生まれた療育思想である「この子らを世の光に」は余りにも有名である。

　ところで，わが国のリハビリテーションに関連する本格的な施策は「国際障害者年」（1981）の影響のもと，1982（昭和57）年に，「障害者対策に関する長期計画」の策定である。この長期計画に基づいて障害者対策が推進されることとなった。そして，1993（平成5）年度から10年間にわたる障害者基本計画として，「障害者対策に関する新長期計画」が策定されることとなった。そして，同年12月に「心身障害者対策基本法」が「障害者基本法」に改正された。さらに，1995（平成7）年12月には，障害のある人びとが地域で生活を送ることができる社会の建設を目指した「障害者プラン―ノーマライゼーション7か年戦略―」が発表された。また，従来の「障害者基本法」の期限を迎えて，2002

(平成14) 年12月に新たなる障害者基本計画である「新障害者基本計画」が閣議決定された。この計画の基本概念はリハビリテーションとノーマライゼーションの理念の継承による「共生社会」の実現を目指すものとなっている。また，この計画を推進するために「重点施策実施５か年計画」（新障害者プラン）が同年同月に障害者推進本部によって決定された。現在，新障害者プランにおいて，わが国のリハビリテーションとノーマライゼーションの理念が統合化されることによって継承されてきており，今後も継続されることとなっている。高齢化社会の進展と疾病構造の変化に伴って，リハビリテーションの果たす役割が重要となっている。なかでも認知高齢者の認知機能障害に対するリハビリテーション・ケアのあり方が注目されている。2004（平成16）年には，「高齢者リハビリテーション研究会」(2004) の報告書のなかで，「脳卒中モデル」，「廃用症候群モデル」，「認知症モデル」の３分類のモデルが新しく高齢者リハビリテーションとして提示された。

(5) 障害者の自立と社会参加

「知的障害者福祉法」において，「この法律は，知的障害者の自立と社会経済活動への参加を促進するため，知的障害者を援助するとともに必要な保護を行い，もつて知的障害者の福祉を図ることを目的とする。」（第１条）とし，「自立」と「社会経済活動への参加」を目的として掲げている。また，「精神保健及び精神障害者福祉に関する法律」においても「この法律は，精神障害者の医療及び保護を行い，障害者自立支援法と相まってその社会復帰の促進及びその自立と社会経済活動への参加の促進のために必要な援助を行い，並びにその発生の予防その他国民の精神的健康の保持及び増進に努めることによって，精神障害者の福祉の増進及び国民の精神保健の向上を図ることを目的とする。」（第１条）とし，「自立」と「社会経済活動への参加」を掲げている。そして，「身体障害者福祉法」でも，「この法律は，障害者自立支援法と相まって，身体障害者の自立と社会経済活動への参加を促進するため，身体障害者を援助し，及び必要に応じて保護し，もつて身体障害者の福祉の増進を図ることを目的とす

る。」と，その目的に「自立」と「社会経済活動への参加」を掲げている。このように，障害者関係における各法において，障害者の自立と社会経済参加が掲げられている。これは，わが国の障害者施策の基本理念と施策を示している「障害者基本法」においても同様である。すなわち，精神障害者・知的障害者・身体障害者にとって，自立と社会経済活動への参加は，障害者の基本的人権（平等権，自由権的基本権，社会権的基本権）の保障である。

　ここで自立と社会経済的参加の関係について述べる。障害者が経済的自立を図る手段として，雇用の確保（就労）が必要となる。障害者の雇用形態としては，①一般就労，②福祉的就労，③在宅就労がある。一般雇用とは，民間企業や地方公共団体において障害者が雇用されることをいうが，その雇用は「障害者の雇用の促進等に関する法律」（1960，改正2006）に基づいて促進されている。その雇用形態は一般企業雇用，モデル工場，福祉工場等となっている。また，福祉的就労とは，一般企業や国，地方公共団体に就労することが困難な重度の障害者に対して，社会福祉施設が提供する就労形態である。因みに，その雇用形態は福祉工場，授産施設（知的障害者授産施設，身体障害者授産施設，重度身体障害者授産施設，精神障害者授産施設），通所作業所（福祉作業所，地域福祉センター）等がある。最後に，在宅就労として，自営あるいは内職がある。

　障害者にとって就労は経済的，精神的，社会的に自立を意味し，そのことが生活基盤の確保となり社会参加を促進することになる。

　ところで，近年，健常児と障害児を連続した教育システムとしてとらえるインクルージョン（inclusion）の思想が，障害者の就労支援に導入されるようになった。すなわち，障害の種別の枠にとらわれない，障害者の能力に合わせた就労という形態をとった個人のニーズに適した就労支援が障害者の自立と社会参加に影響を及ぼすことになる。

5　生活支援

(1) 生活支援に関する施策

　障害者にとって，国の生活支援のあり方は重要な問題である。その理念はノーマライゼーションに基づいたもので利用者本位の生活支援でなければならない。つまり，障害者の利便性を考慮し，基本的人権と権利擁護を原則とした，普通の生活を可能にする生活支援が重要となる。また，障害者も普通の生活を実現する上において，自立に向けた気持ちを常に具備することが大切となるであろう。

　現在，わが国における障害者に対する生活支援は，2002（平成14）年12月に閣議決定された「新障害者基本計画」に基づいて実施されている。その基本方針は，利用者の考え方に立って，多様なニーズに対応する生活支援体制の整備，サービスの量的・質的充実に努め，豊かな地域生活の実現に向けた体制を確立する，となっている。施策の基本的方向として，1）利用者本位の生活支援体制の整備（①身近な相談支援体制の構築，②権利擁護の推進，③障害者団体や本人活動の支援），2）在宅サービス等の充実（①在宅サービスの充実：ア．ホームヘルプサービス等を量的　イ．質的に充実，②住民の確保：ア．グループホーム，イ．福祉ホームを量的に充実，③自立及び社会参加の促進，④精神障害者施策の充実：ア．いわゆる「社会的入院」の退院，イ．社会復帰をめざすため，必要なサービスを整備，⑤各種障害への対応），3）経済的自立の支援（①雇用・就業施策の推進，②年金・手当等の給付），4）施設サービスの再構築（①施設等から地域生活への移行の推進：障害者本人の意向を尊重し，入所（院）者の地域生活への移行を促進，②施設の在り方の見直し：入所施設は，地域の実情を踏まえ，真に必要なものに限定。障害者施設は，在宅支援の拠点として地域の重要な資源と位置付け），5）スポーツ，文化・芸術活動の振興，6）福祉用具の研究開発・普及促進と利用支援，7）サービスの質の向上，8）専門職種の養成・確保等となっている。

　また，この新障害者基本計画における2003（平成15）年から2007（平成19）

年までの「重点施策5か年計画」(新障害者プラン)において, 1) 生活支援のための地域基盤整備とし以下の項目を挙げている。

① 利用者本位の相談支援体制の充実, ②在宅サービスの確保:ア. ホームヘルパー, ショートスティ, デイサービス, イ. 障害児通園施設(児童デイサービス)事業, ウ. 重症心身障害児(者)通園事業, エ. グループホーム, 福祉ホーム, オ. 市町村社会参加促進事業の推進, ③施設サービス:ア. 通所授産施設イ. 入所施設は真に必要なものに限定。地域資源として活用, 等となっている。

(2) ピア・カウンセリング

障害者が地域社会において生活するためには, 障害を抱えた障害者同士相互の支援が大切となる。セルフヘルプ・グループ(self-help group)は, 障害や病気や生活に関する問題等を抱えた当事者や家族が主体的に集まり活動しているグループで, 社会の偏見や差別等に対して世論を喚起するソーシャル・ワークの援助法のひとつである。ソーシャル・アクション(social action)の一種である。

セルフヘルプ・グループの運動は, 1930年代にアメリカで始まったAA(Alcoholics Anonymous)が最初といわれている。また, IL(自立生活運動)もこの運動に影響を少なからず与えたといわれている。このようにセルフヘルプ・グループはメンバーの相互関係を基盤に自分自身が自立生活を目指し, 社会の偏見や差別に対して抗するところに, その存在意義がある。こうした自立生活を目指す活動のひとつにピア・カウンセリング(peer counseling)があり, 現在ではセルフヘルプ活動の中核となっている。ピア・カウンセリングの特徴は, 対等な立場の者同士あるいは友人がカウンセリングを担当するところにある。社会福祉分野においては, 病気や障害に罹患した人びとが回復後あるいは社会復帰後, 同じ境遇にある者に対して, 自らの経験や体験を通じて相談・助言する。この相談・援助を行う者をピア・カウンセラーという。また, このような対等関係の友人・同僚で行うスーパービジョン(supervision)をピア・スーパ

図表6-4 障害者基本法の一部を改正する法律の概要

総則関係（公布日施行）
1）目的規定の見直し（第1条関係）
・全ての国民が，障害の有無にかかわらず，等しく基本的人権を享有するかけがえのない個人として尊重されるものであるとの理念にのっとり，全ての国民が，障害の有無によって分け隔てられることなく，相互に人格と個性を尊重し合いながら共生する社会を実現する。　　　　　　　　　等
2）障害者の定義の見直し（第2条関係）
・身体障害，知的障害，精神障害（発達障害を含む。）その他の心身の機能の障害がある者であって，障害及び社会的障壁（障害がある者にとって障壁となるような事物・制度・慣行・観念その他一切のもの）により継続的に日常生活，社会生活に相当な制限を受ける状態にあるもの。　　等
3）地域社会における共生等（第3条関係）
・1）に規定する社会の実現は，全ての障害者が，障害者でない者と等しく，基本的人権を享有する個人としてその尊厳が重んぜられ，その尊厳にふさわしい生活を保障される権利を有することを前提としつつ，次に掲げる事項として図る。
・全て障害者は，あらゆる分野の活動に参加する機会が確保されること。
・全て障害者は，どこで誰と生活するかについての選択の機会が確保され，地域社会において他の人々と共生することを妨げられないこと。
・全て障害者は，言語（手話を含む。）その他の意思疎通のための手段についての選択の機会が確保されるとともに，情報の取得又は利用のための手段についての選択の機会の拡大が図られること。　　　　　　　　等
4）差別の禁止（第4条関係）
・障害者に対して，障害を理由として，差別することその他の権利利益を侵害する行為をしてはならない。
・社会的障壁の除去は，それを必要としている障害者が現に存し，かつ，その実施に伴う負担が過重でないときは，その実施について必要かつ合理的な配慮がされなければならない。
・国は差別の防止を図るため必要となる情報の収集，整理及び提供を行う。　　　　　　　　等
5）国際的協調（第5条関係）
・1）に規定する社会の実現は，国際的協調の下に図られなければならない。　　　　　　　　等
6）国民の理解（第7条関係）／**国民の責務**（第8条関係）
・国及び地方公共団体は，3）から5）までに定める基本原則に関する国民の理解を深めるよう必要な施策を実施。
・国民は，基本原則にのっとり，1）に規定する社会の実現に寄与するよう努める。　　　　等
7）施策の基本方針（第10条関係）
・障害者の性別，年齢，障害の状態，生活の実態に応じて施策を実施。
・障害者その他の関係者の意見を聴き，その意見を尊重するよう努める。　　　　　　　　等

（出所：内閣府「障害者基本法の改正について」（平成23年8月））

ービジョン（peer supervision）という。

6　障害者基本法の改正

　第3章で既述したように「障害者基本法」（1993）は，障害者を身体障害者・知的障害者・精神障害者と定義し，障害者施策を総合的・計画的に推進するため国に障害者基本計画を義務化すると同時に同法の改正（2004）により，都道

府県並びに市町村にも各障害者計画を義務化した。そして，2011（平成23）年の「障害者基本法の一部を改正する法律」により，第1条に「全ての国民が，障害の有無にかかわらず，等しく基本的人権を享有するかけがえのない個人として尊重されるものであるとの理念にのつとり，全ての国民が，障害の有無によつて分け隔てられることなく，相互に人格と個性を尊重し合いながら共生する社会を実現するため」が加えられた。また，障害者の定義に新たに「その他の心身の機能の障害」（精神障害に発達障害が含まれる）が加えられた（図表6-4参照）。

今回の改正の目的は，目的規定の見直し，障害者の定義の見直し，地域社会における共生等，差別の禁止，国際的協調，国民の理解，施策の基本方針等となっているが，これらの事項は，障害者の基本的理念の確立とともに，ノーマライゼーション理念のもと，地域社会において健常者と障害者がともに生活を営む空間の構築を目的とした共生社会建設の前提条件である。

7　障害者自立支援法

「障害者自立支援法」（2005）が成立した背景には，①支援費支給制度のサービスの拡大に伴う地方自治体の財源の不足，②精神障害者がサービスの対象から除外されていた等であった。この制度が実施されたのは，2003（平成15）年4月からで，それまでの措置制度に替わるものとして都道府県知事の指定した指定事業者・施設に対して本人あるいは扶養義務者が直接利用申し込みを行い，サービスの提供を受けるという事業者と利用者の契約関係によるもので障害者の自己決定を尊重したものであった。なお，サービスの支給範囲は市町村が決定した。こうした状況のもとで，3障害（身体障害者，知的障害者，精神障害者）に対する契約による福祉サービスを提供制度として，障害者自立支援制度が2006（平成18）年より，スタートした。この制度のサービスは，障害種別ごとのサービスから，障害福祉サービス（介護給付・訓練等給付）と地域生活支援事業とに区別した。

図表6-5 障害者自立支援法のサービス内容

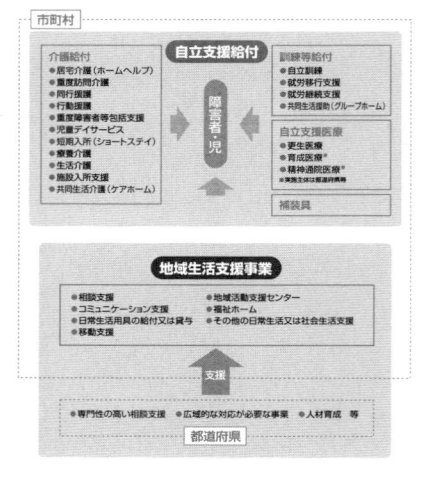

(出所:厚生労働省/全国社会福祉協議会「障害者自立支援法のサービス利用について」平成22年4月号)

　しかし、同制度の利用に関しては、利用者負担がこれまでの応能負担から定率負担に変更されたことによる利用者の負担が障害者、とくに多くのサービスを利用せねばならない重度の障害者にとって大きな負担となり、このことがサービス利用の抑制につながった。こうしたなかで民主党政権は2009 (平成21) 年に障がい者制度改革推進本部を設置した。

　同制度推進本部は2010 (平成22) 年に会議を開催し、同年6月「障害者制度改革の推進のための基本的な方向 (第一次意見)」を、そして、12月に「障害者制度改革の推進のための第二次意見」を発表した。これに対して政府は、翌年の2011 (平成23) 年4月に障害者基本法の改正案を作成し、7月に国会で可決・成立した。

⑧ 障害者総合支援法

　総合福祉部会は，障がい者制度改革推進会議のもとで2010（平成22）年に障害者，障害者の家族，事業者，自治体首長，学識経験者等からなる「障がい者制度改革推進会議総合福祉部会」が設置された。なお，同部会は，「障害者権利条約」(2006)の基本精神である「Nothing about us, whithout us !」（私たち抜きに私たちのことを決めてはならない）とした。
　障害者総合福祉法がめざす6のポイントは，以下の通りである。
① 障害のない市民との平等と公平，②谷間や空白の解消，③格差の是正，④放置できない社会問題の解決，⑤本人のニーズにあった支援サービス，⑥安定した予算の確保等となっている。また，予定されている支援サービス体系は，以下の通りとなっているが，その理念は障害者権利条約をベースとして，障害者本人が地域で生活することができることを基本としている。なお，支援体系を図式化したものが図表6-6である。

〔支援（サービス）体系〕
(1) 全国共通の仕組みで提供される支援
　① 就労支援
　② 日中活動等支援
　③ 居住支援
　④ 施設入所支援
　⑤ 個別生活支援
　⑥ コミュニケーション支援及び通訳・介助支援
　⑦ 補装具・日常生活用具
　⑧ 相談支援
　⑨ 権利養護
(2) 地域の実情に応じて提供される支援
市町村独自支援
・福祉ホーム

図表6-6　障害者総合福祉法にみる支援体系

障害者自立支援法のサービス体系

- 介護給付
  - ホームヘルプ
  - 重度訪問介護
  - 行動援護
  - 重度障害者等包括支援
  - 児童デイサービス
  - ショートステイ
  - 療養介護
  - 生活介護
  - 施設入所支援
  - ケアホーム
- 訓練等給付
  - 自立訓練（機能訓練・生活訓練）
  - 就労移行支援
  - 就労継続支援（A型・B型）
  - グループホーム
- 地域生活支援事業
  - 移動支援
  - 地域活動支援センター
  - 福祉ホーム
  - 日中一時支援

全国共通の仕組みで提供される支援

1. 就労支援（障害者就労センター等の創設、モデル事業の実施検証を経て見直し）
2. 日中活動等支援（デイアクティビティセンターの創設、ショートステイ、日中一時支援等）
3. 居住支援（GH・CHの一本化と機能整理等）
4. 施設入所支援（セーフティネット機能等の明確化を行い、地域基盤整備10か年戦略終了時に検証）
5. 個別生活支援（パーソナルアシスタンスの創設、居住介護【身体介護、家事援助】、移動介護【移動支援、行動援護、同行援護】）
6. コミュニケーション支援及び通訳・介助支援
7. 補装具・日常生活用具
8. 相談支援
9. 権利擁護

地域の実情に応じて提供される支援

市町村独自支援

- 福祉ホーム
- 居住サポート
- その他（支給決定プロセスを経ずに柔軟に利用できる支援等）

（出所：障がい者制度改革推進会議総合福祉部会「障害者総合福祉法の骨格に関する総合福祉部会の提言―新法の制定をめざして―」平成23年8月30日）

図表6-7　改正事項の概要

題名
「障害者自立支援法」を「障害者の日常生活および社会生活を総合的に支援するための法律」（障害者総合支援法）に

基本理念
法に基づく日常生活・社会生活の支援が、共生社会を実現するため、社会参加の機会の確保および地域社会における共生、社会的障壁の除去に資することを総合的かつ計画的に行われることを新たに掲げる

障害者の範囲
難病等を加える

障害者に対する支援
① 重度訪問介護の対象拡大
② ケアホームのグループホームへの一元化
③ 地域生活支援事業の追加

検討規定（法施行後3年をめど）
① 常時介護を要する人に対する支援、移動の支援、就労の支援その他障害福祉サービスの在り方
② 障害程度区分の認定を含めた支給決定の在り方
③ 意思疎通を図ることに支障がある障害者等に対する支援の在り方

施行期日
2013年4月（重度訪問介護の対象拡大、ケアホーム・グループホーム一元化は14年4月）

（出所：厚生労働省）

・居住サポート
・その他（支給決定プロセスを経ずに柔軟に利用できる支援等）
(3) 支援体系を機能させるために必要な事項
　① 医療的ケアの拡充
　② 日中活動の場等における定員の緩和等
　③ 日中活動の場への通所保障
　④ グループホームでの生活を支える仕組み
　⑤ グループホーム等，暮らしの場の設置促進
　⑥ 一般住宅やグループホームへの家賃補助
　⑦ 他分野との役割分担・財源調整

　ただし，2012年2月7日の厚生労働省発表によると，障害者自立支援法の名称は廃止するが実質的には障害者自立支援法を「廃止」することは見送り，同法の改正で対応するということが明らかにされた。その理由として，障害者自立支援法を廃止して別の法律を制定すると全てをやり直すこととなり現場が混乱するということをあげている。その結果，前節で述べた障害者自立支援法に替わる新法は「障害者総合福祉法」ではなく，「障害者総合支援法」（2012年6月20日成立）となった。これによって，厚生労働省は，名称変更，一部改正により，自立支援法を廃止したものとするとした。なお，新法の概要は，図表6-7の通りである。

⑨ 障害者福祉に関連する法律

(1) 身体障害者福祉法

　身体障害に対する定義は，「この法律において「身体障害者」とは，別表に掲げる身体上の障害がある十八歳以上の者であつて，都道府県知事から身体障害者手帳の交付を受けたものをいう。」（第4条）とあり，18歳以上の身体上の障害がある者を対象とし，18歳未満の者は児童福祉法の対象としている。

　2006（平成18）年7月1日現在，身体障害者数（在宅）は，3,483,000人と推

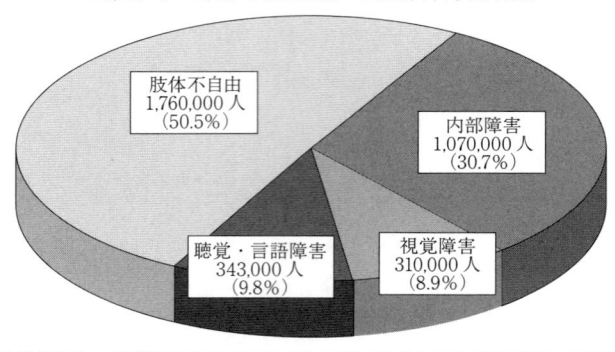

図表6-8　障害の種類別にみた身体障害者数

- 肢体不自由　1,760,000人（50.5％）
- 内部障害　1,070,000人（30.7％）
- 聴覚・言語障害　343,000人（9.8％）
- 視覚障害　310,000人（8.9％）

（出所：厚生労働省社会・援護局障害保健福祉部企画課『平成18年身体障害児・者実態調査結果』平成20年3月24日）

計される。このうち65歳以上が，63.5％であり，介護サービスを利用者が多いと思われる。

また，身体障害者のホームヘルパー利用者数は平成18年9月の調査では68,403人（平成18年社会福祉施設等調査）となっている。

身体障害児数（在宅）は，同年同月現在，93,100人と推計されている。内訳は，視覚障害が4,900人，聴覚・言語障害は17,300人，肢体不自由が50,100人，内部障害が20,700人で，肢体不自由児が身体障害児の5割以上を占めている。

なお，障害の種類別にみた身体障害者数の内訳は図表6-8の通りである。

身体障害児・者数の推移はそれぞれ前回調査（平成13年6月）より，増加している。その原因は，事故（交通事故，労働災害，その他の事故，戦傷病・戦災等），疾病（感染症，中毒性疾患，その他の疾患），出生時の損傷等となっている。

(2) 知的障害者福祉法

「精神薄弱者福祉法」（1960）として制定されたが，1998年に「知的障害者福祉法」として名称が改訂された。（ただし，障害者自立支援法は2013年8月に廃案と決定しており，その後は障がい者総合福祉法（仮称）に替わる予定とな

図表6-9 知的障害児（者）総数

	総　数	在　宅	施設入所
総　　　数	547,300	419,000	128,300
18歳未満	125,000	117,300	7,700
18歳以上	410,300	289,600	120,700
不　　詳	12,100	12,100	―

（出所：厚生労働統計協会編『国民の福祉の動向（2011/2012）』p. 101）

っている）。また，第1条の2「すべての知的障害者は，その有する能力を活用することにより，進んで社会経済活動に参加するよう努めなければならない。」，第1条2の2「すべての知的障害者は，社会を構成する一員として，社会，経済，文化その他あらゆる分野の活動に参加する機会を与えられるものとする。」とあり，自立への努力及び機会の確保を謳っている。

なお，知的障害者に関する規定はないが，平成17年度の知的障害児（者）基礎調査において「知的機能の障害が発達期（概ね18歳まで）にあらわれ，日常生活に支障が生じているため，何らかの特別の援助を必要とする状態にある者」と規定しているが，いまのところ同調査が障害児（者）の定義となっている。

知的障害者の福祉に関しては，障害者自立支援法や児童福祉法のほか，知的障害者福祉法においても既述した通り，障害者の自立と社会参加を促進するため知的障害者の援助並びに保護を行い知的障害者の福祉の増進を図るための規定をしている。

また，援護の実施機関として，福祉事務所，知的障害者更生相談所等があり，業務従事者として，知的障害者福祉司，知的障害者相談員が存在する。なお，現在の知的障害児（者）総数は，図表6-9の通りである。

(3) 精神保健及び精神障害者福祉に関する法律

1）精神障害者の定義と関連組織並びに入院形態

この法律の目的は第1条に「精神障害者の医療及び保護を行い，障害者自立支援法と相まつてその社会復帰の促進及びその自立と社会経済活動への参加の

促進のために必要な援助を行い，並びにその発生の予防その他国民の精神的健康の保持及び増進に努めることによって，精神障害者の福祉の増進及び国民の精神保健の向上を図ることを目的とする。」と規定している（ただし，障害者自立支援法は2013年8月に廃止されるので，その後は障害者総合福祉法（仮称）に入れ替わる予定）。

　また，精神障害者の定義は，同法第5条によると「この法律で「精神障害者」とは，統合失調症，精神作用物質による急性中毒又はその依存症，知的障害，精神病質その他の精神疾患を有する者をいう。」と定めている。精神障害者に関する組織として，①精神保健福祉センター（同法第6条），②地方精神保健福祉審議会（同法第9条），③精神医療審査会，④保健所（地域保健法），⑤精神保健指定医，⑥精神保健福祉相談員（同法第48条），⑦精神障害者社会復帰促進センター（同法第51条の2）等がある。また，精神障害者の入院保護の形態として，①任意入院（同法第22条の3）：精神障害者本人の同意に基づき入院する制度，②措置入院（同法第29条）：入院させなければその精神障害者のために自身を傷つけ又は他人に害を及ぼすおそれのある精神障害者を強制的に国若しくは都道府県の設置した精神科病院又は指定病院に入院される制度，③緊急措置入院（同法第29条の2）：措置入院と同様強制的に入院させるもので，急速を要するために定める手続きによる措置入院をさせることができない場合に限られる。なお期間は72時間以内となっている，④医療保護入院（同法第33条）：指定医による診察の結果精神障害者であり，医療及び保護のため入院が必要である者であって任意入院が行われる状態にないと判定され，入院について保護者の同意があった者（ただし，保護者がいない場合又は保護義務を行うことが不可能な場合は市町村長の同意），⑤応急入院（同法第33条の4）：指定医の診察の結果，精神障害者であり，かつ，直ちに入院させなければその者の医療及び保護を図る上で著しく支障がある者であって，任意入院が行われる状態にないと判定された者で期間は72時間以内（特定医師の診察による場合は12時間）となっている。以上のような入院保護があるが，精神障害者の人権を確保するために措置入院者，緊急入院者に対しては，都道府県知事又は指定都市市長，

その他の入院形態の者に対しては病院管理者が，入院する者に書面で，入院措置を採る旨及び都道府県知事等に対し退院等の請求ができる旨を告知しなければならない（同法第22条の4等）とされている。

2）精神障害者保健福祉手帳制度

この制度は「精神保健法」(1987) が「精神保健及び精神障害者福祉に関する法律」(1995) に改正時，精神障害者の自立と社会参加を促進する目的で創設されたものである。精神障害の程度・状態により，1～3級までの等級がある。実施主体は都道府県・指定都市であり，申請の窓口は各市町村となっている（図表6-10参照）。2009（平成21）年現在の手帳取得者は544,314人となっている。

なお，この精神障害者保健福祉手帳を有することによる得られるサービスとして，①自立支援医療（精神通院医療）の手続きの簡素化，②税制の優遇措置，③生活保護の障害者加算，④生活福祉資金の貸付，⑤NTT番号案内，⑥NHK放送受信料の免除，⑦公共交通機関の運賃割引や各種施設の利用料割引等，を受けることができる。

図表6-10　精神障害者保健福祉手帳の交付手続きの概要

手帳は，精神障害者本人の申請に基づき交付する。申請時に，必要書類を添えて，居住地を管轄する市町村を経て，都道府県知事に申請する。添付書類は，医師の診断書又は精神障害を事由とする年金給付を受けていることを証する書類（年金証の写し等）および精神障害者本人の写真とする。

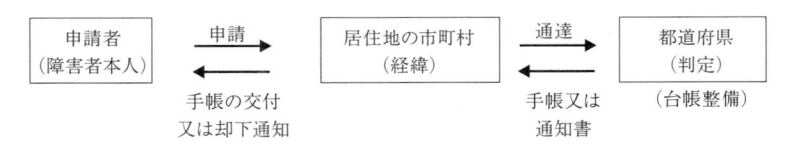

```
  申請者           申請       居住地の市町村      通達       都道府県
（障害者本人） ←――――→  　  （経緯）       ←――――→    （判定）
                手帳の交付                    手帳又は              （台帳整備）
                又は却下通知                  通知書
```

※家族や，医療機関職員等が，申請書の提出及び受け取りを代行することができる。
※診断書による申請の場合は，都道府県の精神保健福祉センターにおいて等級を判定する。また，年金証書等の写しによる申請の場合は，年金1級，2級，3級は，それぞれ手帳1級，2級，3級とする。

（出所：厚生労働統計協会編『国民の福祉の動向（2011/2012）』p.106）

図表6-11　障害者の雇用状況 （平成22年6月1日現在）

○民間企業の雇用状況　実雇用率　1.65%　法定雇用率達成企業割合　45.3%
○法定雇用率には届かないものの，雇用者数は8年連続で過去最高。障害者雇用は着実に進展。

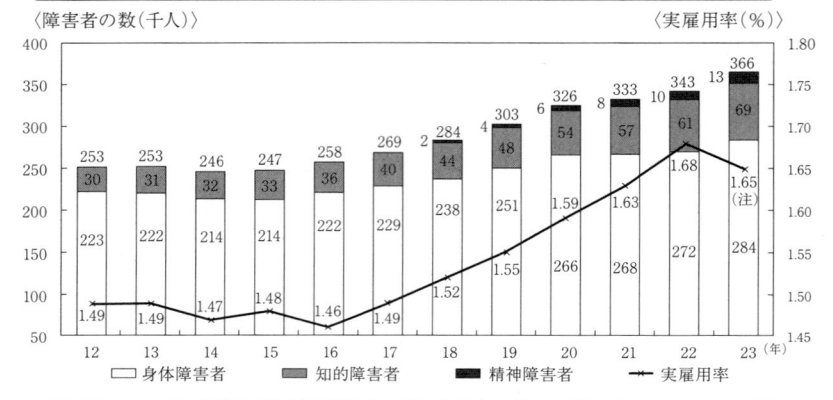

〈障害者の数（千人）〉　　　　　　　　　　　　　　　　　　　　　〈実雇用率（%）〉

年	身体障害者	知的障害者	精神障害者	合計	実雇用率
12	223	30		253	1.49
13	222	31		253	1.49
14	214	32		246	1.47
15	214	33		247	1.48
16	222	36		258	1.46
17	229	40		269	1.49
18	238	44	2	284	1.52
19	251	48	4	303	1.55
20	266	54	6	326	1.59
21	268	57	8	333	1.63
22	272	61	10	343	1.68
23	284	69	13	366	1.65（注）

（注）平成22年7月に制度改正（短時間労働者の算入，除外率の引き下げ等）があったため，本年と前年までの数値を単純に比較することは適当でない状況である。

（出所：厚生労働省職業安定局・障害者雇用対策課（平成23年12月））

3）就労支援

　精神障害者の就労支援として，2002（平成14）年度に障害者就業・生活支援センターが開設された。また同時に障害をもつ人に対する雇用支援事業として，ジョブコーチ（職場適応援助者）が，社会適応訓練事業等において取り組まれている。そして，「障害者の雇用の促進等に関する法律」（1960）に基づいて，「障害者雇用納付金制度」（平成22年7月1日から新たに常時雇用している労働者数が200人を超え300人以下の中小企業主も納付金の申告が課せられるようになった。また，平成27年4月1日より，常時雇用者数が100人を超え200人以下の中小企業事業主に対しても納金制度の適用が拡大されることとなった。）が設けられた。事業主は「常時雇用している労働者数」の1.8%の雇用が義務付けられているが，法を遵守しない事業主は違約金として障害者雇用納付金を支払うことになっている。このことが精神障害者の雇用拡大に繋がることとなっている。

　そして，2005（平成17）年「障害者の雇用の促進等に関する法律の一部を改正する法律」が成立し，翌年の2006年4月より施行されている。改正の主な内

容は，①精神障害者の雇用対策の強化，②在宅就業障害者の支援，③障害者福祉施策との有機的な連携等である。なお，3障害者に対する雇用状況は図表6-11の通りとなっている。

4）精神障害者地域移行・地域定着支援事業

　精神障害者の退院促進として，2003（平成15）年より，精神障害者退院促進支援事業を実施してきた。その後，障害者自立支援法の成立に伴って同法の都道府県地域生活支援事業の一環として行われてきた。しかし，医療機関から地域の生活への移行が必ずしも順調に進まなかった。そこで，2008（平成20）年より，精神障害者地域生活移行支援特別対策事業が開始された。この事業において，①精神障害者の退院・退所及び地域定着を担う地域移行推進員（自立支援員）の相談支援事業者等への配置と，②精神障害者の地域への生活に必要な整備調整を行う地域整備体制コーディネーターが配置されることとなった。この事業をより推進し，精神障害者の地域移行を促進することを目的とした「精神障害者地域移行・地域定着支援事業」が2010（平成22）年にスタートしたのである。厚生労働省社会・援護局「地域定着支援の手引き」によると，この事業の目的を「受療中断者や自らの意思では受診できない等の理由により，日常生活上の危機が生じている精神障害者に対し，一定期間，医療及び福祉の包括的な支援を行うことを目的とする。保健所，精神保健福祉センター等の医師，看護師，精神保健士，相談支援員等の多職種から構成されるチームを配置し，できるだけ入院をせずに地域生活の継続が可能となるための支援を行うものとする。」としている。

　この事業では精神障害者地域移行支援特別対策事業における地域移行推進員と地域体制整備コーディネーターの配置にプラスして，新たに，③未受診・受療中断等の精神障害者に対する支援体制の構築，④精神疾患への早期対応を行うための事業，⑤ピアサポーターの活動費用の計上等が加えられた。以上のように，この事業のポイントは，精神保健・医療等の連携による地域定着支援体制の強化を図ることにある（図表6-12参照）。

図表6-12　精神保健・医療等の連携による地域定着支援体制の強化

精神保健・医療等の連携による地域定着支援体制の強化

地域定着支援強化の概要及び対象者
地域生活移行後の受療中断等により再発した精神障害者や未受診者等で、直ちに入院治療を要する状態ではないものの、自ら医療等の支援を受けることが難しい者に対して、入院を要する状態に至らないように保健・医療等が地域にて積極的な支援を行う体制を確保し、治療導入及び生活上の包括的な支援を一定期間において実施する。

既存の体制		新たな体制
保健所等の行政機関による相談支援（訪問指導等）	＋	地域定着支援事業〈H22新規〉実施主体：都道府県、指定都市　補助率：1/2 **精神障害者等の危機介入包括支援体制**

体制の構築

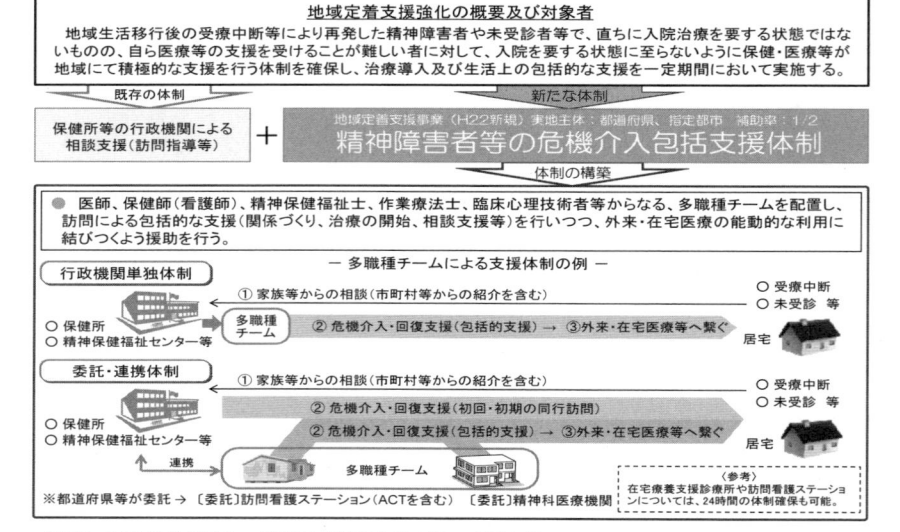

● 医師、保健師（看護師）、精神保健福祉士、作業療法士、臨床心理技術者等からなる、多職種チームを配置し、訪問による包括的な支援（関係づくり、治療の開始、相談支援等）を行いつつ、外来・在宅医療の能動的な利用に結びつくよう援助を行う。

― 多職種チームによる支援体制の例 ―

【行政機関単独体制】
○保健所　○精神保健福祉センター等
① 家族等からの相談（市町村等からの紹介を含む）
多職種チーム
② 危機介入・回復支援（包括的支援）→ ③ 外来・在宅医療等へ繋ぐ
○受療中断　○未受診　等
居宅

【委託・連携体制】
○保健所　○精神保健福祉センター等
① 家族等からの相談（市町村等からの紹介を含む）
② 危機介入・回復支援（初回・初期の同行訪問）
② 危機介入・回復支援（包括的支援）→ ③ 外来・在宅医療等へ繋ぐ
多職種チーム
○受療中断　○未受診　等
居宅

※都道府県等が委託 →〔委託〕訪問看護ステーション（ACTを含む）〔委託〕精神科医療機関

（参考）在宅療養支援診療所や訪問看護ステーションについては、24時間の体制確保も可能。

（出所：厚生労働省社会・援護局「地域定着支援の手引き」）

10　発達障害者支援法

　この法律の目的は、「発達障害者の心理機能の適正な発達及び円滑な社会生活の促進のために発達障害の症状の発現後できるだけ早期に発達支援を行うことが特に重要であることにかんがみ、発達障害を早期に発見し、発達支援を行うことに関する国及び地方公共団体の責務を明らかにするとともに、学校教育における発達障害への支援、発達障害者の就労の支援、発達障害者支援センターの指定等について定めることにより、発達障害者の自立及び社会参加に資するようその生活全般にわたる支援を図り、もってその福祉の増進に寄与することを目的とする。」（同法第1条）と定めている。

　また、「この法律において「発達障害」とは、自閉症、アスペルガー症候群その他の広汎性発達障害、学習障害、注意欠陥多動性障害その他これに類する

脳機能の障害であってその症状が通常低年齢において発現するものとして政令で定めるものをいう。」（同法第2条の1），

「この法律において「発達障害者」とは，発達障害を有するために日常生活又は社会生活に制限を受ける者をいい，「発達障害児」とは，発達障害者のうち十八歳未満のものをいう。」（同法第2条の2）と定義している。すなわち，発達障害とは脳機能障害であり，十八歳以上の者を発達障害者，以下の者を発達障害児と規定している。また，発達障害児（者）の支援に関しては「この法律において「発達支援」とは，発達障害者に対し，その心理機能の適正な発達を支援し，及び円滑な社会生活を促進するため行う発達障害の特性に対応した医療的，福祉的及び教育的援助をいう。」（同法第2条の3）と定義している。

この法律は，2004（平成16）年に制定され，翌年の2005年4月1日に施行された。同法の制定により，これまで障害者福祉の対象外であった発達障害児（者）が，その対象となり，発達障害者の心理機能の適正化，社会生活の促進，療育，就労，生活支援を受けることができるようになった。

11 障害者虐待防止法

2011（平成23）年6月に，障害者に対する虐待の禁止，虐待の発見者に対する通報義務，国等の責務規定を課した「障害者虐待の防止，障害者の養護者に対する支援等に関する法律」が制定された。同法創設の目的は，①虐待は障害者の尊厳を害するものである，②虐待は障害者の自立及び社会参加を阻むものである等から障害者を擁護することにある。

また，同法律において，虐待に関係する者を次のように定義している。

まず，障害者とは，「この法律において「障害者」とは，障害者基本法第2条第1号に規定する障害者をいう」（同法第2条の1）と定義している。

次に障害者虐待についての定義を「この法律において「障害者虐待」とは，養護者による障害者虐待，障害者福祉施設従事者等による障害者虐待及び使用者による障害者虐待をいう」（同法第2条の2）と定義している。

そして，養護者については，「この法律において「養護者」とは，障害者を現に養護する者であって障害者福祉施設従事者等及び使用者以外のものをいう」（同法第2条の3）としている。
　また，障害者福祉施設従事者等とは，「障害者自立支援法」に規定する障害者支援施設若しくは独立行政法人国立重度知的障害者総合施設のぞみの園法によりのぞみの園が設置する施設又は障害者自立支援法に規定する障害者福祉サービス事業，一般相談支援事業若しくは特定相談支援事業，移動支援事業，地域活動支援センターを経営する事業等に係る業務に従事する者」（同法第2条の4）と定義している。
　最後に使用者とは，障害者を雇用する事業主である場合において当該派遣労働者に係る労働者派遣又は事業の経営担当者その他その事業の労働者に関する事項について事業主のために行為をする者（同法第2条の5）と定めている。
　なお，以上同法第2条の1～5に該当する者が障害者に対する虐待として以下の行為を規定している。

① 障害者の身体に外傷が生じ，若しくは生じるおそれのある暴行を加え，又は正当な理由なく障害者の身体を拘束すること。
② 障害者にわいせつな行為をすること又は障害者をしてわいせつな行為をさせること。
③ 障害者に対する著しい暴言又は著しく拒絶的な対応その他の障害者に著しい心理的外傷を与える行動を行うこと。
④ 障害者を衰弱させるような著しい減食又は長時間の放置，養護者以外の同居人による①から③までに掲げる行為と同様の行為の放置等養護を著しく怠ること。

参考文献
一番ヶ瀬康子・佐藤　進編著『障害者の福祉と人権』光生館，1987年
児島美都子・成清美治・村井龍治編著『障害者福祉概論（第2版）』学文社，2001年
成清美治『新・ケアワーク論』学文社，2003年
厚生労働統計協会編『国民の福祉の動向（2011／2012）』厚生労働統計協会
成清美治・加納光子代表編集『現代社会福祉用語の基礎知識（第10版）』学文社，2011年

第7章 高齢者福祉

1 少子・高齢社会と高齢者問題

　わが国の2010年の男女の平均寿命は，女性が86.39歳（世界第1位，なお，第2位はスウェーデン，第3位はアイスランド），男性は79.64歳（世界第2位，なお，第1位はスイス，第3位はスウェーデン）となっており，世界有数の長寿国となっている（UN「*Demographic Yearbook*」2008等，ただし日本，スイス，アイスランド，スウェーデンのデータは2010年当該政府からの資料提供による）。

　一方，合計特殊出生率（女性が一生涯に出産する子どもの平均の人数）は2010（平成22）年は1.39となっており世界で最も低い数値となっている。この合計特殊出生率の推移は，2001（平成13）年以降，5年間は連続して減少していたが，その後減少と増加を繰り返している。少子・高齢化が高度経済成長以降顕著になったが，フランスのように合計特殊出生率の安定している国（子育てに対する公的支援の充実）に比較して，効果的政策が講じられていない日本は少子・高齢社会を邁進しているのが現状である。こうした状況下のもとでショッキングなニュースが流れた。2012年1月30日，国立社会保障・人口問題研究所はこのまま合計特殊出生率の低下が続けば，2060年のわが国の人口は現在の約1億2,806万人の人口が3割減の8674万人まで減少するというものである。

　ここで，2010年と2060年（推計）の各年齢人口を比較すると，まず，65歳以上の全人口に占める割合が，23％から39.9％へ，15歳から64歳の生産年齢人口が63.8％から50.9％へ，年少人口が13.1％から9.1％へと，かつてのピラミッド型人口構造から，逆ピラミッド型人口構造への変化が顕著となる。こうした人口の高齢化は世界の先進諸国といわれる国々にとって顕著な傾向である（図表7-1参照）。ただ，日本は高齢化のスピードが群を抜いて速いのが特徴である。

図表7-1　高齢化の進行に関する国際比較

○　我が国では，諸外国に例をみないスピードで高齢化が進行している。

国	65歳以上人口割合（到達年次）			到達に必要な年数
	7％	14％	21％	7％→14％
日本	1970	1994	2007	24
中国	2001	2026	2038	25
ドイツ	1932	1972	2016	40
イギリス	1929	1975	2029	46
アメリカ	1942	2015	2050	73
スウェーデン	1887	1972	2020	85
フランス	1864	1979	2023	115

1950年以前はUN, The Aging of Population and Its Economic and Social Implications (Population Studies, No.26, 1956) および Demographic Yearbook. 1950年以降はUN, World Population Prospects: The 2006 Revision（中位推計）による。ただし，日本は総務省統計局『国勢調査報告』および国立社会保障・人口問題研究所『日本の将来推計人口』（平成18年12月推計）による人口（［出生中位（死亡中位）］推計値）。1950年以前は既知年次のデータを基に補完推計したものによる。それぞれの人口割合を超えた最初の年次を示す。"―"は2050年までその割合に到達しないことを示す。倍化年数は，7％から14％へ，あるいは10％から20％へそれぞれ要した期間。国の配列は，倍化年数7％→14％の短い順。
（出所：厚生労働省「介護サービス基盤強化のための介護保険法等の一部を改正する法律」）

　ここで，少子化（出生率の低下）並びに高齢化の要因について述べると次のようになる。まず，少子化の要因であるが，(1)晩婚化・未婚化，(2)子どもの教育費の高騰化，(3)育児と就労の両立支援の充実，(4)育児に対する男女の意識の相違，(5)子どもの養育に対する公的支援の脆弱さ，(6)女性の社会進出，(7)経済的格差問題等となる。

　次に，高齢化（死亡率の低下）の主たる要因をあげると，(1)公的医療保険制度の充実，(2)医療技術の進歩，(3)医療供給体制の整備，(4)国民の食生活の向上，(5)生活環境の改善，(6)乳児死亡率の低下，等となる。

　最後に少子・高齢社会が与える影響について述べると，(1)社会保障・社会福祉，1)年金，2)医療，3)介護）に対する現役世代の負担増，(2)労働力の減少，(3)経済成長率の鈍化，(4)地域社会の崩壊，(5)世帯形態の変化，(6)要支援者・要介護者の増加等をあげることができる。

2　高齢社会対策の実施と状況

　わが国の高齢者福祉施策のスタートは、「老人福祉法」（1963）の制定である。これ以前の高齢者福祉施策は、明治期における「恤救規則」（1874）や昭和に入ってわが国最初の救貧法である「救護法」（1929）のもとで始まった老人救護であった（ただし、実施は1932より）。前者では、「人民相互の情誼」（住民相互の人情）を救済の基本とした。一方、後者は、公的救貧法であるが、高齢者に対する救護は、身よりのない65歳以上の生活困窮者に限定された。なお、高齢者の救護施設として最初に設立された養老院は、東京・港区にできた民間の「聖ヒルダ養老院」（1895）であった。また、救護法によって救護施設として養老院が設置された。戦後、旧「生活保護法」（1946）並びに現「生活保護法」（1950）の制定のもとで養老院が養老施設に再編成され施設運営費の多くが公費で賄われるようになった。高齢者の入所施設として、定められたのは、老人福祉法の制定によってであった。当時の他の高齢者対策としては、老齢年金（国民年金、厚生年金）の給付がある。

　ところで、老人福祉法制定以降、少子・高齢化の進行と1970年代後半より日本経済の長期低落傾向のもとで、1990年代になって、社会保障・社会福祉基礎構造改革がはじまった。その背景として、①国家財政の逼迫化、②社会福祉の対象の拡大化、③人権意識の高揚、④ニーズの多様化・多質化等をあげることができる。そして、厚生大臣の座談会である高齢者福祉ビジョン懇談会が「21世紀福祉ビジョン」（1994）を報告した。同報告書では、①公正・公平・効率的社会保障制度の確立、②介護・子育て等福祉対策の充実、③自助・共助・公助による地域保健医療福祉システムの確立等が掲げられた。高齢者福祉に関しては、「新・高齢者保健福祉推進10か年戦略」（新ゴールドプラン）がだされた。同プランは、1989年に策定された「高齢者保健福祉推進10か年戦略」（ゴールドプラン）を継続・発展させたものであり、1994（平成6）年に厚生・大蔵・自治省（大臣）（当時）の合意のもとで発表されたのである。その基本理念は、①利用者本位・自立支援、②普遍主義、③総合的サービスの提供、④地域主義

等となっている。また，同年12月に高齢者介護・自立支援システム研究会より，「新たな高齢者介護システムの構築を目指して」が報告された。この報告書の中で，同研究会は，新介護システムの創設を提言した。1996（平成8）年9月には社会保障関係審議会会長会議が「社会保障構造改革の方向（中間まとめ）（案）骨子」を提出し，社会保障構造改革を具体的に提示した。

そして，中央社会福祉審議会社会福祉構造改革分科会は「社会福祉基礎構造改革について（中間まとめ）」（1998）を報告した。この報告書は前年の1997年11月に社会福祉事業等の在り方に関する検討会の「社会福祉基礎構造改革（主要な要点）」の報告をうけてより社会福祉の改革を具体的に示した内容となっている。

その基本方向は，①サービスの利用者と提供者の対等な関係の確立，②個人の多様な需要への地域での総合的な支援，③幅広い需要に応える多様な主体の参入促進，④信頼と納得が得られるサービスの質と効率性の向上，⑤情報公開等による事業運営の透明性の確保，⑥増大する費用の公平かつ公正な負担，⑦住民の積極的な参加による福祉文化の創造等となっている。何度か検討・論議した結果，前年の1997（平成9）年12月にドイツの介護保険法を参考にした社会保険方式による「介護保険法」が成立し，2000年4月より，同法が施行され同年4月より，在宅・施設サービスが実施された（詳しくは，第10章参照）。

2000年6月には，「社会福祉の増進のための社会福祉事業法等の一部を改正する等の法律」が成立し，法律名が「社会福祉法」となった。改正等の対象となる法律は，社会事業法，身体障害者福祉法，知的障害者福祉法，児童福祉法，民生委員法，社会福祉施設職員等退職手当共済法，生活保護法の一部改正，公益質屋法の廃止等の8本である。また，本法律の改正の内容は以下の通りである。①利用者の立場に立った社会福祉制度の構築（ア．福祉サービス利用者制度化，イ．利用者保護のための制度の創設），②サービスの質の向上（ア．事業者によるサービスの質の自己評価などによる質の向上，イ．事業運営の透明性の確保，サービス利用者の選択に資するため），③社会福祉事業の充実・活性化（ア．社会福祉事業の範囲の拡充，イ．社会福祉法人の設立要件の緩和，

ウ．社会福祉法人の運営の弾力化)，④地域福祉の推進（ア．市町村地域福祉計画及び都道府県地域福祉支援計画，イ．知的障害者福祉等に関する事務の市町村への委譲，ウ．社会福祉協議会，共同募金，民生委員・児童委員の活性化）等である。こうした，一連の社会福祉基礎構造改革以降，高齢者福祉サービスは，利用者制度・契約制度のもとで，介護保険制度を中心に展開している。同制度開始と同時に，地域福祉権利擁護事業（現　日常生活自立支援事業)・成年後見制度が実施され高齢者の権利が保護されている（ただし，同制度の認知度の低さあるいは費用負担の問題もあって，利用率が低いのが問題である)。また，政府は高齢者の人権擁護のため「高齢者虐待の防止，高齢者の養護者に対する支援等に関する法律」(2005) や高齢者の住宅政策と福祉の連携を図るため「高齢者の居住の安定確保に関する法律」(2001) そして，高齢者の雇用確保に関する「高年齢者等の雇用の安定等に関する法律」の一部改正（2004)，高齢者等の移動の保障等を目的とした「高齢者，障害者等の移動等の円滑化の促進に関する法律」（バリアフリー新法）(2005) 等，高齢者の人権・雇用・居住等を保障・確保する法律を次々に制定している。今後，これらの法律が高齢者の生活を保障するため，いかに有効的・効果的に運用あるいは利用するかが課題となるであろう。

3　介護保険制度

(1)　介護保険制度の全体像

　介護保険制度とは，要介護・要支援者高齢者を社会全体で支える介護サービスの仕組みである。同制度の特徴は保健・医療・福祉の連携で財源はドイツ介護保険制度を参考にした社会保険方式を採用した。

　介護保険制度が創設に至るまでのわが国の高齢者保健福祉政策の流れは，図表7-2の通りとなっている。介護保険制度の特徴はこれまでの老人福祉制度と老人医療制度を中心と個々に対応していた高齢者サービスの限界性に保険制度を加え，介護サービス供給システムとして創設したところにある。

図表7-2　高齢者保健福祉政策の流れ

年代	高齢化率	主な政策	
1960年代 高齢者福祉政策の始まり	5.7%（1960）	1963年	老人福祉法制定 ◇特別養護老人ホーム創設 ◇老人家庭奉仕員（ホームヘルパー）法制化
1970年代 老人医療費の増大	7.1%（1970）	1973年	老人医療費無料化
1980年代 社会的入院や寝たきり老人の社会的問題化	9.1%（1980）	1982年 1989年	老人保健法の制定 ◇老人医療費の一定額負担の導入等 ゴールドプラン（高齢者保健福祉推進十か年戦略）の策定 ◇施設緊急整備と在宅福祉の推進
1990年代 ゴールドプランの推進	12.0%（1990）	1994年	新ゴールドプラン（新・高齢者保健福祉推進十か年戦略）策定 ◇在宅介護の充実
介護保険制度の導入準備	14.5%（1995）	1996年 1997年	連立与党3党政策合意 介護保険制度創設に関する「与党合意事項」 介護保険法成立
2000年代 介護保険制度の実施	17.3%（2000）	2000年 2005年	介護保険施行 介護保険法の一部改正

(出所：厚生労働省 HP「高齢者保健政策の流れ」)

　介護保険制度の仕組みは，図表7-3の通りとなっている。その財源は市町村，都道府県，国で50%と被保険者の保険料50%で計100%となっている。また，被保険者はサービス利用時10%を負担することになっている。サービスの利用は被保険者とサービス提供業者との契約により成立する。サービスは，要支援・要介護の認定を受けた原則65歳以上（特定疾病：①回復見込みのないガン罹患者，②関節リウマチ，③筋萎縮性側索硬化症，④後縦靭帯骨化症，⑤骨折を伴う骨粗鬆症，⑥初老期における認知症，⑦進行性核上性麻痺，大脳皮質基底核変性症及びパーキンソン病，⑧脊髄小脳変性症，⑨脊柱管狭窄症，⑩早老症，⑪多系統萎縮症（シャイ・ドレーガー症候群等），⑫糖尿病性神経障害，糖尿病性腎症及び糖尿病性網膜症，⑬脳血管疾患，⑭閉塞性動脈硬化症，⑮慢性閉塞性肺疾患，⑯両側の膝関節又は股関節に著しい変形を伴う変形性関節症）の被保険者となっている。サービス等の種類は，(1)介護給付におけるサービスと，(2)予防給付におけるサービス，(3)地域支援事業等がある。(1)介護在宅サービス

には居宅サービスとして，①訪問サービス（・訪問介護・訪問入浴介護・訪問看護・訪問リハビリテーション・居宅療養管理指導）②通所サービス（通所介護・通所リハビリテーション）③短期入所サービス（短期生活介護・短期入所療養介護），その他・特定施設入居者生活介護・福祉用具貸与・特定福祉用具販売，④居宅介護支援（ケアマネジメント），⑤施設サービス（・介護老人福祉施設・介護老人保健施設・介護療養型施設）があり，以上のサービスは，都道府県が指定・監督を行うサービスである。⑥地域密着型サービス（・小規模多機能型居宅介護・夜間対応型訪問介護・認知症対応型通所介護・認知症対応

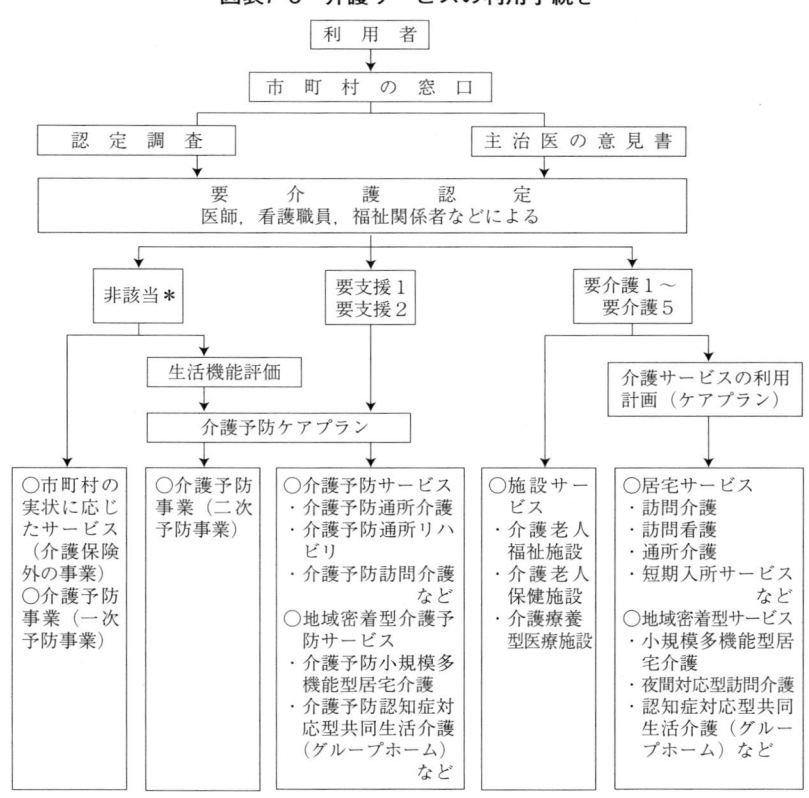

図表7-3　介護サービスの利用手続き

```
                    ┌─────────┐
                    │ 利 用 者 │
                    └────┬────┘
                    ┌────┴────────┐
                    │ 市町村の窓口 │
                    └────┬────────┘
           ┌─────────────┴─────────────┐
       ┌───┴────┐                 ┌────┴──────┐
       │認定調査│                 │主治医の意見書│
       └───┬────┘                 └────┬──────┘
           └─────────────┬─────────────┘
              ┌──────────┴──────────┐
              │    要 介 護 認 定    │
              │医師，看護職員，福祉関係者などによる│
              └──────────┬──────────┘
       ┌──────────┬─────┴──────┬────────────┐
   ┌───┴──┐   ┌───┴───┐   ┌────┴────┐
   │非該当*│   │要支援1 │   │要介護1～ │
   └───┬──┘   │要支援2 │   │要介護5   │
          └───┬───┘   └────┬────┘
             ┌───┴─────┐   ┌────┴──────┐
             │生活機能評価│   │介護サービスの利用│
             └───┬─────┘   │計画（ケアプラン）│
             ┌───┴───────┐ └───────────┘
             │介護予防ケアプラン│
             └───────────┘
```

| ○市町村の実状に応じたサービス（介護保険外の事業）
○介護予防事業（一次予防事業） | ○介護予防事業（二次予防事業） | ○介護予防サービス
・介護予防通所介護
・介護予防通所リハビリ
・介護予防訪問介護　など
○地域密着型介護予防サービス
・介護予防小規模多機能型居宅介護
・介護予防認知症対応型共同生活介護（グループホーム）　など | ○施設サービス
・介護老人福祉施設
・介護老人保健施設
・介護療養型医療施設 | ○居宅サービス
・訪問介護
・訪問看護
・通所介護
・短期入所サービス　など
○地域密着型サービス
・小規模多機能型居宅介護
・夜間対応型訪問介護
・認知症対応型共同生活介護（グループホーム）　など |

（出所：厚生労働統計協会編『国民の福祉の動向（2011/2012）』p. 129）

第7章　高齢者福祉

型共同生活介護（グループホーム）・地域密着型特定施設入居者生活介護・地域密着型介護老人福祉施設入居者生活介護）等がある。この地域密着型サービスは市町村が指定・監督を行うサービスである。

一方，(2)予防給付におけるサービスとして，①訪問サービス（・介護予防訪問介護・介護予防訪問入浴介護・介護予防訪問リハビリテーション・介護予防居宅療養管理指導），②通所サービス（・介護予防通所介護・介護予防通所リハビリテーション），③短期入所サービス（・介護予防短期入所生活介護・介護予防短期入所療養介護），その他・介護予防特定施設入居者生活介護・介護予防福祉用具貸与・特定介護予防福祉用具販売，以上のサービスは都道府県が指定・監督を行うサービスである。④介護予防支援（ケアマネジメント），⑤地域密着型介護予防サービス（・介護予防小規模多機能型居宅介護・介護予防認知症対応型通所介護・介護予防認知症対応型共同生活介護（グループホーム））等がある。この介護予防支援，地域密着型介護予防サービスは市町村が指定・監督を行うサービスである。

最後に，(3)地域支援事業であるが，二次介護予防支援事業と一次予防事業がある。まず，二次介護予防事業であるが，・二次予防事業の対象者把握事業・通所型介護予防事業（運動器の機能向上，栄養改善，口腔機能の向上等）・訪問型介護予防事業・二次予防的事業評価事業等がある。次に一次予防事業であるが，介護予防普及啓発事業，地域介護予防活動支援事業，一次予防事業評価事業等がある。また，地域支援事業には包括的支援事業として，総合相談支援事業，権利擁護事業，包括的・継続的ケアマネジメント支援事業，介護予防ケアマネジメント事業等がある。なお，これらの事業は，市町村が実施する事業となっている。

(2) 介護保険法の諸改正と内容

2000年4月にスタートした介護保険制度の要支援・要介護認定者数はその後の高齢化率の向上とともに要支援・要介護者の増加に伴って，介護サービス費用は年々増加傾向にある。そこで，2003（平成15）年から審議を継続してきた

社会保障審議会介護保険部会は2004（平成16）年7月30日「介護保険制度見直しに関する意見」（以後，「見直し」）をまとめた。この見直しの基本的視点は，①明るく活力のある超高齢社会の構築，②制度の持続可能性，③社会保障の総合化となっている。また，厚生労働省が発表した「介護保険制度の全体像―持続可能な介護保険制度の構築―」（2004年12月22日，以後「制度改革の全体像」）によって，改革の全体像が示された。その基本的枠組みは，(1)介護保険制度の改革として，①予防重視型システムへの転換，②施設給付の見直し，③新たなサービス体系の確立，④サービスの質の向上，⑤負担の在り方・制度運営の見直し，(2)介護サービス基盤の在り方の見直し等となっており，具体策として，地域介護・福祉空間整備交付金（仮称）があげられ，全体として介護保険制度の改革は地域と連携した介護予防のあり方を示唆したものとなっている。具体的には予防重視型システムへの転換の具体策として市町村を主体とした「総合的な介護予防システム」の構築，新たなサービス体系の見直しとしての，地域密着型サービス（仮称）の創設，地域包括支援センター（仮称）の創設，医療と介護の連携の強化等であった。この制度改革の全体像を継承する形で，「介護保険法の一部を改正する法律」（以後，改正介護保険法）が2005年6月29日に成立した。この改正介護保険法のポイントは，これまでの介護予防をより一層推進するための予防重視型システムへの転換，利用者負担の見直し，新たなサービス体系の確立，サービスの質の確保・向上，制度運営・保険料の見直し等となっている。

　その改正の具体的内容は，(1)予防給付の見直し（2006年4月施行）：これまでの介護保険給付のもとで軽度に対するサービスが本人の状態改善に継承されていないことが判明したため，1）対象者として新たに要支援者（「要支援状態にある者」）を設定すると同時に，2）新たな予防給付を創設した。その種類は，①介護予防サービス費，②特例介護予防サービス費，③地域密着型介護予防サービス費，④特例地域密着型介護予防サービス費，⑤介護予防福祉用具購入費，⑥介護予防住宅改修費，⑦介護予防サービス計画費，⑧特例介護予防サービス計画費，⑨高額介護予防サービス費，⑩特定入所者介護予防サービス費，⑪特

例入所者介護予防サービス費等を定めている。また，介護予防サービスとして，①介護予防訪問介護，②介護予防訪問入浴介護，③介護予防訪問看護，④介護予防訪問リハビリテーション，⑤介護予防居宅療養管理指導，⑥介護予防通所介護，⑦介護予防通所リハビリテーション，⑧介護予防短期入所生活介護，⑨介護予防短期入所療養介護，⑩介護予防特定施設入居者生活介護，⑪介護予防福祉用具貸与及び特定介護予防福祉用具販売等がある。そして，3）介護予防サービスの利用を前提とした，介護予防サービス計画作成を義務づけるケアマネジメント体制を構築することになった。

(2)地域支援事業の創設（2006年4月施行）：要支援・要介護状態になることの予防と地域における包括的・継続的なマネジメント機能の強化を図ることを目的とし，その事業内容は，①介護予防事業，②包括的支援事業，③その他（市町村の任意事業―介護保険給付費適正化事業，家族支援事業等）となっている。

(3)利用者負担の見直し（2005年10月施行）：通所介護，通所リハビリテーション，短期入所生活介護，短期入所療養介護，認知症対応型共同生活介護並びに特定施設入所生活介護，施設サービスにおける食費及び居住費等を保険給付から除外した（ただし，低所得者に対する配慮あり）。

(4)地域密着型サービス（2006年4月施行）：これまでの介護保険給付が全国一律であったものが，各市町村（自治体）独自のサービスの弾力的な運用が可能となった。地域密着型サービスとして，①夜間対応型訪問介護，②認知症対応型通所介護，③小規模多機能型居宅介護，④認知症対応型共同生活介護，⑤地域密着型特定施設入居者生活介護，⑥地域密着型介護老人福祉施設（入所定員が29人以下の特別養護老人ホーム）入所者生活介護等がある。また，地域密着型介護予防サービスとして，①介護予防認知症対応型通所介護，②介護予防小規模多機能居宅介護，③介護予防認知症対応型共同介護が予防給付として利用者に提供される。

(5)地域包括支援センター（2006年4月施行）：地域の介護予防支援を行う中心的役割を担う。なお，設置者は市町村となっているが，老人介護支援センターの設置者やその他の厚生労働省令で定める者が，市町村より委託を受けて事業

図表7-4　介護サービスの基盤強化のための介護保険法等の一部を改正する法律の概要

高齢者が地域で自立した生活を営めるよう，医療，介護，予防，住まい，生活支援サービスが切れ目なく提供される「地域包括ケアシステム」の実現に向けた取組を進める。

1　医療と介護の連携の強化等
　① 医療，介護，予防，住まい，生活支援サービスが連携した要介護者等への包括的な支援（地域包括ケア）を推進。
　② 日常生活圏域ごとに地域ニーズや課題の把握を踏まえた介護保険事業計画を策定。
　③ 単身・重度の要介護者等に対応できるよう，24時間対応の定期巡回・随時対応サービスや複合型サービスを創設。
　④ 保険者の判断による予防給付と生活支援サービスの総合的な実施を可能とする。
　⑤ 介護療養病床の廃止期限（平成24年3月末）を猶予。（新たな指定は行わない。）

2　介護人材の確保とサービスの質の向上
　① 介護福祉士や一定の教育を受けた介護職員等によるたんの吸引等の実施を可能とする。
　② 介護福祉士の資格取得方法の見直し（平成24年4月実施予定）を延期。
　③ 介護事業所における労働法規の遵守を徹底，事業所指定の欠格要件及び取消要件に労働基準法等違反者を追加。
　④ 公表前の調査実施の義務付け廃止など介護サービス情報公表制度の見直しを実施。

3　高齢者の住まいの整備等
　○ 有料老人ホーム等における前払金の返還に関する利用者保護規定を追加。
（参考）厚生労働省と国土交通省の連携によるサービス付き高齢者向け住宅の供給を促進（平成23年4月27日に成立した高齢者住まい法の改正の内容）

4　認知症対策の推進
　① 市民後見人の育成及び活用など，市町村における高齢者の権利擁護を推進。
　② 市町村の介護保険事業計画において地域の実情に応じた認知症支援策を盛り込む。

5　保険者による主体的な取組の推進
　① 介護保険事業計画と医療サービス，住まいに関する計画との調和を確保。
　② 地域密着型サービスについて，公募・選考による指定を可能とする。

6　保険料の上昇の緩和
　○ 各都道府県の財政安定化基金を取り崩し，介護保険料の軽減等に活用。

【施行日】
　1⑤，2②については公布日施行。その他は平成24年4月1日施行。

（出所：厚生労働省HP「介護サービス基盤強化のための介護保険法等の一部を改正する法律案」の概要）

を実施することが出来るが，その場合，事前に各市長村長に届け出ることとなっている。

　このように2005（平成17）年に介護保険制度の大きな改革が実施されたが，その後も2008（平成20）年に「介護保険法及び老人福祉法の一部を改正する法律」が成立した。この改正のねらいは，コムスン事件（2006年に東京都のコムスンへの立ち入り検査で不正請求や虚偽の確定申告，人員基準違反等が発覚し

た）を反省して，改正の内容は介護サービス事業所に対する，①法令順守等の業務管理体制の整備，②事業者の本部等に対する立ち入り検査等の創設，③不正事業者の処分逃れ対策，④指定・更新時等の欠格事項事由の見直し，⑤廃止時のサービス確保対策，⑥その他等となっている。そして，2011（平成23）年6月15日に介護と医療の提供体制一体化を主眼とした「介護サービスの基盤強化のための介護保険法の一部を改正する法律」が成立したのである（実施は，2012年4月1日より）。同改正の概要は，図表7-4の通りである。

今回の介護保険法改正の項目別概要を明らかにする。まず，第1「医療と介護の連携強化等」であるが，この要点は，地域包括ケアシステム（図表7-5参照）の推進にある。すなわち，医療，介護，予防，住まい，生活支援サービスが連携した要介護者等への包括的な支援（地域包括ケア）の推進である。具体的には①医療との連携強化：・24時間対応の在宅医療，訪問看護やリハビリテーションの充実強化・介護職員によるたん吸引などの医療行為の実施，②介護サービスの充実強化：・特養などの拠点の緊急整備（平成21年度補正予算：3年間で16万人分確保）・24時間対応の定期巡回・随時対応サービス（図表7-6参照）

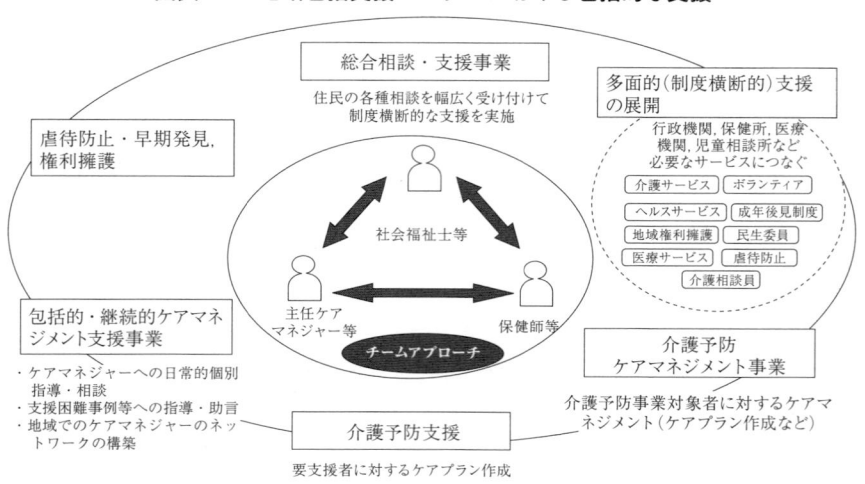

図表7-5　地域包括支援センターにおける包括的な支援

（出所：社会保障審議会介護保険部会（第32回）「保険者の果たすべき役割について」平成22年9月17日）

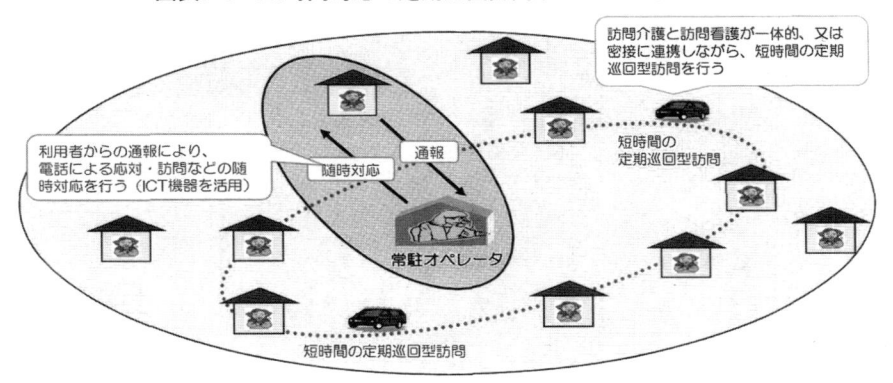

図表7-6　24時間対応の定期巡回訪問サービスのイメージ

(出所:図表7-5と同じ)

の創設など在宅サービスの強化，③予防の推進：できる限り要介護状態とならないための予防の取り組みや自立支援型の介護の推進，④見守り，配食，買い物など，多様な生活支援サービスの確保や権利擁護など：・一人暮らし，高齢夫婦のみ世帯の増加，認知症の増加を踏まえ，さまざまな生活支援（見守り，配食などの生活支援や財産管理などの権利擁護サービス）サービスを推進，⑤高齢期になっても住み続けることのできる高齢者住まいの整備（国交省と連携）：・一定の基準を満たした有料老人ホームと高専賃を，サービス付高齢者住宅として高齢者住まい法に位置づけ等となっている。

次に第2「介護人材の確保とサービスの質の向上」であるが，今回注目されるのは，「社会福祉士法及び介護福祉士法」の一部改正を行うことにより，介護福祉士に従来医療行為として認められなかった「たんの吸引」等（たんの吸引，経管栄養：胃ろう，腸ろう，経鼻経管栄養）の行為を一定の研修を受けた介護職員に対して，一定の条件のもとで認めたことである。

介護福祉士の医療行為は，基本的に認められなかったが，特別養護老人ホームや居宅の業務において緊急に処置を講ずる場面が，多々あったので以前から一定の条件の下に「実質的違法性阻却論」により容認されてきたが，今回，「たんの吸引」等に限って認められた。なお，実施可能な者は介護福祉士，介護福

図表7-7 サービス付き高齢者住宅と介護保険の連携イメージ

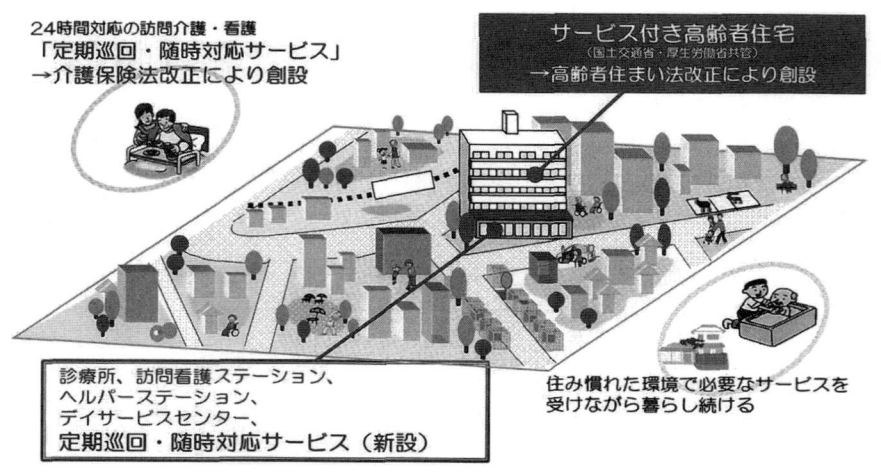

(出所：社保審―介護給付費分科会（第76回）「高齢者の住まいについて」（平成23年6月16日））

祉士以外の介護職員となっている。また，研修を行う登録研修機関は都道府県知事に登録することが必用である。登録事業者（介護関係施設，障害者支援施設，在宅，特別支援学校等）は自らの事業の一環として，たんの吸引等の業務を行う者は，事業所ごとに都道府県知事に登録しなければならない。

　そして，実施期間は2012（平成24）年4月1日施行（ただし，介護福祉士については平成27年4月1日施行。ただし，それ以前であっても，一定の研修を受ければ実施可能）より，現在，一定の条件の下にたんの吸引等を実施している者が新たな制度の下でも実施できるために必要な経過措置を取るとなっている。この医療行為等の容認によって，介護現場における介護福祉士等の介護職員の要支援者・要介護者に対する効果的・有効的な業務遂行が可能となるであろう。

　また，第3の「高齢者の住まいの整備等」であるが，そのポイントは「サービス付き高齢者住宅」の創設である。これは，「高齢者住まい法」（2011年4月17日成立）によって創設されたものである。その目的は，日常生活や介護に不安を抱く高齢者・夫婦のみの世帯が地域で安心して暮らせることが可能となるよう配慮した住宅である。この住宅には定期巡回・随時対応サービスを行う診

療所，訪問看護ステーション，ヘルパーステーション，ディサービスセンターの定期巡回があり，居住者はこれらのサービスを随時利用できることにより，老後の保健・医療・介護不安が一掃されることになる。

　そして，第4の認知症対策の推進であるが，2008（平成20）年の認知症患者数は38.3万人でその内訳はアルツハイマー病が24万人，血管性及び詳細不明の認知症が14.3万人となっている（患者調査）。今後，高齢化率が上昇するにつれて，要支援者・要介護者の割合が増加するので，それに伴って認知症患者が増えることが見込まれる。今後の認知症対策の推進として，①市民後見人の活用：今後，親族等による成年後見の困難な者が見込まれ，介護サービス利用契約の支援などを中心に，成年後見の担い手として市民の役割が強まることが考えられることから，市町村は，市民後見人を育成し，その活動を図ることなどによって権利擁護を推進することとする。②認知症に関する調査研究の推進：国，地方公共団体は，認知症の予防，診断及び治療並びに認知症である者の心身の特性に応じた介護方法に関する調査研究の推進等に努めることとする。③市町村介護保険事業計画へ認知症策を掲載：市町村は介護保険事業計画において，地域の実情に応じた認知症支援策を盛り込むことに努めることとする，等となっている。

　その他，第5として，保険者による主体的な取り組みの推進，第6として，保険料の上昇の緩和等が項目としてあげられている。最後に今回の介護保険法の改正は，最初に述べたように改正の主旨は，高齢者が地域で安心して暮らしていけるよう，医療，介護，予防，住宅に関して切れなく生活支援サービスを提供するための「地域包括支援センターケアシステム」の構築にあるとともに安定した介護保険制度（給付と負担のバランス）の持続にある。

第8章 生活保護制度

1 現代社会と貧困

　日本経済は，バブル経済以降，低成長・マイナス成長にあり，とくに1998（平成10）年以降の経済のグローバル化以降，日本経済は厳しい状況にある。その上，2011（平成23）年の東日本大震災は日本経済に壊滅的な打撃を与え，より一層雇用状況が厳しい局面を迎えている。そのため，失業率も高く，有効求人倍率も低く，被保護実人員及び保護率も非常に高く，国及び各自治体の財

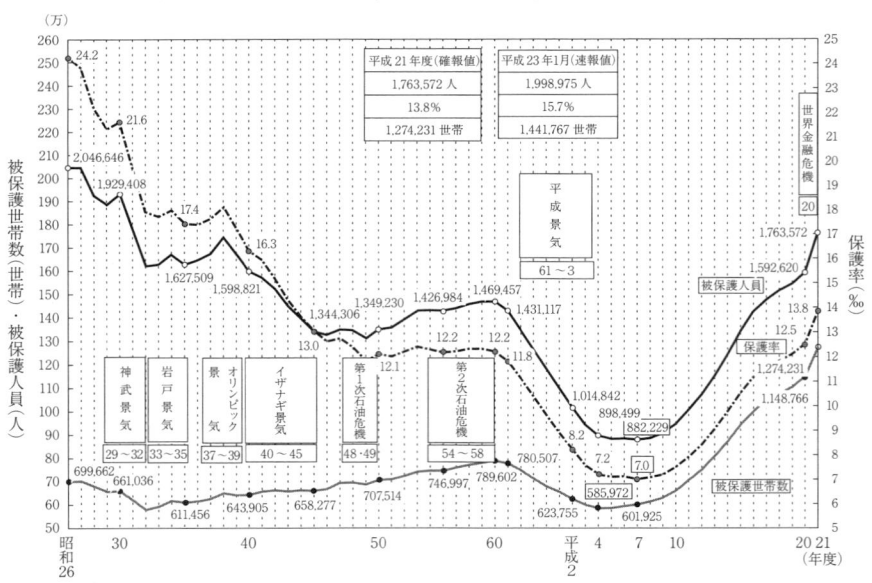

図表8-1　被保護世帯数，被保護実人員，保護率の年次推移

（出所：厚生労働省社会・援護局保護課「生活保護制度の概要等について」2011年4月）

164

政を逼迫させている。

　図表8-1は，被保護世帯数，被保護実人員・保護率の年次推移である。被保護実人員が増加に転じたのは，1995（平成7）年以降である。この要因はわが国のバブル経済の崩壊による景気の低迷化が招いた雇用状況の不安定化，雇用率の低下によるものである。それ以降も日本経済の低迷期のもとで，企業の海外へのシフトも手伝ってますます雇用情勢が悪化した。とくに，かつて1960（昭和35）年代の高度経済成長における正規雇用を中心とする雇用形態が，グローバル経済の下で，世界的な企業間競争による企業の業績悪化が雇用情勢の悪化に拍車をかけた。その結果，非正規雇用の増大による各保険の未加入による社会保障制度等のセーフティネットの崩壊が始まり，失業＝生活困窮状態を招き被生活保護者への落下という図式化が定着した。すなわち「格差社会」＝「不安定社会」による新たなる貧困層が発生したのである。今日では，東北大震災の影響もあって，被保護受給者は200万人を超え，今後も上昇する傾向にある。

　また，図表8-2は被保護実人員・保護の種類別扶助人員及び保護率の年次推移（1か月平均）であるが，平成22年度の保護の種別を見ると生活扶助が最も多く1,767,315人となっている。続いて多いのが住宅扶助1,634,773人，医療扶助

図表8-2　被保護実人員・保護の種類別扶助人員及び保護率の年次推移（1か月平均）

	平成18年度	構成割合(%)	19年度	構成割合(%)	20年度	構成割合(%)	21年度	構成割合(%)	22年度	構成割合(%)	対前年度 増減数	増減率
被保護実人員	1 513 892	100.0	1 543 321	100.0	1 592 620	100.0	1 763 572	100.0	1 952 063	100.0	188 491	10.7
保護率(人口千対)(‰)	11.8		12.1		12.5		13.8		15.2			
生活扶助	1 354 242	89.5	1 379 945	89.4	1 422 217	89.3	1 586 013	89.9	1 767 315	90.5	181 302	11.4
医療扶助	1 226 233	81.0	1 248 145	80.9	1 281 838	80.5	1 406 456	79.8	1 553 662	79.6	147 206	10.5
住宅扶助	1 233 105	81.5	1 262 158	81.8	1 304 858	81.9	1 459 768	82.8	1 634 773	83.7	175 005	12.0
介護扶助	172 214	11.4	184 258	11.9	195 576	12.3	209 735	11.9	228 235	11.7	18 500	8.8
その他の扶助	172 994	11.4	173 398	11.2	174 801	11.0	192 987	10.9	211 490	10.8	18 503	9.6

注：1）「その他の扶助」は，「教育扶助」「出産扶助」「生業扶助」「葬祭扶助」の合計である。
　　2）保護率の算出は，1か月平均の被保護実人員を総務省統計局発表「各年10月1日現在推計人口」で除した。
　　　平成22年度は，「平成22年国勢調査人口等基本集計結果」の人口で除した。
（出所：厚生労働省）

1,553,662人となっている。住宅扶助が多くなっている要因として，東北大震災，近畿地方等の台風被害の自然災害の多発，ホームレス対策等によるものと考えることができる。

このような，被保護者の増大対策として政府は，生活支援による被保護者の自立を目指している。具体的には，①第1のセーフティネットである社会保険の適用拡大：「雇用保険等の一部を改正する法律」(2010) による雇用保険の適用拡大，雇用保険二事業（「雇用安定事業」「能力開発事業」）の財政基盤の強化，②第2のセーフティネットである雇用対策として求職者支援制度の強化：「労働者派遣事業の適正な確保及び派遣労働者の就業条件の改善」(2010) による「派遣切り」や雇用の安定性に欠ける派遣形態の横行防止，派遣労働者の不透明な待遇決定，低い待遇の固定化への対策，偽装請負などの違法派遣・行政処分を受ける企業の増加対策等，③最後のセーフティネットである生活保護からの脱却，生活保護制度の見直し：生活困窮者支援として，平成22年度まで「住居・生活困窮者応援プロジェクト」を実施している。また，生活保護制度の取り組みに関しては運用改善と生活保護基準の検証を行っている。

2 生活保護制度の概要

(1) 保護の原理

1) 国家責任の原理（第1条）

わが国の公的扶助は生活保護法が中核となっている。その生活保護法は日本国憲法第25条の「国民の生存権」の保障の理念を制度化したものである。すなわち日本国憲法第25条第1項では「国民は健康で文化的な最低限度の生活を営む権利を有する。」また第2項は「国はすべての生活部面について，社会福祉，社会保障及び公衆衛生の向上及び増進に努めなければならない。」としている。すなわち，第1項で国民の生存権の保障を第2項で国の義務を規定している。これを受けて，生活保護法第1条に「この法律は，日本国憲法第25条に規定する理念に基き，国が生活に困窮するすべての国民に対し，その困窮の程度に応

じ，必要な保護を行い，その最低限度の生活を保障するとともに，その自立を助長することを目的とする。」と規定している。すなわち，生活保護は国の責任において，生活困窮者に対する健康で文化的な最低限度の生活の保障をすると同時にこれらの人々に対する自立を援助することを目的とする。

2）無差別平等の原理（第2条）

「すべて国民は，この法律の定める要件を満たす限り，この法律による保護（以下「保護」という。）を無差別平等にうけることができる。」

この原理は旧生活保護法では欠格事項（素行不良等）に該当するものは保護しないという条項が設けられていたため生活困窮に陥った原因の内容に基づいて保護の決定をしていた。しかし，現行生活保護法では生活困窮者が思想・性別・社会的身分あるいは門地等による取り扱いの優先的並びに差別的取り扱いを行うこと，生活困窮に陥った原因による差別を否定しており，無差別平等を定めている。なお，この原理は保護の受給対象者の生活状況を無視した画一的保護を意味するものではなく，あくまでも個々のケースに対応した給付を意味するものである。

3）最低生活の原理（第3条）

「この法律により保障される最低限度の生活は，健康で文化的な生活水準を維持することができるものでなければならない。」

生活保護法は日本国憲法第25条の理念（生存権の保障）を具現化したものである。よってこの原理はその最低生活の保障を規定したものであるが，それは人間らしく，健康で文化的なものであるとしている。

4）保護の補足性の原理（第4条）

第1項「保護は，生活に困窮する者が，その利用し得る資産，能力その他あらゆるものを，その最低限度の生活の維持のために活用することを要件として行われる。」第2項「民法（明治29年法律第89号）に定める扶養義務者の扶養及び他の法律に定める扶助は，すべてこの法律による保護に優先して行われるものとする。第3項「前二項の規定は，急迫した事由がある場合に，必要な保護を行うことを妨げるものではない。」このように3項にわたって保護の補足性

の原理が規定してある。これらの項目について順次解説していくと，まず第1項では保護申請者（生活困窮者）が保護を受けるため個々の資産・能力等を活用することが条件とされており，この活用する資産・能力があっても不十分かあるいはない場合に保護が受けられることになる。

なお，資産の活用に関して「保護の実施要項」（厚生省事務次官通達）によると次の場合を除き原則として処分して活用することとなっている。

(2) 保護の原則

保護の原則には「申請保護の原則」「基準及び程度の原則」「必要即応の原則」「世帯単位の原則」の4つの基本原則がある。これらは制度の原理と並んで生活保護運用にあたって重要なものとなっている。以下それらについて説明する。

1）申請保護の原則（第7条）

生活保護法第7条によれば「保護は，要保護者，その扶養義務者又はその他の同居の親族の申請に基づいて開始するものとする。但し，要保護者が急迫した状況にあるときは，保護の申請がなくても，必要な保護を行うことができる。」とある。つまり，原則として，保護の申請は要保護者か，その扶養義務者または同居の親族の者が行うのである。

2）基準及び程度の原則（第8条）

生活保護法第8条の第1項「保護は，厚生労働大臣の定める基準により測定した要保護者の需要を基とし，そのうち，その者の金銭又は物品で満たすことのできない不足分を補う程度において行うものとする。」とある。また，第2項では「前項の基準は，要保護者の年齢別，性別，世帯構成別，所在地域別その他保護の種類に応じて必要な事情を考慮した最低限度の生活の需要を満たすに十分なものであつて，且つ，これをこえないものでなければならない。」としている。これらのことから，基準及び程度の原則によって生活保護の基準は厚生労働大臣によって決定されるもので，保護基準は保護の要否を決める基準となっていると同時に保護費の程度を決定するものである。

3）必要即応の原則（第9条）

この原則は生活保護法第9条に「保護は、要保護者の年齢別、性別、健康状態等その個人又は世帯の実際の必要の相違を考慮して、有効且つ適切に行うものとする。」と規定されているように、保護は要保護者が実際に必要とする状態を考慮して適切に行われることを意味しているのである。

4）世帯単位の原則（第10条）

保護は原則として、世帯を単位としてその要否及び程度を定めたもので、生活保護法第10条「保護は、世帯を単位としてその要否及び程度を定めるものとする。但し、これによりがたいときは、個人を単位として定めることができる。」このように世帯単位の原則が明文化されているが、これは生活困窮の状況を個人的に観察するより、むしろ世帯全体を視野に入れ観察することによってこそ状況を適確に把握することができるからである。つまり、夫婦・親子の範囲をこえた生活共同体が存在することを認知することに基づいた規定であるといえる。

３ 保護の種類と保護基準

生活保護法に基づく保護の内容は、現在8つに区分されている。すなわち、(1)「生活扶助」(2)「教育扶助」(3)「住宅扶助」(4)「医療扶助」(5)「介護扶助」(6)「出産扶助」(7)「生業扶助」(8)「葬祭扶助」である。このうち「介護扶助」は2000年4月1日より給付が開始される介護保険法の施行に合わせて新たに設けられたもので、介護保険法の施行と同時に困窮のため最低限度の生活を送ることができない要介護者・要支援者に対して給付が開始されることになる。これらの扶助が要保護者（要介護者・要支援者）に対して必要に応じて給付されるが、単一の給付を単給、併せて給付されるのを併給という。また、給付には2種類あるが、そのうち生活扶助、教育扶助、住宅扶助、出産扶助、生業扶助、葬祭扶助の6種類の扶助は金銭による給付か貸与がなされるので「金銭給付」と呼ばれている。一方、医療扶助と新たに加わった介護扶助に適用される給付

(「金銭給付」のなかに一部物品の供与等がなされるものがある）は，医療機関や施設・居宅サービス機関によって現物で給付がなされるので「現物支給」と呼ばれている。

(1) 生活扶助（第12条）

　生活扶助は，困窮のため最低限度の生活を維持することのできない者に対して，①衣食その他日常生活の需要を満たすために必要なもの，②移送等の範囲内において行われる。その給付形態は，原則として居宅保護（金銭給付が原則）となっている。ただし，どうしても病院ならびに施設に入院・入所を要する場合は前者に関して「入院患者日用品費」，後者は「収容基準生活費」が生活扶助として支給・給付される。

　なお，規準生活費は世帯を単位として算定されるが，その額は第1類（個人）の経費と第2類の経費（世帯）の合算によって決定される。なお，生活扶助は，8種類の扶助のうち最も基礎的な扶助であり，日常生活を満たす給付（飲食物費，光熱費，被服費等）が中心となっている。生活扶助は規準生活費（第1類と第2類の合算）の算定に基づいて最低生活費が算定されるが，障害等によって，より多くの経費を要する人びとに対する制度として加算制度が設けられている。これによって，加算されない人びとと同水準の生活水準になるように配慮されている。現在，その種類は，①妊産婦加算，②障害者加算，③介護施設入所者加算，④在宅患者加算，⑤放射線障害者加算，⑥児童養育加算，⑦介護保険料加算，等の7種類がある。

(2) 教育扶助（第13条）

　教育扶助は，生活保護法第13条に基づくもので，困窮のため最低限度の生活を維持できない者に対して行われる。その範囲は，義務教育の就学に必要な経費（教育費，教材代，学校給食，通学のための交通費等）であり，その根拠は日本国憲法第26条第2項「すべて国民は，法律の定めるところにより，その保護する子女に普通教育を受けさせる義務を負ふ。義務教育は，これを無償とす

る。」に基づいており，これによって義務教育が保障されている。

(3) 住宅扶助（第14条）

住宅扶助は，生活保護法第14条に基づいており，最低生活をするために必要な借家・貸間の場合の家賃，間代，地代ならびに自己が保有する住居に対する土地の地代や家屋の補修，建具，水道設備等の付属物の修理に要する住宅維持費・敷金等を金銭給付されることとなっている。

(4) 医療扶助（第15条）

医療扶助は，生活保護法第15条に基づいており，その給付範囲は，指定医療機関において診察，薬剤又は治療材料，医学的処置，手術及びその他の治療並びに施術，居宅における療養上の管理及びその療養に伴う世話その他の看護，病院又は診療所への入院及びその療養に伴う世話その他の看護，移送となっている。なお，これらの給付は医療券あるいは給付券による現物給付が原則となっている。ただし例外（金銭給付）も認められている。

(5) 介護扶助（第15条の2）

介護扶助は，生活保護法第15条の2に規定されているもので，困窮のために最低限度の生活を維持することのできない要介護者及び要支援者に対して居宅介護（居宅介護支援事業に基づき行うもの），福祉用具，住宅改修，施設介護，移送等の給付を原則として現物にて行うものである。また，生活保護を受給している被保護者に対して介護保険の保険料は生活扶助費として現金給付される。

(6) 出産扶助（第16条）

出産扶助は，生活保護法第16条に基づくもので，困窮のため最低限度の生活を維持することのできない者に対して，分娩の介助費，分娩前及び分娩後の処置費，脱脂綿・ガーゼその他の衛生材料費が原則として金銭給付される。

(7) 生業扶助（第17条）

　生業扶助は，生活保護法第17条の規定に基づくもので，生計の維持または自立を目的に生業に必要な資金，器具又は資料代（生業費），生業に必要な技能の修得（技能修得費），就労のために必要なもの（就職支度費）が，困窮のため最低限度の生活を維持することのできないものに対して原則金銭で給付される。ただし授産施設あるいは公共職業能力開発施設等を利用する場合，現物給付も考慮される。

(8) 葬祭扶助（第18条）

　葬祭扶助は，生活保護法第18条の規定によるもので，遺体の検案，死体の運

図表8-3　保護の種類と保護基準の内容

　生活保護基準は，要保護者の年齢別，性別，世帯構成別，所在地別その他保護の種類に応じて必要な事情を考慮した最低限度の生活の需要を満たすに十分なものであつて，且つ，これをこえないものでなければならない。（生活保護法第8条第2項）

生活を営む上で生じる費用	対応する扶助の種類	支給内容
日常生活に必要な費用 （食費・被服費・光熱水費等）	生活扶助	基準額は， ①食費等の個人的費用（年齢別に算定） ②光熱水費等の世帯共通的費用（世帯人員別に算定） を合算して算出。 特定の世帯には加算がある。（障害者加算等）
アパート等の家賃	住宅扶助	定められた範囲内で実費を支給
義務教育を受けるために必要な学用品費	教育扶助	定められた基準額を支給
医療サービスの費用	医療扶助	費用は直接医療機関へ支払（本人負担なし）
介護サービスの費用	介護扶助	費用は直接介護事業者へ支払（本人負担なし）
出産費用	出産扶助	定められた範囲内で実費を支給
就労に必要な技能の修得等にかかる費用 （高等学校等に就学するための費用を含む。）	生業扶助	〃
葬祭費用	葬祭扶助	〃

※勤労控除
　就労収入のうち一定額を控除（収入認定から除外）し，生活保護受給者の手元に残す仕組みであり，就労収入額に比例して基礎控除額が増える。
（就労収入8,000円までは全額控除，就労収入240,000円で基礎控除額の上限額（33,190円））
（出所：厚生労働省社会・援護局保護課「生活保護制度の概要等について」）

搬,火葬又は埋葬,納骨その他葬祭のために必要な費用が,困窮のため最低限度の生活を維持することのできない者に対して原則として金銭給付される(図表8-3参照)。

4　保護の実施機関と実施体制及び財源

　まず,保護の機関と実施体制についてであるが,生活保護法第19条によれば,保護の実施機関は,「都道府県知事,市長及び社会福祉法に規定する福祉に関する事務所(以下「福祉事務所」という。)を管理する町村長は,次に掲げる者に対して,この法律の定めるところにより,保護を決定し,かつ,実施しなければならない。」とある。そして,実施については,それの管理する福祉事

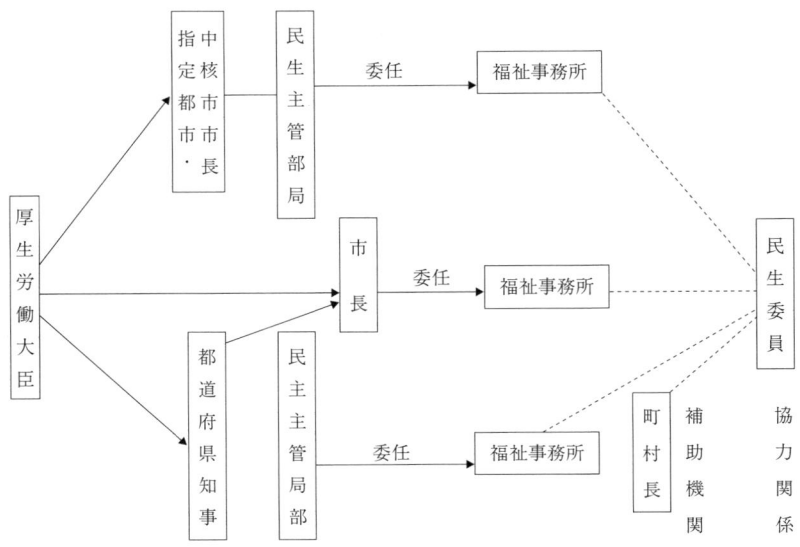

図表8-4　生活保護の実施体制

注) ①法定受託事務の委任,処理基準の制定,監査指導,技術的助言・勧告・是正の指示等
　　②監査指導,技術的助言・勧告・是正の指示等
※福祉事務所を管理する町村長は市町と同一の扱いとなる。
(出所:厚生労働統計協会編『国民の福祉の動向(2011/2012)』p.156)

第8章　生活保護制度　　*173*

務所の所管区域内に居住地を有する要保護者に対して保護を決定し実施する，となっている。

また，生活保護法第20条「都道府県知事は，この法律に定めるその職権の一部を，その管理に属する行政庁に委任することができる。」と，生活保護法の職権の委任について規定している。

ところで，生活保護法第1条に国民の最低限度の生活を国家が保障することとなっており，その財源は税によって負担される。そこで，生活保護法の費用に関して生活保護法第70条から第75条にわたって細則が規定してあるが，原則として保護費の負担は国が3/4を負担し，都道府県，市，福祉事務所を設置する町村が1/4を負担することになっている。

⑤ 保護施設の種類

保護施設の種類を生活保護法第38条は次のように規定している。
(1) 救護施設：身体上又は精神上著しい欠陥があるために独立して日常生活を営むことが困難な要保護者を入所させて，生活扶助を行うことを目的とする施設である。
(2) 更生施設：身体上又は精神上の理由により養護及び生活指導を必要とする要保護者を入所させて，生活扶助を行うことを目的とする施設である。
(3) 医療保護施設：医療を必要とする要保護者に対して，医療の給付を行うことを目的とする施設である。
(4) 授産施設：身体上若しくは精神上の理由又は世帯の事情により就業能力の限られている要保護者に対して，就労又は技能の修得のために必要な機会及び便宜を与えて，その自立を助長することを目的とする施設である。
(5) 宿泊提供施設：住居のない要保護者の世帯に対して，住宅扶助を行うことを目的とする施設である。

なお，「社会福祉の増進のための社会福祉事業法等の一部を改正する等の法律」(「社会福祉事業法」「身体障害者福祉法」「知的障害者福祉法」「児童福祉

法」「社会福祉施設職員等退職手当共済法」「民生委員法」「生活保護法」の一部改正、「公益質屋法」の廃止)(2000年5月に成立)に伴う生活保護法の一部改正により「収容」の用語が「入所」に改正されることとなった。

❻ 被保護者の権利及び義務

　被保護者の権利・義務に関して生活保護法第56条から第63条までに規定してある。

(1) 不利益変更の禁止，公課禁止，差押禁止

① 不利益変更の禁止：被保護者がすでに決定されている保護を正当な理由もなく不利益に変更されないというものである。これは，一旦保護実施機関が決定した場合，正当な理由（正規の法的手続き）による変更がない限り，決定された内容の保護を受けるという被保護者の権利を保障したものである（第56条）。

② 公課禁止：被保護者は，保護金品を標準として租税その他の金銭負担を課せられることはないというものである。これは，保護金品が被保護者の最低生活を満たすためのものであり，その内容は，保護基準に基づいたもので，しかもそれは最低生活を維持するものであるから当然，そこから税金等が差し引かれることはないのである（第57条）。

③ 差押禁止：これは，被保護者は，すでに給与を受けた保護金品又はこれを受ける権利を差し押さえられることがないというものである（第58条）。

④ 譲渡禁止：これは，被保護者が認定された保護を受ける権利は譲り渡すことはできないというものである（第59条）。

(2) 生活上の義務，届出の義務，指示等に従う義務，費用返還義務

① 生活上の義務：被保護者は，常に，能力に応じて勤労に励み，支出の節約を図り，その他生活の維持，向上に努めなければならない。つまり，生活保

護法の目的の一つである自立を促したものである（第60条）。
② 届出の義務：被保護者に収入，支出その他生計の状況について変動があったとき，又は居住地若しくは世帯の構成に異動があったときには，すみやかに，保護の実施機関又は福祉事務所長にその旨を届け出なければならないというものである。このことは，保護の円滑な運営という見地から被保護者に届出の義務を貸すことは必要な事柄である（第61条）。
③ 指示等に従う義務：保護実施機関から被保護者にたいして指示第30条第1項ただし書き（「生活扶助の方法」）の規定により，被保護者を救護施設，更生施設若しくはその他の適当な施設に入所させ，若しくはこれらの施設に入所を委託し，若しくは私人の家庭に養護を委託して保護を行うことを決定したとき，又は第27条の規定（「指導及び指示」）により，被保護者に対し，必要な指導又は指示をしたときは，これに従わなければならない（第62条）。
④費用返還義務：被保護者が，緊急の場合に資力があるのにもかかわらず，保護を受けた場合，速やかにその受けた費用を都道府県或いは市町村に支弁しなければならないというものである（第63条）。

(3) 不服申立

生活保護法第64条（「審査庁」），第65条（「裁決をすべき期間」），第66条（「再審査請求」）にその権利が規定されたもので，その要点は次の通りである。

この不服申立は，生活困窮者が保護を受けることは，憲法で保障されている国民の権利である．したがって，保護の請求が認められない場合，保護決定に対する不服がある場合，審査請求（都道府県知事への不服申立）あるいは再審査請求（厚生大臣への不服申立）ができるのである．1957（昭和32）年の人間裁判として国民の関心を呼んだ「朝日訴訟」は，当時の厚生大臣（現厚生労働大臣）を被告として提訴したものであった．

7　生活福祉資金貸付制度

　この制度の目的は，低所得者世帯等に対して，低利あるいは無利子で資金の貸付を行うことであるが，その際，民生委員が必要な援助指導を行うこととなっている。

　実施主体は，都道府県社会福祉協議会であり，貸付資金の種類は，2009（平成21）年に見直しが行われ，①総合支援資金（生活支援費，住宅入居費，一時

図表8-5　生活福祉資金貸付事業の見直しの概要

【見直し前】

資金種類		限度額
1　更生資金（年3％）		
	生業費（低所得世帯）	280万円
	生業費（障害者世帯）	460万円
	技能習得費（低所得世帯）	110万円
	技能習得費（障害者世帯）	130万円
2　福祉資金（年3％）		
	福祉費	50万円 ※住宅改築等は 250万円
	障害者等福祉用具購入費	170万円
	障害者自動車購入費	250万円
	中国残留邦人等国民年金追納費	470.4万円
3　療養・介護等資金（無利子）		170万円
4　災害援護資金（年3％）		150万円
5　緊急小口資金（年3％）		10万円
6　修学資金（無利子）		
	修学費	高校　　　月3.5万円 短大・高専　月6万円 大学　　　月6.5万円
	就学支度費	50万円
7　離職者支援資金（年3％）		単身世帯　月10万円 複数世帯　月20万円
8　自立支援対応資金（年3％）		月10万円
9　長期生活支援資金（長プラ）		月30万円
10　要保護世帯向け長期 　　生活支援資金（長プラ）		生活扶助額の1.5倍

【見直し後】

資金種類		限度額
1　総合支援資金 　（継続的な支援必須）		
	生活支援費 ※　最長1年間の生活費	（二人以上） 月20万円以内 （単身） 月15万円以内
	住宅入居費 ※　敷金，礼金	40万円以内
	一時生活再建費 ※　一時的な需要に対応	60万円以内
2　福祉資金		
	福祉費	580万円以内 ※資金の用途に応 じて目安額を設
	緊急小口資金	10万円以内 ※保証人不要
3　教育支援資金		
	教育支援費	月6.5万円以内
	就学支度金	50万円以内
4　不動産担保型生活資金		
	（一般世帯向け）	月30万円以内
	（要保護世帯向け）	生活扶助額の1.5倍

（出所：厚生労働省「生活福祉資金制度の概要」）

生活再建費），②福祉資金（福祉費，緊急小口資金），③教育支援費（教育支援費，就学支援費），④不動産担保型生活資金（不動産担保型生活資金，要保護世帯向け不動産担保型生活資金）となった。貸付対象は，低所得者世帯，障害者世帯，高齢者世帯となっている。資金貸付の申し込みは，担当地域の民生委員を通じて市町村社会福祉協議会を経由して都道府県社会福祉協議会に提出され，ここで貸付の有無が決定されるのである（図表8-5参照）。

（改正点）
① 総合支援資金の創設
　失業や減収等により生活に困窮している者について，継続的な相談支援（就労支援，家計指導等）とあわせて，生活費及び一時的な資金の貸付を行うことにより生活の立て直しを支援する新たな資金種類を創設した。
② 連帯保証人要件の緩和
　原則連帯保証人を必要としつつ，連帯保証人を確保できない者に対しても，貸付を行えるようにした。
※ただし，教育支援資金（見直し前の修学資金）及び不動産担保型生活資金（見直し前の長期生活支援資金）については，従来通りである。
③ 貸付利子の引き下げ
　失業や減収等により生活が困窮している者の借り入れに伴う負担を軽減し，本貸付事業の利用の促進を図るため，利子について，見直し前の年３％から無利子又は引き下げを行う。

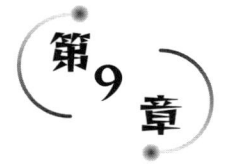

第9章 地域福祉と福祉サービス

1 地域福祉理論の構築

　地域福祉という概念が，わが国の社会福祉のなかに組み入れられたのは，1970年代になってからである。その契機となったのは，イギリス社会福祉制度の抜本的改革を目指した「地方自治体及び関連対人社会サービス委員会報告書」(1968)である。この改革において地方自治体の改革と在宅福祉におけるコミュニティ・ケアの推進を明記した。この影響を受けてわが国における地域福祉の理論化の構築が始まったのである。その後，イギリスにおいては，コミュニティ・ソーシャルワーカーの重要性を指摘した「バークレー報告」(1982)，コミュニティ・ケアの財政とケアマネジメントの責任を地方自治体に位置づけるよう提言した「グリフィス報告」(1988)である。そして，自治体に対するコミュニティ・ケア計画の策定の義務化，ケアマネジメントの推進を意図した「NHS及びコミュニティ・ケア法」(1990)が制定された。

　ところで，日本において地域福祉概念を最初に体系化したのは，岡村重夫である。彼は『地域福祉論』(光生館，1974)のなかで，地域福祉概念を構成する要素として，①最も直接的，具体的援助活動としてのコミュニティ・ケア，②コミュニティ・ケアを可能にするための前提条件づくりとしての一般地域組織化活動と地域福祉活動，③予防的社会福祉等としている。このように岡村は地域福祉における予防的福祉の必要性を謳うとともに地域の組織化に住民の主体的参加を奨励し，問題解決能力を養う地域組織活動に重点を置いた主体的アプローチ（「主体論」）を提唱し，地域福祉の概念のなかにコミュニティ・ケアを導入したのである。その後，1970年代の石油ショックによって，わが国の経済は危機的状況に陥り，福祉財政の緊縮化を招来した。こうしたなかで「福祉見

直し論」が提示され，住民の自助努力と相互扶助を強調し，地域住民の自助と自発型社会福祉の活動が期待された。こうした状況下で，1979（昭和54）年に閣議決定された「新経済社会7ヵ年計画」が発表された。その基本的な考え方は，「個人の自助努力と家族・近隣・地域社会の連帯を基本としつつ，効率のよい政府が適正な公的福祉を重点的に保障する。」ものである。

コミュニティ・ケアの用語を日本で最初に用いたのは，東京都社会福祉協議会答申「東京都におけるコミュニティ・ケアの進展について」(1969) である。同答申によるとコミュニティ・ケアとは，「コミュニティにおいて在宅の対象者に対し，そのコミュニティにおける社会福祉機関，施設により，社会福祉に関心をもつ地域住民の参加を得て行われる社会福祉の方法である。」と定義している。また，同年・国民生活審議会は「コミュニティ─生活の場における人間性の回復」としている。

これ以降，日本の福祉は従来から標榜していた国家が中心となって国民福祉の増進を掲げる「福祉国家」(welfare state) から住民の福祉への積極的な姿勢とし社会連帯求める「福祉社会」(welfare society) へと社会福祉政策の路線を変更したのである。1990（平成2）年「社会福祉関係八法改正」が行われ，在宅福祉の推進が明記された。そして，2000（平成12）年には「社会福祉の増進のための社会福祉事業法等の一部を改正する等の法律」が成立し，「社会福祉事業法」が「社会福祉法」に改称されるとともに「地域福祉の推進」が明記された。2002（平成14）年「市町村地域福祉計画及び都道府県地域福祉支援計画策定指針の在り方について」，2007（平成19）年に厚生労働省・援護局は「これからの地域福祉のあり方に関する研究会」を設置，翌年の3月に研究報告書を発表した。

地域福祉に関する法的位置づけは，「社会福祉法」(2000) の第1条「……社会福祉を目的とする他の法律と相まって，福祉サービスの利用者の利益の保護及び<u>地域における社会福祉（以下「地域福祉」という）の推進を図る</u>とともに……」（下線は筆者が挿入）と社会福祉全体のなかでの地域福祉の推進を謳っている。

また，第4条「地域住民，社会福祉を目的とする事業を経営する者及び社会福祉に関する活動を行う者は，相互に協力し，福祉サービスを必要とする地域住民が地域社会を構成する一員として日常生活を営み，社会，経済，文化その他あらゆる分野の活動に参加する機会が与えられるように，地域福祉の推進に努めなければならない。」と地域福祉の推進を謳っている。そして，第3条で「福祉サービスの基本理念」，第5条で「福祉サービス利用の原則」を規定している。これら，第3条〜第5条を具体化したものが地域福祉計画である。

　最後に地域福祉を定義すると「地域福祉とは，地域で自立した生活が困難な高齢者，障害者等が自立生活を送れることができるよう地域ネットワーク（ネットワーキング）網を整備し，個々のニーズに応じたサービスを提供すること」である。

❷　地域福祉とコミュニティの語意

　今日，わが国において地域福祉の概念は，社会福祉分野においてかなり浸透してきている。いやむしろ社会福祉の主流となりつつある。しかし，地域福祉という用語は，社会福祉＝Social Welfare のように地域福祉には欧文名がなく，欧米においては，その概念も存在しない。ただ，言えることは，コミュニティは，地域福祉の基盤であることは相違ないということである。

　ここで，コミュニティ（community：地域社会，社会集団）の著名な定義につい述べる。地域社会＝community であるが，著名なアメリカの社会学者マッキーヴァー（MacIver, Robert Morrison）は主著『コミュニティ論』（1917）のなかで，社会集団を，①コミュニティ（基礎社会）と，②アソシェーション（機能社会）とに分類し，前者が国家の諸団体（特定の利害関係を追求するための結びつき）であるとし，後者を人間生活の共通（＝地域社会）の場であるとした。また，彼は「今日では，我々のうちで一つの包括的なコミュニティに属しているものはいない。人々はより近くの，さらにはより広い多くのコミュニティへ同時に属している」として，コミュニティがさまざまな広がりをもってい

ることを示唆している。また，同じくアメリカの文化人類学者ミード（Mead, Margaret）は，「コミュニティという言葉は，場所の意味にも，同じ考えや信条を分けもった多数の人々という意味にも使われる」[1]。また，ドイツの社会学者であるテンニース（Tönnies, Ferdinand）は著名な『ゲマインシャフトとゲゼルシャフト』（1887）のなかで社会集団を家族や村落等本質意志に基づく親密な社会である，①ゲマインシャフト（共同社会）と選択意志に基づく利益社会である，②ゲゼルシャフト（利益社会）に分類した。そして，アメリカの社会学者クーリー（Cooley, Charles）は，社会集団を親密な関係にある人びとによって作られた，①第一次集団（プライマリー・グループ），間接的な関係によって作られた集団である，②第二次集団（セカンダリー・グループ）に分類した。

こうした社会集団の諸概念を踏まえて，奥田道大はコミュニティを「原義的には，一定の地理的範囲に占める人々の集合体を指すが，そこでの人々は，と

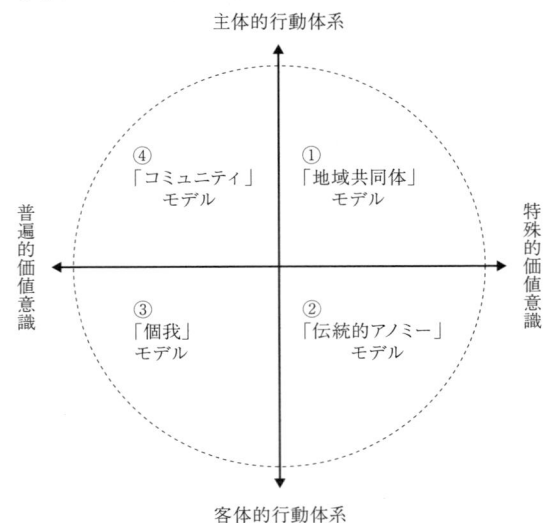

図表9-1　地域社会（コミュニティ）の分析枠組み

```
              主体的行動体系
                  │
         ④       │       ①
      「コミュニティ」  │   「地域共同体」
         モデル    │      モデル
  普遍的            │            特殊的
  価値意識 ─────────┼───────── 価値意識
                  │
         ③       │       ②
        「個我」   │   「伝統的アノミー」
         モデル    │      モデル
                  │
              客体的行動体系
```

（出所：奥田道大『都市コミュニティの理論』東京大学出版会，1983年，p. 28）

もに経済的・政治的諸活動に従事し，そして共通の価値と共属の感情を経験した自治的社会単位を構成している」としている[2]。以上の諸説を要約するとコミュニティとは，「一定の地域に居住する人々で共同意識或いは共属意識を共有する人々の集団である」と定義している。

この4つのモデルを解説すると次のようになる。①地域共同体モデルは伝統型住民層によって形成される村落・町内会型組織社会であり，名望有力型リーダーが実権を握る，②伝統型アノミーモデルは，無関心型住民が多く住み，住民の連帯が薄いのが特徴な社会である。リーダーは役職有力型リーダーが実権を握る，③個我モデルは権利意識が強く，行政に対して権利を主張する社会で組織活動型リーダーが実権を握る，④コミュニティモデルは，自治型住民層が自治組織を形成する社会で有限責任型リーダーが実権を握る。

❸ 地域福祉論へのアプローチ

地域福祉論へのアプローチは大別すると，①構造的アプローチ：住民の抱える生活問題を資本主義社会の制度的矛盾として捉える考え方と，②機能的アプローチ：地域福祉の生活問題を資本主義社会の制度的矛盾として捉えるのではなく，その対象を要援護者とし，予防的福祉，環境の改善，地域住民の組織化等により児童，老人，家族の自立を目的として捉える考え方がある。また，構造的アプローチには政策制度的アプローチと運動論的アプローチに，また，機

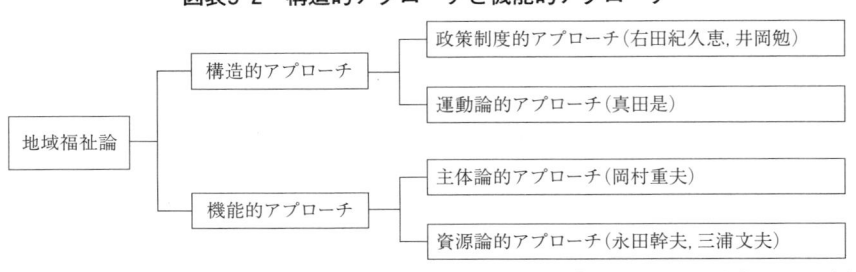

図表9-2　構造的アプローチと機能的アプローチ

地域福祉論
- 構造的アプローチ
  - 政策制度的アプローチ（右田紀久恵，井岡勉）
  - 運動論的アプローチ（真田是）
- 機能的アプローチ
  - 主体論的アプローチ（岡村重夫）
  - 資源論的アプローチ（永田幹夫，三浦文夫）

（出所：牧里毎治「地域福祉の2つのアプローチ論」阿部志郎他編『地域福祉教室』有斐閣，1984年）

能的アプローチには主体論的アプローチと資源論的アプローチに分類することができる（図表9-2参照）。

4　地域福祉の基本理念

　地域福祉の基本理念として捉えなければならない項目は，(1)ノーマライゼーション，(2)市民活動，(3)ソーシャルインクルージョンをあげることができる。これらの項目について述べることにする。まず，(1)ノーマライゼーションであるが，第2章の2の(5)で述べているのでここでは詳しい説明を省略するが，同思想が地域福祉の基本的理念の最も重要なものであることを指摘しておく。

　次に，(2)市民活動であるが，地域福祉を推進するための重要なファクターであり，ノーマライゼーションを実現するための必須条件である。この「市民活動」は1980年代まで「市民運動」という言葉が使われていた。この意味のなかには市民の政治的活動も含まれている。しかし，時代の推移とともに，批判型から提案型に市民活動が変化するなかで，1990年代に入り「市民活動」という用語が使われ始めた。今日，市民活動の中心は，「有償ボランティア」や「NPO」である。個人や団体を含むボランティアは1995年の「阪神・淡路大震災」後，非常に活発化し，地域の復旧・復興に大いに貢献した。その後，「特定非営利活動促進法」（通称NP法）が1998年に成立し，市民活動団体の法人化が容易となり，NPO（nonprofit Organization）が社会福祉分野，とくに介護保険制度のもとで在宅サービスの担い手として活躍している。今後，NPOの組織力，財政の強化等という課題を抱えているが，民間の在宅福祉サービスの提供者としてますます期待されている。また，ボランティアは2011年3月11日の「東北大震災」においても全国から組織あるいは個人として参加し，被災地の人びととの手足となって活動をしている。最後に，(3)ソーシャルインクルージョン（social inclusion）であるが，この用語は，社会的包摂と訳されている。すなわち，「社会的に排除されている人びとを社会のなかに包み込み，支え合う。」という意味である。

この理念は国際ソーシャルワーカー連盟の「ソーシャルワーカーの定義」に「ソーシャルワークを必要としている人は潜在的に問題解決を図る能力が備わっているにもかかわらず，社会的に排除されているか，またその恐れがあるととらえ，ソーシャルインクルージョンを促進する必要がある。」としている。
　厚生労働省が「社会的な援護を要する人々に対する社会福祉のあり方に関する検討会」（2000）を立ち上げた。そして，同年12月8日には報告書を発表し，そのなかで近年，「社会福祉の制度が充実してきたにもかかわらず，社会や社会福祉の手が社会的援護を要する人々に届いていない事例が散見されるように

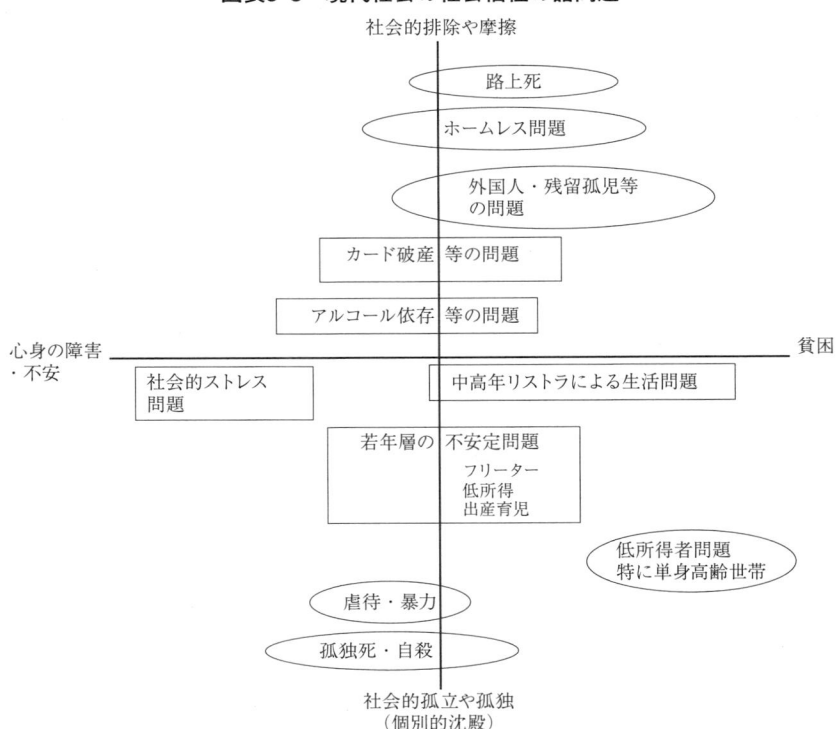

図表9-3　現代社会の社会福祉の諸問題

```
            社会的排除や摩擦
                 │
           ╭─────────╮
           │  路上死  │
           ╰─────────╯
         ╭─────────────╮
         │ ホームレス問題 │
         ╰─────────────╯
      ╭────────────────────╮
      │ 外国人・残留孤児等   │
      │ の問題             │
      ╰────────────────────╯
      ┌──────────┬──────┐
      │ カード破産 │等の問題│
      └──────────┴──────┘
      ┌────────────┬──────┐
      │ アルコール依存 │等の問題│
      └────────────┴──────┘
心身の障害                                貧困
・不安 ─────────────────┼─────────────────
     ┌──────────┐      ┌────────────────────┐
     │ 社会的ストレス │   │ 中高年リストラによる生活問題 │
     │ 問題       │      └────────────────────┘
     └──────────┘
            ┌─────────────────┐
            │ 若年層の 不安定問題 │
            │      フリーター    │
            │      低所得       │
            │      出産育児     │
            └─────────────────┘
                              ╭──────────────╮
                              │ 低所得者問題   │
                              │ 特に単身高齢世帯 │
                              ╰──────────────╯
           ╭──────────╮
           │ 虐待・暴力 │
           ╰──────────╯
         ╭────────────╮
         │ 孤独死・自殺 │
         ╰────────────╯
                 │
            社会的孤立や孤独
             （個別的沈殿）
```

（出所：厚生労働省「社会的な援護を要する人々に対する社会福祉のあり方に関する検討会」報告書 2000年12月8日）

なっている。」と指摘している。図表9-3は同検討会の報告書「現代社会の社会福祉の諸問題」である。

5 イギリスにおける地域福祉理論の起源

(1) COSの形成と展開

　この節では，産業革命をきっかけに発生した新たなる貧困階層に対して救済活動を行った「慈善組織協会」(Charity Organization Society 以後, COS) について検討する。そこで，第1に，COSの特徴と創設の背景，そして，指導的役割を担った人物と今日の地域福祉的視点からの業績等について述べることにする。まず，COSの特徴は，非近代的貧困思想（「貧困は個人的責任」＝道徳主義）に立脚した運動によって慈善事業の対象を「救済に値する（deserving）」貧民に限定し，「救済に値しない（underserving）」貧民を懲罰的救貧法に処したようにその原理・原則は「慈善事業」と「乞食抑圧」にある。しかし，一方で「友愛訪問（friendly visiting）」によるニーズの適切な把握に基づいたケースワークと地域における慈善事業の組織化を推進したのである。すなわち，COSは，救済対象を deserving と underserving の「二分法」の適用を堅持しながら地域に視点においた慈善救済活動の組織化事業を展開させたところにその特徴がある。COSが創設されたのは1869年であるが，その歴史は1946年の「家庭福祉会」(the Family Welfare Association) として新たに再組織されるまで約80年の歴史を重ねることになる。19世紀から20世紀初期にかけてのイギリスの民間救済活動はCOS運動を批判・止揚する形で次々と現れることになる。それは，ブラッドフォードでの援助ギルド（Guild of Gild, 1904），バーミンガムの援助協会（Aid Social Welfare, 1906），ロンドン・ハムステッドにおける社会福祉協議会（Council of Social Welfare, 1906) 等であった。そしてこれらの運動の広がりが第1次世界大戦後に民間福祉調整組織であり，公私協働である全国レベルの民間福祉調整機関（the National Council of Social Service, 1919) 設立の運びとなったのである[3]。

ところで，COSの創設の背景であるが，当時のイギリス（ロンドン）における慈善事業が貧者に対する無組織・無秩序なる施し－無料給食，石炭キップ，毛布，現金等－を与えることがその姿であったが，このような行為がかえって，彼等（貧者）をpauper（救貧法受給者）にすることに繋がるとして批判した。また，それに加えて，ロンドンにおける乞食・犯罪者の増大傾向や公私救済活動の失敗等に対する批判もあった。このCOSの創始者である牧師のソリー（Solly, Henry）は労働者間の協調を前提とした組織が必要であると市民に訴えることによってロンドン慈善組織協会の結成を呼びかけた。COSの中心的メンバーとしてボサンケット（Bosanquet, B. P.），ヒル（Hill, Octavia），ロック（Loch, Charles. Stewart）等[4]の名前をあげることができる。彼等はCOSの創設期以来，この慈善組織の理念・哲学，実践・方法の確立に多大なる影響を及ぼすこととなった。

ここで，彼等の業績がCOS活動に与えた影響について述べる。

まず，ボサンケットであるが，彼はケースワークの発展に貢献した。また，同組織の一員で理念と原則の主唱者の一人である妻のヘレン－. D. ボサンケット（Helen D. Bosan-quet）は，その主著『ロンドンの社会事業』（*Social Work in London*）（1914）のなかで公私救済活動の一要素に限定しているがケースワークの実践と方法について言及している[5]。また，COS活動においてケースワークを論じた代表的な著作として，ヒルの『地区訪問』（*District Visiting*）（1876）がある。COS活動でのケースワークは「友愛訪問」という個別訪問の形をとって実践されたが，その原型をチャルマーズ（Chalmers, Thomas）の教区での宗教活動に求めることができる。グラスゴーで牧師の任にあった彼はイギリスにおける社会事業の先駆者と呼ばれている。その理由は，彼が救貧法は貧民を怠惰にし惰民を養成するので救貧法を否定すると同時に貧民に対する宗教活動を通して隣友運動（Neighbourhood Movement, 1819）を展開，貧民自らが潜在的に持っている「自助」能力と相互扶助を生かすことを目的に地域（教区）における活動を試みたからである。すなわち，彼は救済活動を小地域において組織的に行うことによって一定の成果をあげたのである。ここに，のちに

彼の実践がCOSの先駆的活動と見なされる根拠がある。

　次にヒルについて述べる。彼女は労働者の住宅供給問題に尽力したが，その事業は慈善的なものでなく，あくまでも当事者の自助を基本としたものであった。また，彼女は一方で環境保存問題にも関心を示し，1895年のナショナル・トラスト（「国民が力を合わせて国の自然と文化遺産を守る運動」）の創設に力を尽くした。その彼女も慈善事業のあり方に疑問を感じたうちの一人である。すなわち，前述したように当時の慈善事業はただ貧民に対して施し物を与えるという物質的施与が中心であった。そこで彼女は施し物を与えないで貧民を救済することを強調したのである。そのためには詳細な調査活動が必要であるとしてケースワークの重要性を強調した。そして，専門従事者の養成と訓練に努めた[6]。

　最後に，理論的指導者であるロックについて述べることにする。若くしてCOSの事務局長に就任した彼は1905年の「救貧法委員会」（Poor Law Commission）では救貧法の存続（一部修正）を主張する多数派に属することとなり，報告書作成の中心的メンバーとなった。彼の貧困観は基本的に道徳主義に立脚したものである。つまり，貧困に陥るのは個人的責任によるものであって，決して社会の側には責任は存在しないというものである。よって救済を無差別に行うことは貧民を堕落させ，惰眠を養成することになるので救済は精緻な調査（貧困家庭の訪問）と充分な援助の原理（ケースワーク）に基づいた「自助」のための救済でなければならないとした。そこには，COS活動の両輪である慈善団体の組織化と救済の適正化が組み入れられている。こうした，ロックの貧困観を解明するためには彼の慈善理論を分析する必要がある。主著『生活困窮者の処遇方法』（*How to Help Cases of Distress*）（1883）では，新しい慈善の原理と実践方法の展開並びに生活困窮者の個別的処遇（ケースワーク論）における公私社会的サービスについて述べている[7]。この彼の理論はこれまでの慈善事業を否定すると同時に新しい慈善事業の形態を創出することになる。ただし，ロックの貧困観は伝統的なマルサス（Malthus, T. R.）の思想を継承する貧困観から逸脱することができず，貧困対策の必要性を認識するにとどまったのであ

る。

　以上，COSの特徴，創設の背景並びに組織の理論・実践の指導的メンバーについて明らかにした。そこで，COSと地域福祉の関連性を解明する第2の課題である組織並びに組織化について述べる。COSの組織は中央委員会を中心に慈善組織化の推進を目的として各地区委員会が設置された。そして，COSの組織の発展に寄与したのは救貧法当局による貧民救済に対する公私の棲み分けであった。すなわち，救貧法は貧民の「救済」に対して適用されるものであって，慈善はすでに救済を受けている貧民には与えるものではなく，貧民となるのを「予防」する手段として用いられるものであるとした。この棲み分けの原理が公私救済活動の関係を密接なものとしたのである。こうした活動条件の整備のもとで各地区に設けられた委員会は情報交換を行うなかで組織を持たない各慈善団体が効率的に機能することによって，効果的な慈善事業を実施できるようCOSの理論的・実践的な支援のもと組織化の推進を図ったのである。このようにして，COSは地域における各種の未組織慈善団体の組織化を図ると同時に具体的な援助としての個別援助方法を構築するなかで，今日のケースワークの源流となるものを開拓し，具体的実践において適用することによって実証的研究を展開した。換言すればCOSの果たした役割は，生活困窮者に対する生活改善を図るためのケースワークの方法と慈善組織化の方法の発展に寄与したことである。故に，COSの活動は慈善から近代社会事業への移行期における橋渡し的役割を果たしたのであるが，社会福祉発達において重要な役割を果たしたのである。

(2)　セツルメント運動の展開

　COSとセツルメント運動は，慈善事業という矛盾を露呈させることになるが社会事業の萌芽期にあって，その活動と運動の果たした功績は社会事業の途を開いたことである。ここでは，集団援助技術（グループワーク）の確立と居住者と共にコミュニティの改善を目的としたセツルメント運動の理念と活動について触れることにする。まず，セツルメントの語意であるが，一般的に知識

や人格の備わった人々（セツラー）が生活困窮者の多い地域に定住し地域の人々との接触を通じて，生活改良運動（教育・社会資源の動員・世論の喚起）を展開することをいう。このセツルメントの発祥の地となったのが1884年にサミュエル・バーネット（Barnett, Samuel）の指導のもと大学人らの協力を得てロンドン貧民街イースト・エンドのホワイトチャペル地区（ユダヤ人移民の中心地）に建設されたトインビー・ホール（Toynbee Hall）である。ただし，最初からすべての人びとに歓迎された訳でなく，地域の人びとの不審や他地域（ウエスト・エンド）の人びとから揶揄されたのも事実であった。このセツルメントは，次の4つの目的をもって登録された共同財産管理となった。

その項目は，次の通りとなっている。①ロンドンやその他の大都市の貧民地区の人びとのために教育とレクリエーションや娯楽の手段を提供すること。貧困状態を調査し，貧民の福祉を促進する計画を考えすすめること。②博愛または，教育的事業に従事し，あるいは関係するレシデント（セツラー）のために家を購入するか別の方法で獲得し，維持すること。③前述の目的を推進するために，従事する人の給料あるいは手当の全部または一部を提供すること。④前述の目的あるいはその一部を促進することを望む人びとからの寄付金と寄付申込を依頼し，受領し，同一目的のために基金を保有すること[8]，等となっている。

このトインビー・ホール建設のきっかけとなったのは，同ホールの初代館長のサミュエル・バーネットの僚友で経済史学者であった社会改良家のトインビー（Toynbee, Arnold）の死であった。彼は"産業革命"の用語の生みの親として，また「18世紀イギリス産業革命講義」（the Lectures on the Industrial Revolusion of the Eighteenth Century, 1844)」において産業革命史の歴史的意義とその本質について明らかにした．その彼はバーネットのすすめもあってオックスフォード大学の職を辞して，セツルメント運動に身を投じ，社会改良運動に参加・貢献したが，その業績と招来を嘱望されながら31歳の若さでこの世を去った。

ところで，このセツルメント運動の思想を開拓したのは，牧師で社会事業家

のデニスン（Denison, Edward）で,「セツルメントの父」と呼ばれている。彼は労働者階級の悲惨な状況（当時の労働者の状態については,エンゲルス（Engels, Friedrich）『イギリスにおける労働者階級の状態』（*Die Lage der Arbeitenden Klasse in England*）（1845）に詳しく述べられている）に関心を持ち,COSに参加すると同時に自らイースト・エンドに住み込んだ。そこで彼は従来の道徳的で「施し」主体の慈善事業に疑問を抱き貧困を解決するには知識人自らが貧困を認識することが大切であり,セツラーとして貧しい人びとに教育を通じて社会改良を実践していく必要性を論じたのである。デニスンの思想的継承者がサミュエル・バーネットであり,その拠点がトインビー・ホールであった。こうした経緯で同ホールが建設されたのであるが,この運動のなかから著名な人びとが輩出された。そのなかには『社会保険および関連諸サービス』（*Social Insurance and Allied Services：Beveridge Report*）を1942年に報告し,イギリスの社会保障計画の立案者となったベヴァリッジ（Beveridge, William Henry）や国民健康保険制度を導入した労働党内閣（1945）の首相を務めたアトリー（Attlee, Clem），そして経済史家で,キリスト教社会改革家であるトーニー（Tawney, Richard Henry）等が巣立っていった。

　こうしたセツルメント運動の成果は,若い大学人・青年たちに社会問題の関心と実践の場を提供すると同時に,その人びとが未知の問題（貧困・不潔・窮乏問題）を学ぶ機会を得ることができたことである。このようなセツルメント運動は,地域において生活する人びとと同地域に住み込むセツラーとが相互に交流するなかで信頼と協働関係が生じることによって,社会連帯（Social solidarity）が構築されたのである。

６　アメリカにおける地域福祉理論の起源

（1）セツルメント運動の展開

　19世紀の後半のイギリスにおいて資本主義社会の矛盾,すなわち「貧困」が社会問題化するなかで社会改良としてセツルメント運動が登場した頃,アメリ

カ社会は産業資本の確立・隆盛期を迎えようとしていた。しかし，南北戦争（Civil War, 1861-1865）期の過剰投機がもとで1873年に恐慌が起こった。そのため，産業労働者の失業問題，海外からの大量の移民の流入による雇用・教育問題，産業化に伴う工業従事者の増大による都市人口の急増が招来した住宅・環境問題等の社会問題が露呈してくることになる。その後，アメリカの景気が回復するとともに，工業生産力においてイギリスを凌いで世界一（1980）となった。この時代に作家でありジャーナリストであるトウェン（Twain, Mark）の「きんぴか時代」の言葉に代表されるようにアメリカは産業資本の隆盛期を迎えることになる。しかし，この隆盛期は一方ではダーウィン主義（適者生存）思想が定着することとなり，数々の公的救済制度（プリマス植民地救貧規定，バージニア植民地救貧規程：1642，ニューヨーク州救貧法：1748，ニューヨーク州カウンティ救貧院法：1843）等の抑制が図られることとなった[9]。こうしたなかで民間の救済活動が発展することとなるが，もともとアメリカは植民地時代からキリスト教的慈善事業が発展してきた伝統がある。そこでは，宗教的に依拠した個人的活動として慈善活動が教会を中心に組織的に展開されることとなった。その後，教会・教団とは別組織としての民間救済団体が出現することになる。

　なお，ほぼ，同時期にイギリスで勃興したCOS（慈善組織協会）が1877年にアメリカに移入されバッファローに設立されることとなった。アメリカのCOS活動は「貧民状態改良協会」（AICP：Association for Improving the Condition of the Poor）の活動と同様，貧困に対して基本的に道徳的・個人主義的・自助に立脚するが，有給専任職員を配置し，科学的視点（貧困を個人的問題だけに限定せず，社会環境的問題にも眼を向ける）に基づいた貧困の原因を分析するようになった。当時のボルティモアのCOS職員であり，ケースワークを理論的に体系化し，『社会診断』（*Social Diagnosis*）を著したリッチモンド（Richimond, Mary E.）の名前を忘れてはならない。このCOS活動の展開のなかで，個別処遇の方法がケースワークの方法として，組織化の方法がコミュニティオーガニゼーションとして発展することになる。このようなCOS活動は

アメリカの自由放任主義の時代に展開されるが，その後，同国は独占資本主義へと移行する時期を迎える。前述したように南北戦争後の1873年の恐慌，1882年並びに1893年の恐慌等によって都市生活者間で貧富の格差が拡大すると同時にスラム街が出現した。そこでは，犯罪の発生・伝染病の蔓延・児童の非行・住宅環境問題等が発生した。

こうしたなかでアメリカに最初にセツルメント運動を導入したのがノーベル平和賞受賞者で社会改良家であるアダムス（Addams, Jane）であった。彼女は，シカゴのハル・ハウス（Hull House）を建設する下準備として1883年にロンドンを訪れた。そこで彼女がイースト・エンドを訪問した時の貧民並びに貧民街を見て驚いたが，その様子を次のように記録している。

「土曜日の夜……イースト・ロンドンの悲惨な暮らしを見て，いつまでも消えない強い印象を受けた。深夜の大都市の人口密度地区を見たのは初めてだったのです。観光客グループの一人として，ある伝道師の案内でイースト・エンドへ行き，土曜日の夜中だというのに，腐りかけた野菜や果物を売っている光景を目にしました。―略―マイエル・エンド・ロードでは，ガス灯の頼りない明かりしかない薄暗い通りのはずれで停止した乗り合い馬車の上で見ていると，粗末な身なりの人達が叫び売り商人の荷車を囲んで騒いでいる人だかりが二つありました。彼等は競り人が掲げる野菜に，ファジー銅貨や半ペニー銅貨の小銭で値をつけていました。その安さを嘲りながらも，首尾よく競り勝った男に，さげすむように野菜を投げ与えました。ちょっと間をおいて，一人の男だけが人だかりから離れました。―略―彼はキャベツを受け取ると，すぐに縁石に腰をおろし，洗ってもいないし調理もしていないキャベツにかぶりつくと，あわててむさぼり食いました。―略―」[10]

彼女がこの光景をロンドンで見たのは，同年11月のことであった。こうした光景に遭遇した彼女はショックを受けることになるが，アメリカに帰国し，ハル・ハウスの建設に着手した。そして，1889年に誕生したハル・ハウスの事業は順次発展していくこととなるが，事業は初期のクラブ組織によるグループ活動（子どもクラブ，若い婦人の読書会，移民のためのプログラム等）が発展し

て，のちにはグループ活動の経験からソーシャルグループ・ワークの発展や地域調査活動まで展開することになった。

なお，ハル・ハウス以外に代表的なアメリカのセツルメントには次のようなものがあった。コイト（Coit, Stanton）によって1886年にニューヨーク市に設立された「隣人ギルド」（Neighbourhood Guild），1889年にスカダーとファイン（Scdduer and Fine）によって同じくニューヨーク市に設立された「カレッジ・セツルメント」（Colledge Settlement），1890年にウッズ（Woods, Rovert）の手によってボストン市に設立された「アンドーヴァー・ハウス」（Andover House）等がある。これまでイギリスとアメリカのセツルメント運動について見てきたが，このセツルメント運動は，イギリス，アメリカの各地はもとより，その影響は日本をはじめ世界各国に及んだ。しかし，第2次世界大戦後，各国の福祉国家建設に伴って衰退の途を辿ることとなるが，その運動のなかで培われた理念は，今日の地域福祉活動の思想のなかに脈々と流れているのである。

(2) コミュニティオーガニゼーションの形成と展開

コミュニティオーガニゼーション（Community Organization，以下CO：地域組織化運動）はアメリカで発達したもので，地域住民が抱える問題に対して地域社会が自から社会資源を活用しながら，問題解決を組織的にCOワーカーが社会福祉の専門的視点から支援する援助技術（ソーシャルワーク）であり，計画の具体化と地域社会の全体的調和が中心となる。このCOの歴史的展開について見ると次のように3つに区分することができる。

1) COの萌芽と展開

COの萌芽は19世紀後半にイギリスで誕生したCOSと見なされているが，このCOSは，その後，1887年にアメリカのニューヨーク州バッファロー市に設立され，発展することとなる。その後，ニューヨーク株式市場の大暴落に始まった世界大恐慌（1929）の勃発によって大量の失業者・生活困窮者が発生することになり大混乱に陥った。こうした事態を収束するために1933年にルーズベルト（Roosevelt, Franklin. Delano）によってニューディール政策がとられた。

このような状況のなかでアメリカ社会事業の変化が見られることとなった。ひとつは、この恐慌を迎えて社会事業の技術が飛躍的に発達したこと。他のひとつは、社会福祉施設数が民間のものに比較して公的な施設が増加したことである。また、1935年の「社会保障法」の成立によって、医療保険の欠如、農民の無視等多くの欠陥を持ち合わせた法律であったが、高齢者扶助・貧困・失業者対策（年金保険・失業保険、公的扶助、社会福祉サービスの3本柱）として一定の成果をあげることができた。このニューディールは同時に社会福祉サービス部門における諸技術であるケースワーク、グループワーク技術の確立を達成する機会を提供したと同時にCO導入が図られた。具体的方法として統計調査によるニードの把握や地域住民の参加の手段を用いて専門化を図ったのである。

2）COの理念の体系化と展開

COの理念の総合的な体系化を果たしたのは「レイン委員会報告」(1939) である。この報告書は、全米社会事業会議第3部会が委員長レイン (Lane, R. P.) を中心にまとめあげたものでCO研究の基本的文献として高く評価されている。そのポイントは、①COの概念と方法、活動と分野、資格と教育訓練等を明らかにして、COの概念の体系化を図ったこと、②COの主機能をニーズと資源調整と規定することによって、従来は、主に私的な救貧事業の組織化に終始していたCOの対象領域を地域社会のニーズ中心に拡大したこと、③社会事業の専門家を中心に構成されていたCO機関に対して、ニーズをもつ地域住民代表が参加することの必要性を明らかにすることによって、住民参加の概念を普及させたこと、④ニーズを測定するための調査技術を発展させる契機になったこと[11]である。いずれにせよこの報告書がCOの理念・機能を総合的に明らかにしたところにその意義がある。また、1947年にニューステッター (Newstetter, Wilber) によって、「インターグループ・ワーク」を理論化した。これは、地域における各種集団の代表を対象者にワーカーが関わることで協力関係を生みだすことによって地域の組織化を促進するというものである。戦後になって、ロス (Ross, Murrey G.) は『コミュニティ・オーガニゼーション──理論・原則と実際』(*Community Organization: Theory and Principles*) (1955) のなかで、

CO を「地域社会が自らその必要性と目標を発見し，必要な資源を内部に求めて実際行動を起こす。このようにして共同社会が団結共同して，実行する態度を養い育てる過程がコミュニュティ・オーガニゼーションである」[12]と定義し，住民参加による地域社会の統合・団結を説き「住民主体の原則」を強調したものとなっている。わが国では1962（昭和37）年にこの「住民主体の原則」が「社会福祉協議会基本要項」のなかに導入され社会福祉協議会の基本的機能としてCOを位置づけると同時に，この基本要項はその後のわが国の社会福祉協議会の路線を決定づけることとなった。

3）CO 理論の多様化と革新化

1960年代に入ると伝統的理論の脱皮（問題解決志向）が見られるようになった。その中の一人であるロスマン（Rothman, Jack）は，『コミュニティ・オーガニゼーションの3つのモデル』（*Three Models of Community Organization Practice*）（1968）を提起している。それは，①小地域開発モデル，②社会計画モデル，③ソーシャル・アクションモデルであり，実践の枠組を提起した。そして，1987年にロスマン等はCOの3つのモデルを維持しながらマクロ・ソーシャルワーク（ミクロ・ソーシャルワークが個人・家族・小集団の福祉問題に対するS・Wの実践であるのに対して，マクロ・ソーシャルワークは国家の福祉問題に政策的・制度的に関わるS・Wである）の視点から政策実践モデルと管理運営モデルを展開させる理論を提起した[13]。ここまで，COの形成と展開について論述してきたが，歴史的にCOの実践は社会変革のなかにおいて一定の役割を果たしてきたといえる。

7　コミュニティワークの形成と展開

本節ではコミュニティワークの形成と展開について論述するが，コミュニティワークとは何か，つまり概念は一体どういうことかについてふれることにする。コミュニティワーク（Community Work）の意味・内容は時間の経過と共に若干変化してきている。まず，意味であるが，当初は「地域福祉活動」ある

いは「地域社会活動」とされていたが，現在では「地域援助技術」とするのが一般的である（当初，イギリスで形成・発展したコミュニティワークとアメリカで形成・展開されたコミュニティ・オーガニゼーションの意味は，ほぼ同意義として捉えられているが，若干相違が見られる）。その定義は，若干識者によって異なるが「コミュニティワークとは地域福祉を推進するために，ソーシャル・ワーカー（コミュニティ・ワーカー）が用いる専門的援助技術である」とすることができるが，鈴木五郎はコミュニティ・ワーク（地域援助技術）の概念を次のように規定している。すなわち「地域援助技術とは，地域共同社会（コミュニティ）において，地域ニーズの解決をめざす住民自身あるいは住民と専門家の協働による組織的・計画的な活動に対して，その活動を専門的に援助するソーシャル・ワーカーの方法・技術である。その基本的な機能は，①住民主体の組織活動を援助する地域組織化活動，②専門機関あるいは専門家として住民の協働により福祉サービスの開拓やネットワークシステムの開発などを組織化する福祉組織化活動，③これらの活動を中長期の活動に計画化する地域福祉活動の策定援助，の3つである。そして，ここで用いる主たる技術は，①地域社会の診断，②地域ニーズの把握，③計画の策定，④コミュニケーション，⑤活動の記録と評価等である。」としている[14]。

　以上のようにコミュニティワークの概要について述べたが，次にコミュニティワークがどのように形成され，展開したかについて見ることにする。

　イギリスのコミュニティワークの歴史において関わりが深いのは，①セツルメント運動と②労働運動であるが，この両者はセツルメントの「父権性」（イギリスの多くのセツルメントの活動家はアメリカと違いジェントルマンが支配する傾向にあった：パターナリズム）と労働運動（社会改革）という相矛盾した側面を持った関係にあった。そこで，まず，①セツルメント運動であるが，これは，コミュニティワークの形成に寄与したとされている。すなわち，貧困の個人責任と自助を強調し，公的救済を否定するCOSと異なり，貧困の社会的原因を認識したセツルメント運動は第5節(2)で既述したようにトインビー・ホールを拠点に運動が展開された。その活動は労働者階級に対する教育的事業，

貧困調査に関する協力，協同組合・労働組合の育成等と広範囲に広がったのである。一方，②であるが，イギリスは，1873年に世界恐慌を迎えるが，この大不況を契機にイギリス経済の世界経済に対する占有率が低下することとなった。この状況下で必然的に賃金の切り下げと大量の失業者が生みだされることとなり，労働者は生活の保障をもとめて各地でデモやストライキ等を実施した。この労働運動のなかには家賃のストライキや婦人参政権運動等が含まれており，コミュニティの改善運動にも繋がることとなった。20世紀に入り，イギリスのコミュニティ運動は各種の労働者運動の発展・展開・創設等に継承されることとなった。すなわち，1910年代から1920年代にかけての婦人参政権運動，1920年代から1930年代にかけての全国失業労働者運動の展開と成長，1929年には新住宅委員会が誕生する。そして，第2次世界大戦後の1959年にはヤングハズバンド委員会によるコミュニティワークにおけるソーシャル・ワークの専門的方法として試みられた[15]。また，1968年に戦後のイギリスの社会福祉改革として「シーボム委員会」報告書が出された。この報告書で，①地域住民の組織化，②ソーシャル・ワークのあり方並びにコミュニティワークの実践開拓，③地方自治体の改革等があげられている。この報告書でコミュニティワークという用語が一般に知られることとなり，コミュニティワークが最も注目された時期でもある（同時に，この委員会でこれまで分散していた対人社会サービスが一本化されると同時にジェネリックなソーシャル・ワークの展開等によるコミュニティ・ケアの推進が図られた）。1990年には「国民保健サービス及びコミュニティ・ケア法」が制定された。この改革はシーボム改革以来の福祉・保健制度に関する大改革となっている。このなかで効果的なコミュニティ・ケアを促進するためケースマネジメント（91年からケアマネジメントに統一）の必要性を指摘している。このように，現在は地域福祉におけるノーマライゼーションを具現化する手段として，コミュニティケア（施設ケアと在宅ケアの統合）がクローズアップされている。一方，同じくイギリスで発展してきたコミュニティワークは，地域福祉における位置づけを見出だすため，新たなる理論展開が望まれるのである。

8 日本の地域福祉の展開

　日本最初の商法会所や第一国立銀行等多くの企業を創設した渋沢栄一は，日本の社会事業活動にも多大なる貢献を果たした。そのひとつが慈善団体の全国組織である中央慈善協会を設立し会長職として全国の慈善事業の連絡・調整を行ったことである。この活動が後の共同募金運動に繋がっていった。その後，アメリカから来た宣教師アダムス（Adams, A.）が，セツルメント運動として日本に岡山博愛会（1891）を設立した。この影響を受けて片山潜が東京にキングスレー館（1897）を開設しセツルメント活動の拠点となった。1917（大正6）年に岡山県知事の笠井信一によって，貧民救済制度である済世顧問制度が創設された。顧問には市町村の有力者や旧家出身者が委嘱され，貧困調査，相談，就職斡旋が行われた。しかし，家父長制度を踏襲する同制度は1918（大正7）年に大阪で大阪府知事林市蔵のもと府救済事業嘱託小河滋次郎の協力で創設された方面委員制度程普及しなかった。一方，方面委員制度は今日の民生委員制度へと発展していった。

　戦後の1951（昭和26）年に，中央社会福祉協議会が設立された（1955（昭和30）年に全国社会福祉協議会に改称）。そして，1962（昭和37）年に「社会福祉協議会基本要項」（コミュニティオーガニゼーションの理論が反映される）が定められ社会福祉協議会の活動が明確化された。社会福祉協議会基本要項の第1項に次のように社会福祉協議会を規定している「社会福祉協議会は，一定の地域社会において広く社会福祉事業の公私関係者や関心をもつものが集まって解決を要する社会福祉の問題について調査し，協議を推進し以って社会福祉事業を発達せしめ，当該社会の福祉を増進することを企画する民間の自主的な組織である。」このように，地域社会に基礎を置き，公私関係者の参加，住民の参加を基本的性格としており，現在の社会福祉協議会の基礎を築いたのである。高度経済成長期以降の高齢化社会の到来もあって，全国社会福祉協議会は「在宅福祉サービスのあり方研究委員会」（1978）を設置し，「在宅福祉サービスの戦略」（1978）を発表した。ここで，市町村社会福祉協議会の在宅サービス開発，

供給組織としての役割が期待された。そして、地域における社会福祉協議会の役割が重視されるなかで、「新・社会福祉協議会基本要項」(1992)に発表され、「住民主体」の考え方に基づき地域福祉実現に向けての組織として、活動原則、機能、事業、組織等が明記された。今日、地域福祉は、サービスの必要な地域住民に対して質の高いサービスを提供するため、かつてのコミュニティ・オーガニゼーション理論の発展から、コミュニティネットワークの構築による在宅福祉サービスの拡大・拡充を目指しているのである。

9 今後の地域福祉の展開

地域福祉の推進は、2003（平成15）年度から施行されている住民参加・参画を基本に市町村を基盤とする住民の生活課題に対する総合的社会福祉計画である①「市町村地域福祉計画」（「社会福祉法」第107条）とそれを支援する、②都道府県地域福祉支援計画（「社会福祉法」第108条）の策定が義務付けられている。

市町村地域福祉計画の要点は、ア.地域における福祉サービスの適切な利用の推進に関する事項、イ.地域における社会福祉を目的とする事業の健全な発達に関する事項、ウ.地域福祉に関する活動への住民の参加の促進に関する事項等となっている。一方、都道府県地域福祉計画の要点は、ア.市町村の地域福祉の推進を支援するための基本的方針に関する事項、イ.社会福祉を目的とする事業に従事する者の確保又は資質の向上に関する事項、ウ.福祉サービスの適切な利用の推進及び社会福祉を目的とする事業の健全な発達のための基盤整備に関する事項等となっている。その後、2008（平成20）年に厚生労働省・援護局内に立ち上げた「これからの地域福祉のあり方に関する研究会」が同年3月に報告書をまとめた。このなかで、今後の地域福祉の意義、役割、条件等がまとめられた。同報告で地域における「新たな支え合い」（図表9-4）が提言されたが、厚生労働省は2008年からこのスローガンを活性化するため「地域福祉活性化事業」を展開している。その事業内容は、①地域福祉推進のための先駆的・試行的事業（・小地域福祉活動事業・広域福祉活動推進事業）、②地域

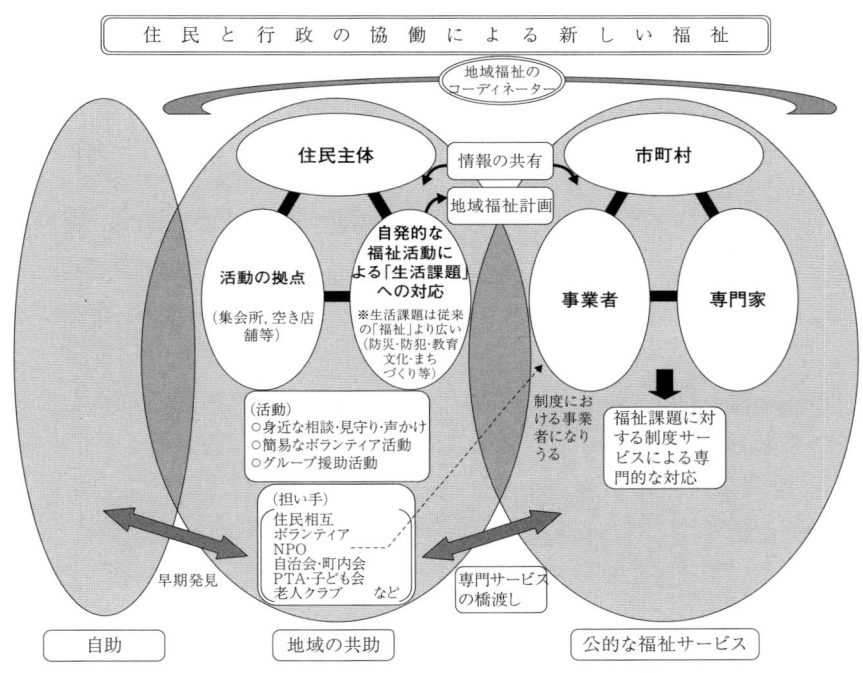

図表9-4 地域における「新たな支え合い」の概念

住民と行政の協働による新しい福祉

- 地域福祉のコーディネーター
- 住民主体
- 情報の共有
- 地域福祉計画
- 市町村
- 活動の拠点（集会所，空き店舗等）
- 自発的な福祉活動による「生活課題」への対応　※生活課題は従来の「福祉」より広い（防災・防犯・教育・文化・まちづくり等）
- 事業者
- 専門家
- （活動）
  ○身近な相談・見守り・声かけ
  ○簡易なボランティア活動
  ○グループ援助活動
- （担い手）
  住民相互
  ボランティア
  NPO
  自治会・町内会
  PTA・子ども会
  老人クラブ　など
- 制度における事業者になりうる
- 福祉課題に対する制度サービスによる専門的な対応
- 早期発見
- 専門サービスの橋渡し
- 自助／地域の共助／公的な福祉サービス

（出所：厚生労働省「これからの地域福祉のあり方に関する研究会報告書」）

福祉活動等を活性化する事業（・地域において支援を必要とする人びとに対する福祉活動を活性化する取り組み・生活不安定者に対する自立支援の取り組み）等となっている。

注）

1) 森岡清美・塩原　勉・本間康平編集代表『新社会学辞典』有斐閣，1993年，pp. 478-479
2) 仲村優一・岡村重夫・阿部志郎・三浦文夫・柴田善守・嶋田啓一郎編『現代社会福祉事典』全国社会福祉協議会，1992年，p. 182
3) 日本地域福祉学会編『地域福祉事典』中央法規，1997年，p. 388
4) 高野史郎『イギリス近代社会事業の形成過程』勁草書房，1985年，p. 2

5）同上(2)の p. 4
6）小山路男『西洋社会事業史論』光生館，1978年，p. 172
7）同上(2)の p. 210
8）アサ・ブリッグス，アン・マカトニー著／阿部志郎監訳『トインビーホールの100年』全国社会福祉協議会，1978年，p. 15
9）窪田暁子・古川孝順・岡本民夫編『世界の社会福祉―アメリカ・カナダ』 旬報社，2000年，p. 37
10）アンドルー・セイント，ジリアン・ダーリー著／大出　健訳『ロンドン年代記（下）』原書房，1997年，pp. 161-162
11）仲村優一他編『現代社会福祉事典』全国社会福祉協議会，1992年，p. 473
12）松永俊文・野上文夫・渡辺武男編著『現代コミュニティワーク論』中央法規，1997年，p. 12
13）同上(1)の pp. 381-382
14）同上(10)の pp. 69-70
15）同上(1)の pp. 390-391

参考文献

松永俊文・野上文夫・渡辺武男編著『現代コミュニティワーク論』中央法規，1997年
吉田久一・岡田英己子『社会福祉思想史入門』勁草書房，2000年
社会福祉士養成講座編集委員会編『地域福祉の理論と方法』中央法規，2009年
モーリス・ブース著／秋田成就訳『福祉国家への歩み』法政大学出版局，1984年
一番ケ瀬康子・高島　進編『社会福祉の歴史』有斐閣，1983年
一番ケ瀬康子『アメリカ発達史』光生館，1969年
永田幹夫『地域福祉論（改訂二版）』全国社会福祉協議会，2000年
三浦文夫・右田紀久恵・永田幹夫・大橋謙策編集代表『地域福祉事典』中央法規，1997年
厚生労働統計協会編『国民の福祉の動向（2011/2012）』厚生労働統計協会，2011年
成清美治・加納光子代表編集『現代社会福祉用語の基礎知識（第10版）』学文社，2011年
仲村優一・一番ケ瀬康子・右田紀久恵監修『エンサイクロペディア社会福祉学』中央法規，2007年

第10章 福祉政策の現代的諸課題

1 福祉政策におけるニーズと資源

　『NEW ランダムハウス英和大辞典（第2版）』（小学館）によると，need（複数 needs）とは，①差し迫った欲求，②必要なもの，③義務・責任，④困った事態，⑤窮乏，貧困等と和訳されている。

　これまで，社会福祉の対象認識に対して，2つのアプローチがある。一方は，ある現象の持つ社会問題や生活問題の側面に焦点をあて，その意義の明確化によって社会的な共有を図っていく問題論的アプローチと，他は提起された問題に対してどのように対処していくかという観点からのアプローチであるニーズ論的アプローチがある[1]。この節ではニーズ論的アプローチに焦点をあて解説する。

　いわゆるニーズ（needs）とは，本人あるいは家族が社会生活を送るうえで必要な生活条件（たとえば，資金，健康，就労，居住，保育，教育等）が何らかの理由で支障を来たした場合に生じるのがニーズであると定義することができる。つまり，欠乏を感じている状態をいう（欲求状態）。このニーズは個人や企業が市場にて購入する需要ではなく，あくまでも個人，家族の困難な問題の支援，解決のためのものである。このニーズの充足するのが社会福祉サービスであり，そのために用いられるのが社会資源（social resources）である。この社会福祉資源には，①福祉資源（社会福祉を目的とするもの）と，②一般資源（必ずしも社会福祉を目的としていないもの）がある。たとえば前者には生活保護制度，福祉施設，保育所，福祉機器，弁護士，ホームヘルパー等があり，後者としては，学校，公園，市町村職員，郵便局，ガソリンスタンド等がある。また，資源は公的資源（行政が主体的に提供する資源）と私的資源（ボランテ

図表10-1　マスローの欲求5段階説

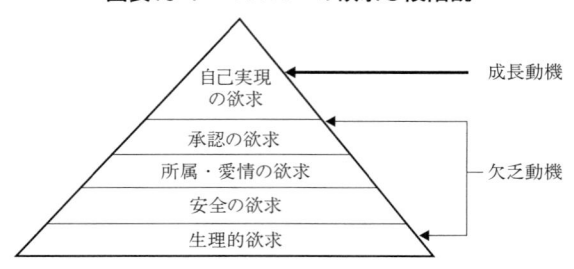

ピラミッド図：
- 自己実現の欲求 ← 成長動機
- 承認の欲求 ┐
- 所属・愛情の欲求 ├ 欠乏動機
- 安全の欲求 │
- 生理的欲求 ┘

　ィア，家族，親戚等の資源）に分類することもできる。欲求について，アメリカの心理学者のマスロー（Maslow, Abraham Harold）は，人間の成長は心理的側面だけでなく，心の健康面を重視すべきであると唱えた。彼は自己実現を達成するため，①生理的欲求⇒②安全の欲求⇒③所属・愛情の欲求⇒④自尊承認の欲求⇒⑤自己実現の欲求に分類した。彼の説によると，このニーズを満たすことによって，最終的に人間は自己実現を達成できるのである。故にマスローは，「人間は絶えず自己実現に向かって成長するものである」としている。

　これらの欲求を低い方から説明していくと，①生理的欲求（physiological need）：これは人間が生活する上において最低限度の欲求で，性的欲求，食欲の欲求，排泄の欲求，睡眠の欲求等最低限度の欲求である。次に，②安全の欲求（safety need）：これは人間として，安心した生活を得るために必要な経済的安定，精神的安定，健康維持，事故防止等の欲求をいう。つづいて，③所属と愛の欲求（love and belonging）：他人に認められ受け入れられたという感情であり，どこか集団あるいは組織に所属したいという欲求である。④承認の欲求（esteem）：他人に認められたいという欲求，⑤自己実現の欲求（self-actualization）：以上4つの欲求（欠乏）が満たされても，自己実現をしない限り生きがいを感じないのである。ゆえに自分を成長，発達させることによって，自分の能力を最大限発揮し，人生の目標（生きがい）を達成することである。この自己実現は社会福祉の最終的な目標となっている。

　ニードに関する分類で著名なのは，岡村重夫である。彼は主著『全訂社会福

祉学（総論）』（柴田書店，1956）のなかで,「社会的生活要求」として次の7つに分類している。それは，①経済的安定を求める要求（衣食住を得るための原資としての経済的収入の要求），②職業の機会の要求（安定した経済収入を得るためには職業の機会の確保が必要である），③身体的精神的健康の維持（健康な身体を維持・保障されるには，医療の機会の保障が必要となる），④社会的協同を求める要求（社会生活を送るための基本的要求としての社会的協同生活），⑤家族関係の安定（人びとが，心地よい生活をおくるためには安定した家庭生活が必要である。このことによって，出産，保護，性生活を構築することができる），⑥教育機会の確保（人びとの生活を向上，伝承させるためには教育の機会が保障されていることが必要である），⑦文化・娯楽に対する要求（自己表現，文化への参加が人びとの生活向上に繋がるのである）。これらが，岡村重夫が提起した7つの社会的生活の基本的要求である[2]。これに対して三浦文夫は『増補改訂社会福祉政策研究』（全国社会福祉協議会，1995）のなかで，「これまでわが国の社会福祉にあって，とくに生活保護が中心的役割を果たしていた時期（より一般的ないい方をすると，貨幣的ニーズが社会福祉の重要な課題とされていた時期）においては，非貨幣的ニーズに対してそれが家族のニーズ充足メカニズムで充足しきれない場合には，収容（施設）ケアの形をとることが広く行われたのである。―中略―しかし，最近の社会福祉の発展のなかで，要援護者を施設に収容して援護を行うという，いわゆる施設（収容）ケアに対する反省，批判が強まってきているのである。そして，それは貨幣的ニーズと並んで，あるいはそれに代わって非貨幣的ニーズが社会福祉の主要な課題となると同時に，両者の分離が進みはじめていることに起因している。」と述べている。このように三浦はニーズを貨幣的ニーズ（生活の回復・改善が現金給付によってなされるもの）と非貨幣的ニーズ（生活の改善が現物給付或いは対人サービスによってなされるもの）に分類した[3]。

また，イギリスのブラッドショー（Bradshaw, J.）は，主著『ソーシャル・ニードの分類法』（*Taxonomy of Social Needs*）（1972）のなかで，ニーズを，①規範的ニード（normative needs）：専門家や専門職あるいは行政官や社会科学

者等によって，それぞれの状況において定められたニードをいう．②フェルトニード（felt need）：ニードがあることを本人が自覚している場合で「欲求（want）」と同等である．③表出的ニード（expressed need）：フェルトニードが，サービス利用者によって行動（申請）に移される場合のことをいう．④比較ニード（comparative need）：サービスを受けていない人びとがいる場合，それらの人びとはニードをもつ人びとであるとする．この場合，個人レベルと地域レベルで比較を行う．以上のようにニード（ニーズ）に関する概説であるが，今日の社会福祉対人サービスにおいて，適正なニード分析が利用者の欲求充足において重要である．

2 社会政策・福祉政策・社会福祉政策と社会問題

社会政策（広義の福祉政策）とは，雇用・社会保障・住宅・教育等で国民生活に関わる領域をいい，国民生活の安定・安心を目的とした公共政策である．また，福祉政策は，社会福祉政策を基軸に取り囲む人権擁護，消費者保護，健康政策，教育制度，雇用政策，所得保障，保健サービス，医療サービス，司法福祉，更生保護，住宅政策，まちづくり政策等社会福祉サービスとの連絡・調整・連携を通じて行われる（図表10-2参照）．

そして，社会福祉政策（狭義の社会福祉）とは，社会福祉事業，福祉サービスに関する社会政策をいう．

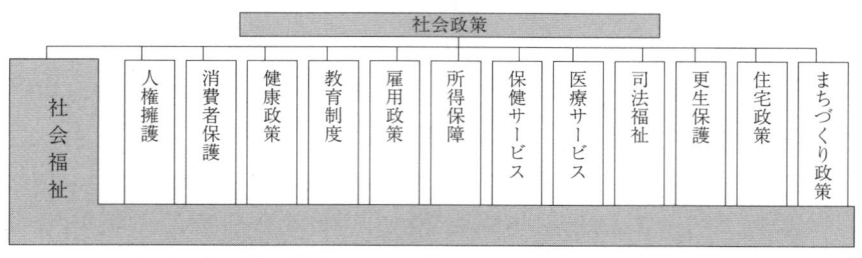

図表10-2 社会福祉のL字型構造

社会政策											
社会福祉	人権擁護	消費者保護	健康政策	教育制度	雇用政策	所得保障	保健サービス	医療サービス	司法福祉	更生保護	住宅政策	まちづくり政策

（出所：古川孝順『社会福祉原論（第2版）』誠信書房，2008年，p. 75)

これら3者の関係は，社会政策〈福祉政策〉社会福祉政策となる。
　さて，わが国の社会福祉は社会福祉基礎構造改革により，わが国のサービス供給（措置制度⇒利用者制度）のあり方が大きく変化したのは周知の通りである。本来，福祉政策が扱う問題は，貧困，失業，疾病，要援護（児童，老齢，障害，寡婦），偏見と差別，ソーシャルエクスクルージョン，ヴァルネラビリティ，リスク等である。また，関連領域として，雇用政策，所得政策，保健医療，住宅施策，学校施策等がある。
　今後の福祉政策の諸課題として，①ソーシャルインクルージョン理念の普遍化，②社会連帯の構築，③セーフティネットの充実等をあげることができる。
　現在，被保護者数は，200万人を超過している。また，国民健康保険の無加入者も150万人を超えている。
　また，近年，近隣住民並びに親類縁者と全く関係をもたない生活のなかで誰にも発見されない孤独死，自殺が増加している。つまり，「無縁社会」の常態化である。
　この社会的背景には，経済のグローバリゼーションのもとでの日本経済の長期低迷化による雇用の不安定化，非正規雇用者の増大と地域社会の崩壊それに2011年3月11日の東日本大震災等をあげることができるが，セーフティネット（安定雇用・社会保険・生活保護）の機能が低下して，新たなる貧困階層を生み出している。先にあげた被保護者数の激増，国民健康保険の無保険者の増加，孤独死が招く無縁社会の出現，中高年のリストラによる失業，若年層の雇用の不安定化，幼児虐待，DV，自殺，ホームレス等貧困現象についてなど枚挙にいとまがない。至る所，すべての年齢層で生起している社会問題である。こうした状況に対して，効果的な社会政策，福祉政策，社会福祉政策を講ずることができるかが今後の課題である。

3 福祉政策と福祉制度

(1) 社会福祉の施策システム

　社会福祉政策は，国民の福祉サービスを達成するための方策である。そのため，長期的な見通しと具体性・現実性がなければならない。社会福祉の政策を実現するシステムは，図表10-3の通りであるが，政策に対するインプットとして，社会福祉に関する情報，新たな事業計画を立案あるいは既存の計画を改革する場合，その計画等に要する人員，必要な財源・財政を考慮して政策プランを立案しなければならない。政策が決定した段階で，その政策を実現するため各福祉制度に転換させなければならない。もし，現行の制度において転換がスムーズに行われなければ，制度改革等が必要になる。また，新たなる国家プロジェクトであれば，必要に応じて法律を制定するか，既存の法律を改正することが必要となる。政策が社会福祉制度にスムーズに転換され，具体化されることによって利用者は，社会福祉サービスを利用することが可能となるのである。この政策⇒制度⇒援助の過程からアウトプットとして，施策システムの過程において有効的効果をもたらした場合，あるいは課題が発生した場合，新たなる社会福祉の施策システムを構築する際の目標となるのである。

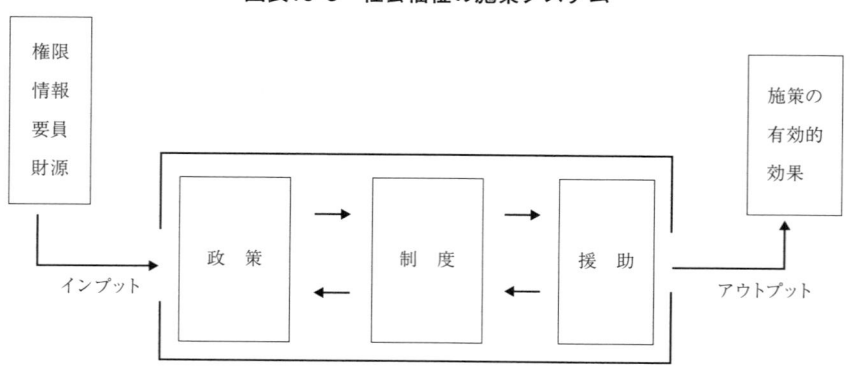

図表10-3　社会福祉の施策システム

権限
情報
要員
財源

→ インプット

政策 → 制度 → 援助

← 　　　 ←

施策の
有効的
効果

→ アウトプット

（出所：社会福祉士養成講座編集委員会『新・社会福祉士養成講座4 現代社会と福祉』中央法規，2009年，p.14)

(2) 福祉制度と社会福祉基礎構造改革

　福祉制度とは，社会福祉事業の共通的基本事業を定めた社会福祉法と福祉六法（生活保護法，児童福祉法，身体障害者福祉法，老人福祉法，知的障害者福祉法，母子及び寡婦福祉法）等の法律並びに社会福祉の運営や組織の総体をいう。

　戦後わが国の社会福祉は一貫して国・地方自治体が主体となって，「最低生活の保障」（ナショナル・ミニマム）を達成するために制度体系が整備されてきた。しかし，高度経済成長以降の石油ショックの影響による国家財政の破綻は各地方自治体財政にも影響を与えることとなり，「福祉見直し論」が台頭した。その後の高齢化社会の到来は，これまで国を中心に展開してきた福祉サービスの提供（措置制度）が，新たなる福祉ニーズの多様化・高度化のなかで困難となった。そこで，福祉制度の体系を見直す必要に迫られ福祉サービス供給の多様化，多元化を図る「福祉ミックス論」（福祉多元主義）も登場した。こうした福祉見直しのなかで，サービス体系を「措置制度」から「利用者制度」（契約制度）に移行する社会福祉基礎構造改革が行われた。その基幹が「社会福祉基礎構造改革について（中間まとめ）」(1998)である。そして，改革の方向を具体化したのが「社会福祉の増進のための社会福祉事業法等の一部を改正する法律」(2000)であった。なお，改正等の対象になったのは「社会福祉事業法」「身体障害者福祉法」「知的障害者福祉法」「児童福祉法」「社会福祉施設職員等退職手当共済法」「民生委員法」「生活保護法」「公益質屋法」（廃止）であった。この法律の制定により「社会事業法」が「社会福祉法」に改正された。同法の改正の要点は，①利用者の立場に立った社会福祉制度の構築，②サービスの質の向上（人材の養成・確保，サービスの評価，事業の透明性の確保），③社会福祉事業の充実・活性化（社会福祉法人への規制の緩和，福祉サービスの提供体制の充実，社会福祉事業の範囲の拡充等，多様な事業主体参入の促進），④社会福祉法人の運営の弾力化，⑤地域福祉の推進等となっている（地域福祉計画の策定，社会福祉協議会，共同募金，民生委員・児童委員の活性化）。この社会福祉法によって，新たに日本の社会福祉制度の体系が整備されたのである。

こうした社会福祉の諸改革は，かつて，「福祉国家」（welfare state）といわれたイギリスにおいても実施された。
　イギリスでは1990年に「NHS およびコミュニティケア法」（National Health Service and Community Care Act）が成立し，サービス供給主体の多元化，市場原理の導入，地方への権限委譲等が行われた。また，スウェーデンでも1992年に「エーデル改革（Adel Reform）」が行われ高齢者ケアの改革が実施された。このように，福祉国家と呼ばれた国々は財政問題を背景として，福祉国家としての体面を維持しながら福祉改革を余儀なくされた。そして，福祉国家批判として「福祉社会（welfare society）」という新たなる概念が登場した。福祉社会とは国家が国民に福祉を保障するというウェッブ夫妻（Webb, S. J. & Webb, B. P.）が唱えた国家の側からの福祉の保障，すなわちナショナルミニマム（最低限度の保障）ではなく，市民の側からアプローチすることによって，福祉の保障を実現するのである。その後の，福祉国家のあり方について，デンマークの福祉国家論研究者で比較政治学者のエスピン=アンデルセン（Esping-Andersen, Gøsta）は主著『資本主義の三つの世界』（*The Three Worlds of Welfare Capitalism*）（1990）のなかで，福祉国家を，①自由主義型（リベラル）型福祉国家：アメリカ，カナダ，オーストラリア等，②保守主義（コーポラティブ）型福祉国家：イタリア，フランス，ドイツ等，③普遍主義（社会民主主義）型福祉国家：北欧諸国に分類した。社会福祉構造改革は，石油ショックに端を発した世界経済危機を契機に福祉見直しが行われたが，この改革の目的は，社会保障・社会福祉の財政の健全化，国民のニーズに合致した社会福祉の共通基盤の整備，利用者本位のサービス体系の確立，質の向上，地域を主体とした福祉サービスの充実等である。なお，現在，社会保障・税の一体改革が進められているが社会福祉分野においても，障害者基本法の改正（2011），介護報酬の改定（2012），改正障害者法（2011），障害者総合福祉法（仮称），総合こども園等の改正，制定の改革が進められている。

(3) 社会福祉法と福祉六法との関係

社会福祉の基礎構造改革の一環として社会事業法が改正され，社会福祉法となった。その目的は，同法第1条にある。すなわち，「この法律は，社会福祉を目的とする事業の全分野における共通的基本事項を定め，社会福祉を目的とする他の法律と相まつて，福祉サービスの利用者の利益の保護及び地域における社会福祉（以下「地域福祉」という。）の推進を図るとともに，社会福祉事業の公明かつ適正な実施の確保及び社会福祉を目的とする事業の健全な発達を図り，もつて社会福祉事業の増進に資することを目的とする。」とあり，「社会福祉事業の共通的基本事項」を定めている。また，第2条で「社会福祉事業」を第1種社会福祉事業と第2種社会福祉事業に分類している。そして，第1種社会福祉事業（主として入所施設を運営する事業）は，①生活保護法に規定する救護施設，更生施設，その他生計困難者を入所させて生活扶助を行う施設，②児童福祉法に規定する乳児院，母子生活支援施設，児童養護施設，知的障害児施設，知的障害児通園施設，盲ろうあ児施設，肢体不自由児施設，重症心身障害児施設，情緒障害児施設又は児童自立支援施設，③老人福祉法に規定されている養護老人ホーム，特別養護老人ホーム，軽費老人ホーム，④障害者自立支援法：障害者支援施設，⑤障害者自立支援法附則の規定による身体障害者更生援護施設，知的障害者援護施設，⑥売春防止法に規定する婦人保護施設，⑦授産施設を経営する事業及び生計困難者に対して無利子又は低利で資金を融通する事業等がある（同法第2条）。また，第2種社会福祉事業（主として通所施設，在宅サービスを運営する事業）には，①生活困難者に対して，その住居で衣食その他の生活必需品若しくはこれに要する金銭を与え，又は生活に関する相談に応ずる事業，②児童福祉法に規定する児童自立生活支援援助事業，放課後児童健全育成事業又は子育て短期支援事業，助産所，保育所，児童厚生施設又は児童家庭支援センターを運営する事業又は児童の福祉の増進について相談に応ずる事業，③母子及び寡婦福祉法に規定する母子家庭等日常生活支援事業，寡婦日常生活支援事業，母子福祉施設を経営する事業，④老人福祉法に規定する老人居宅介護等事業，老人デイサービス事業，老人短期入所事業，小規模多

機能型居宅介護事業，認知症対応型老人共同生活援助事業，老人デイサービスセンター，老人短期入所施設，老人福祉センター，老人介護支援センターを経営する事業，⑤障害者自立支援法に規定する障害福祉サービス事業，相談支援事業，移動支援事業，地域活動支援センター，福祉ホームを経営する事業，⑥身体障害者福祉法に規定する身体障害者生活訓練等事業，手話通訳事業，介助犬訓練事業もしくは聴導犬訓練事業，身体障害者福祉センター，補装具製作施設，盲導犬訓練施設，視聴覚障害者情報提供施設等を経営する事業及び身体障害者の更生相談に応ずる事業，⑦知的障害者福祉法に規定する知的障害者の更

図表10-4　社会福祉法と福祉六法の関係

生活保護法	児童福祉法	母子及び寡婦福祉法	知的障害者福祉法	身体障害者福祉法	老人福祉法
保護の原則	児童福祉審議会	福祉の措置	福祉の措置	身体障害者福祉審議会実施機関	福祉の措置
保護の種類	児童相談所福祉の措置及び保障事業及び施設費用	福祉資金貸付金母子福祉施設	事業及び施設知的障害者更生相談所費用	福祉の措置事業及び施設費用	事業及び施設老人福祉計画費用有料老人ホーム
保護の機関及び実施					
保護の方法保護施設医療機関被保護者の権利義務費用					介護保険法

社会福祉法
　社会福祉事業の範囲，地方社会福祉審議会，福祉事務所，福祉サービスの適切な利用
　社会福祉法人，地域福祉の推進

（出所：『月間福祉・社会福祉関係施策資料集17』全国社会福祉協議会，1999年，p. 12，一部修正）

生相談に応ずる事業、⑧障害者自立支援法附則に規定する精神障害者社会復帰施設、⑨生計困難者のために、無料または低額な料金で、簡易住宅を貸し付け、又は宿泊所その他の施設を利用させる事業、⑩生計困難者に対して無料または低額な費用で介護保険法に規定する介護老人保健施設を利用させる事業、⑪隣保事業、⑫福祉サービス利用援助事業等がある。

なお、社会福祉法の共通的基本事項とは、総則（第1条〜第6条）、地方社会福祉審議会（第7条〜第13条）、福祉に関する事務所（第14条〜第17条）、社会福祉主事（第18条〜第21条）、社会福祉法人（第22条〜第59条）、社会福祉事業（第60条〜第74条）、福祉サービスの適切な利用（第75条〜第88条）、社会福祉事業に従事する者の確保の促進（第89条〜第106条）、地域福祉の推進（第107条〜第124条）である。この社会福祉法がわが国の社会福祉基本構造となっている。この社会福祉法と福祉六法の関係は、基礎の部分を社会福祉が形成し、その上に福祉六法が構築されているのである。すなわち、社会福祉法の役割は、各福祉法の土台の役割（各法枠組の規定）をしている。

(4) 社会福祉政策に関する諸説

ここでは、社会福祉政策に関する識者の概念規定とその意味する本質に迫ることにする。社会福祉政策に関しては、すでに既述したように今日では、狭義の福祉政策と同義語として捉えられている。社会福祉政策に関する識者に関する諸説であるが、まず、イギリスの社会政策学者であるティトマス（Titmuss, R. M.）を紹介する。彼は母国のみならず、国際的に社会保障・社会福祉の発展に貢献し、ソーシャルアドミニストレーション（社会福祉管理・社会福祉経営）を確立した。彼は、主著『社会福祉政策』（*Social Policy and Administration*）のなかで、「社会福祉政策は経済・政治的側面と切り離しえないことである」とし、その関係性を指摘している。そして、社会福祉政策を3つのモデル、①モデルA：残余的福祉モデル（私的市場および家族が崩壊した場合に社会福祉制度が一時的に作動する）、②モデルB：産業的業績達成モデル（経済の従属物としての社会福祉制度に、重要な役割を付け加える）、③モデルC：制

度分配モデル（社会福祉を社会における主要な統合的制度としてみる）に分類した。また，同じイギリスのマーシャル（Marshall, T. H.）は社会（福祉）政策に関して厳密な定義はないとしながらも一定の規定をしている。彼は主著『社会（福祉）政策』（*Social Policy in the Twentieth Century*）のなかで，「社会（福祉）政策は，社会保障を包含するものであり，国際的である。」と述べている。

　すなわち，「社会政策は，社会保障（所得保障），医療保健，住宅，教育，福祉サービスであると規定している。そして，社会（福祉）政策の目標は全ての政策の最終目標であり，経済体制全体の最終目標である。」としている。

　一方，わが国における社会政策理論は，社会福祉ではなく，労働政策として捉えられてきた。その代表的理論家の1人が，経済学者の大河内一男である。彼が指摘した社会政策は，今日の社会（福祉）政策として捉えたのではなく，資本主義体制の「労働力の保全」であるとした。そして，社会事業（現在の社会福祉）を資本主義体制の再生機構から離脱した者を対象とした。こうした社会政策が労働政策であるというのは，孝橋正一も社会政策を労働政策の一環として捉えている。彼は資本主義制度の欠陥から生まれる社会問題が社会政策であり，そこから派生する社会的問題が社会事業であるとした。この二人の理論は戦後の社会福祉理論の構築に多大なる影響を与えたが，社会福祉の対象が一部の特定階層から国民全体に拡大化し，ニーズの多様化した現代社会において，これらの理論では社会福祉政策を定義づけることは困難である。両氏の社会政策論以降登場した三浦文夫は，社会福祉政策を社会福祉経営論の視点から論じている。彼は社会福祉政策を社会福祉運営論と置き換えた理由を「社会福祉に関する政策形成とその運営・管理を社会福祉経営論の内容としたのは今日のわが国の社会福祉が，既存の社会福祉に関する法律・制度を前提として，その運営・管理をいかに効果的・効率的に行うかということだけではすまされなくなっているという現状認識ともむすびつくのである。」また，「社会福祉の「経営」を論ずるに当たって，たんに「社会福祉管理・運営」に限らず，社会福祉政策の形成について言及せざるを得ないと考えられるのである。」そして，「社会福祉経営論とは，つきつめていえば社会福祉ニードと，そのニード充足の方法の

研究からはじまることになる。」[4)] と明記している。すなわち，三浦文夫の社会福祉政策論の特徴は社会福祉運営論であり，社会（福祉）政策を考える場合，社会福祉ニードの把握，ニードの充足の方法・手段の選択，サービスの円滑な推進・展開のために必要な資源の調達等が重要であると指摘している。

　以上，主な社会政策論について述べてきたが，その概念は社会制度・施策の総体であることは相違ないが，従来のフォーマルな福祉に加えてインフォーマルな福祉が実践・活動しているなかで，「経営」概念をつきつめると社会福祉政策に行き着くという新たなる思考展開も登場した。なお，その理念は人権擁護・自立促進・社会参加をキーワードとした国民の幸福の達成である。

❹　福祉政策と福祉制度の関係性

(1)　わが国の社会福祉関係法成立の経緯

　わが国の広義の社会福祉制度は，社会福祉の全事業分野の共通的基本的事項を定め社会福祉の実施体制の支柱であり，社会福祉基礎構造であるといわれる社会福祉法と社会福祉の法体系である福祉六法，それに社会保障制度等となっている。ここで，わが国の社会福祉を支える法制度の変遷について述べることにする。戦前の社会福祉に関する法制度並びに規則は1874（明治7）年に「人民相互の情誼」と「無告の窮民」を給付の条件とした制限主義をとった「恤救（じゅっきゅう）規則」，救護を国の義務とした点では評価できるが，怠惰・素行不良の貧困者を除外した公的救護対策である「救護法」（1929）と今日の社会福祉法の前進である「社会事業法」が1938（昭和13）年に成立し救貧事業，養老院，育児院等に私設の社会事業に対する助成が行われた。戦後の社会福祉制度確立期に福祉三法，すなわち，旧「生活保護法」（1946）（のちに，現「生活保護法」として1950年に改正），「児童福祉法」（1947），「身体障害者福祉法」（1949）が，戦後の混乱期に制定された。そして，日本の経済が復興期を経て高度成長期に入り，わが国の福祉も拡充期に入った。1960年に「精神薄弱者福祉法」（現，「知的障害者福祉法」），1963年に「老人福祉法」，翌年の1964年には「母子福祉法」（現，

「母子及び寡婦福祉法」）が成立し，所謂，福祉六法体制が確立した。また，関連法として「児童扶養手当法」(1961)，「心身障害者基本法」（現，「障害者基本法」），「児童手当法」(1971) 等が成立した。その後，日本経済は石油ショック以降，長期低迷期に入り，不況下で経済的視点から内閣総理大臣の諮問機関である第２臨時行政調査会の提言によって福祉の見直しが本格的に始まった。それに伴って，福祉の有料化，老人医療費の負担，医療保険制度における本人負担の導入等が行われた。こうした状況のなかで，成立した福祉関連法は，「老人保健法」(1982)，「社会福祉・医療事業団法」(1984)，「社会福祉士及び介護福祉士法」(1987) 等であった。このような福祉見直し期から社会保障・社会福祉の基礎構造改革が1990年代前後からスタートした。この構造改革によって福祉サービスが「措置制度」から「利用者制度」（契約制度）に移行した。具体的には，「高齢者保健福祉推進10か年戦略」（ゴールドプラン）(1989)，「老人福祉法等の一部を改正する法律」(1990)，「今後の子育て支援のための施策の基本的方向について」（エンゼルプラン）(1994)，「障害者プラン―ノーマライゼーション７か年計画」(1995)，「高齢社会対策基本法」(1995)，「介護保険法」(1997)，「児童虐待の防止等に関する法律」(2000)，「少子化対策基本法」(2003)，「障害者自立支援法」(2005)，「高齢者虐待の防止，高齢者の養護者に対する支援等に関する法律」(2005) 等々，社会福祉基礎構造改革のなかで子どもから高齢者まで広範囲の福祉に関する法律が制定された。こうして，わが国の社会福祉に関する法律整備並びに施策が戦前，戦後を通じて行われてきた。

(2) 社会福祉法

　社会福祉基礎構造改革のなかで社会事業法が大幅に見直され社会福祉法となった。同法において第１種（主として入所施設）と第２種（主として通所・在宅サービス）の社会福祉事業が定義されているが，ここでは同法の骨子について述べる。

１）地方社会福祉審議会：，この審議会は社会福祉法第７条に基づいてその内容が規定されている。その役割は社会福祉に関する事項（児童福祉及び精神

障害者福祉に関する事項を除く。）を調査審議するため都道府県並びに指定都市，中核都市に社会福祉に関する審議会その他の合議制の機関を置くものとされている。なお，同審議会の委員は35人以内となっている。

2）福祉事務所：福祉事務所は生活保護法，児童福祉法，身体障害者福祉法，知的障害者福祉法，老人福祉法，母子及び寡婦福祉法と所謂，福祉六法で定める育成，援護，更生の措置を担当しており都道府県及び市（特別区を含む）は，条例で福祉事務所を設置せねばならない。

　また，福祉事務所の組織を構成するメンバーは，所長以下，査察指導員，現業員，身体障害者福祉司，知的障害者福祉司等となっている。なお，2011（平成23）年4月現在，福祉事務所数は，1,244か所となっている。内訳は，都道府県214か所，市992か所，町村38か所となっている。そして，職員総数は，145,025人（平成21年10月現在）である。近年，福祉五法（身体障害者福祉法，児童福祉法，知的障害者福祉法，老人福祉法，母子及び寡婦福祉法）を担当する現業員は適切な福祉を実施するため増員が講じられている。しかしながら，職員の資格に関しては必ずしも全員が有資格者でなく，無資格職員が存在するため資格認定講習会を各都道府県や社会福祉認定講習会等で実施している。

3）社会福祉法人：社会福祉法人とは，社会福祉法第22条に定めている社会福祉事業を行うことを目的として，設立された法人のことをいう。また，社会福祉法人の経営原則は「社会福祉法人は，社会福祉事業の主たる担い手としてふさわしい事業を確実，効果的かつ適正に行うため，自主的にその経営基盤の強化を図るとともに，その提供する福祉サービスの質の向上及び事業経営の透明性の確保を図らなければならない。」（第24条）とあり，社会福祉法人は事業の経営に当たり，経営基盤の強化と透明性の確保並びに福祉サービスの質の向上を謳っている。また，社会福祉法人は事業に支障のない限り，公益事業を目的とする事業又はその収益を社会福祉事業若しくは公益事業の経営に充てることができる（第26条）とし，社会福祉事業における収益事業を認めている。そして，社会福祉法人の設立は厚生労働省で定める手続きに

従い，定款について所轄庁の認可を受けることになっている。また，社会福祉法人の所轄庁は都道府県知事となっている。最後に社会福祉法人が行う事業は，①社会福祉事業（社会福祉法第2条），②公益事業（収益を社会福祉関連事業或いは公益事業に充てることを目的とする事業），③収益事業（収益を社会福祉事業並びに公益事業に）等である。なお，社会福祉法人は税制面で優遇されており，課税対象は収益事業のみ課税されることになっている。

4）社会福祉協議会

社会福祉協議会は，旧社会福祉事業法の改正にて，「地域福祉の推進」役として新たに位置づけられた。その事業内容は，①社会福祉を目的とする事業の企画及び実施，②社会福祉に関する活動への住民の参加のための援助，③社会福祉を目的とする事業に関する調査，普及，宣伝，連絡，調整及び助成，④社会福祉を目的とする事業の健全な発達を図るために必要な事業等となっている。社会福祉協議会に対する住民のニーズは年々高まってきているが，なかでも認知症や知的障害者，精神障害者等の判断が不十分な者に対する福祉サービスの援助事業として1999（平成11）年に「地域福祉権利擁護事業」（現，日常生活自立支援事業）が創設された。そして，2000（平成12）年より，社会福祉法の第2条第3項の12「福祉サービス利用援助事業」に位置づけられ，年々このサービス（福祉サービスの利用，日常生活における金銭管理）を利用する人びとが年々増加している。

(3) 社会福祉六法

社会福祉法は社会福祉事業を具現化する際の共通的基本事項である。そのため社会福祉各法は，その事項に準じて具体的に事業を実施することになる。この節では福祉六法の概要を解説することにする。

① 生活保護法：生活保護法の目的は日本国憲法第25条の理念に基づいて，国が生活に困窮するすべての国民に対して，その程度に応じて必要な保護を行い，最低限度の生活を保障し，自立を助長することである。なお，同法は全86条となっており，総則，保護の原則，保護の種類及び範囲，保護の機関及

び実施，保護の方法，保護施設，医療機関・介護機関及び助産機関，被保護者の権利及び義務，不服申し立て，から成っている。
② 児童福祉法：児童福祉法は要保護児童のみならずすべての児童の健全育成を目的とした法律である。故にすべての国民は児童が心身ともに健やかに育つための育成の責任がある。同法を制定する必要性は，戦後の混乱期における戦災孤児，引き上げ孤児等の保護を講ずることにあった。

なお，同法は総則，福祉の保障，事業及び施設，費用，雑則，罰則から成っている。
③ 身体障害者福祉法：この法律の目的は，障害者自立支援法と相まって，身体障害者の自立と社会経済活動への参加を促進するため身体障害者を援助と必要によっては保護することによって，身体障害者の福祉の増進を図ることにある。
④ 知的障害者福祉法：同法律の前身は，精神薄弱者福祉法であるが，1998年に現法律名に改称された。この法律の目的は，障害者自立支援法と相まって，知的障害者の自立と社会経済活動への参加を促進するため，知的障害者を援助するとともに必要な保護をし，知的障害者の福祉の増進を図ることにある。
⑤ 老人福祉法：高度経済成長期のもとで，高齢者人口の増大と家族形態の変容による家庭内介護力の低下等高齢者問題の顕在化のなかで同法が成立した。この法律の目的は，老人福祉に関する原理の解明と老人に対する心身の健康の保持と生活の安定のために必要な措置を講じ，老人の福祉の向上を図るところにある。
⑥ 母子及び寡婦福祉法：同法の前身の母子福祉法が1981年6月の改正により，母子家庭の母であった寡婦に対しても福祉の措置が講じられるようになり，現行名となった同法の目的は，母子家庭等及び寡婦の福祉に関する原理を明らかにすると共に，その生活の安定と向上のために必要な措置を講じて母子家庭及び寡婦の福祉の向上を図ることにある。

(4) 社会福祉の行政

わが国の社会福祉の行政は，社会福祉の法制度や政策を具体的に実施する重要な役割を担っている。そこで，国と地方公共団体との関係についてみると次のようになる。

国の行政機関の中核は厚生労働省であり，雇用均等・児童家庭局（児童福祉法，児童扶養手当法，児童手当法，売春防止法，母子及び寡婦福祉法，母子保健法，母子保護法等），社会・援護局（社会福祉法，民生委員法，日本赤十字社法，社会福祉士及び介護福祉士法，生活保護法，消費生活協同組合法，災害救助法，災害弔慰金の支給等に関する法律，未帰還者留守家族等援護法，戦傷病者特別援護法，戦傷病者戦没者遺族等援護法等），社会・援護局の関連部である障害保健福祉部（障害者自立支援法，障害者基本法，身体障害者福祉法，特別児童扶養手当等の支給に関する法律等），老建局（老人福祉法，後期高齢者医療制度，介護保険法等）が社会福祉各法を所管，施行している。一方，地方公共団体には，知事の事務部局として保健福祉部，民生労働部，生活福祉部等が置かれている（ただし，東京都は福祉保健部）。また，専門の行政機関として身体障害者更生相談所，知的障害者更生相談所，児童相談所，婦人相談所，福祉事務所が置かれている。ところで，国と地方自治体との関係経緯を整理すると以下のようになる。まず，国の機関委任事務（国の事務を地方公共団体の機関に委任することである。そのため機関は国の指揮・監督下におかれる。しかし，2000年の地方自治法改正により廃止される。）の整理・合理化を推進するために創設されたのが「地方公共団体の執行機関が国の機関として行う事務の整理及び合理化に関する法律」(1986)である。この法律の成立により，国の機関委任事務が地方公共団体への団体委任事務（国の事務が地方公共団体に委任されることであるが，国の関与は助言・勧告等にとどまった。）が推進された。すなわち，児童福祉施設（児童福祉法），身体障害者更生援護施設（身体障害者福祉法），知的障害者援護施設（知的障害者福祉法），特別養護老人福祉施設（老人福祉法）等に関する事務が機関委任事務から団体委任事務となった。しかし，この国から地方への事務処理に関する移転は新たに地方財政が負

担を負うことになったのである。次に「老人福祉法等の一部を改正する法律」（1990）の制定により，老人福祉法，身体障害者福祉法，知的障害者福祉法，児童福祉法，母子及び寡婦福祉法，社会福祉事業法，老人保健法，社会福祉・医療事業団法の8つの法律が改正された。この法律によって老人並びに身体障害者の入所決定等に関する事務が都道府県から市町村へ委譲となった。そして，「地方分権の推進を図るための関係法律の整備等に関する法律」（地方分権一括法）（1999）が成立した。この法律の施行は，2000年4月1日であるが，国の機関委任事務が全廃され，法定受託事務（①本来国が果たすべき事務，②本来都道府県が果たす事務）と自治事務（地方公共団体の処理する事務—法定受託事務は除く—で法定自治事務と非法定事務）がある。この法律の制定により，国と自治体の役割が明確化された。

同法の成立によってこれまでの国中心の社会福祉行政が地方公共団体に権限がより一層委譲されることとなった。

5　福祉政策の構成要素

(1)　福祉政策の論点

現在，わが国の福祉政策は，①効率性と公平性，②必要と資源，③普遍主義と選別主義，④自立と依存，⑤自己選択とパターナリズム，⑥参加とエンパワーメント，⑦ジェンダー等に視座を定めて論じられている。

これらの論点の多くは相対立する用語であるが，順を追って説明する。

①効率性と公平性であるが，福祉サービスはできるだけ効率よく提供するのが望ましい。しかし，効率性を追求する余り，利用者の尊厳を軽視するケースがある。たとえば，介護サービスの給付は，被保険者の要介護，要支援の認定に応じて提供され，身体介護並びに生活支援のサービスは基本的に30分単位となっている。そのため，介護サービスが時間制限のなかで行われるため，効率性，能率性が重視され，サービスの質が軽視される傾向に陥りやすい。社会福祉法第3条では，「福祉サービスは，個人の尊厳の保持を旨とし，その内容は，

福祉サービスの利用者が心身ともに健やかに育成され，又はその有する能力に応じ自立した日常生活を営むことができるように支援するものとして，良質かつ適切なものでなければならない。」と福祉サービスの基本的理念を定めている。したがってこの理念に沿うサービスが望まれる。

　次に，②必要と資源であるが，まず，必要とはニーズと同意語に使われるケースが近年多くなっている。その理由は，ニーズを用いると専門的になり，日常知己に福祉政策を取り上げることが困難になるからである。また，資源はサービス利用者の生活上の「必要」（ニーズ）を充足するための社会資源である。

　③普遍主義と選別主義であるが，これは社会福祉制度の基本的枠組みを提示する概念であるが，前者は，福祉サービスを希望するすべての人びとにサービスを提供する概念であるが，利用者が拡大する恐れがあり，財政的問題を抱える危険性がある。後者は福祉サービスを利用する人びとを制限する概念である。たとえば，児童手当，特別児童手当あるいは生活保護制度のように所得制限や資産調査によって利用者を制限するので，スティグマ（社会的烙印）を与えやすい。

　④自立と依存の前者はサービス利用者の自立を促すことであり，後者は，利用者が福祉サービス依存状態から脱却できなく，自立・自己実現が達成できない状態を示す。

　⑤自己選択は，福祉サービス利用者にとって，最も大切な視点である。戦後以後，わが国のサービス供給は「措置制度」のもとで，対象者がサービスを選択することは不可能であった。しかし，社会福祉基礎構造改革以降，サービス供給のあり方が，利用者制度の導入により，利用者自らサービスの選択が可能となったのである。

　⑥参加とエンパワーメントであるが，現在の福祉政策は，住民参加のもと地域福祉サービスを中心に展開している。社会福祉法の第4条「地域住民，社会福祉を目的とする事業を経営する者及び社会福祉に関する活動を行う者は，相互に協力し，福祉サービスを必要とする地域住民が地域社会を構成する一員として日常生活を営み，社会，経済，文化その他のあらゆる分野の活動に参加す

る機会が与えられるように，地域福祉の推進に努めなければならない。」と住民参加のもとでの地域福祉の推進を謳っている。また，エンパワーメントは現代の社会福祉援助実践（ソーシャルワーク）過程において，利用者の尊厳を遵守し，利用者のパワーを導き出し利用者と環境との関係性に焦点をあてるソーシャルワークの方法が主流となっている。

⑦ジェンダー（社会的・文化的による性差を意味する）の理念は，わが国においても「男女共同参画社会基本法」(1999)，「男女共同参画基本計画」(2005) の制定，策定によって導入された。今日ではジェンダー・エンパワーメント指数により，女性の政治，経済の参加指数を推し量るもので男女共同参画の指数とされている。福祉政策において女性の生き方（働き方）の多様化，多種化に備えた新たなる社会福祉制度の構築が問われている。

以上，福祉政策の論点を明らかにしてきたが，今後の福祉政策にこれらの論点を論議し，反映させることが重要である。

(2) 福祉政策の構成要素

福祉政策の構成要素として，①政府の役割，②市場の役割，③国民の役割，④福祉供給部門の役割等を指摘することができる。

まず，①政府の役割であるが，戦後，日本の社会福祉は，日本国憲法第25条の理念のもとで，国家が国民に保障すべき最低限度の生活水準である「ナショナルミニマム」を基本理念として，選別主義に基づく措置制度を行ってきた。しかし，高度経済成長期以降，国民生活の向上と高齢化社会のもとで，福祉サービスの対象も貧困階層からすべての国民を対象とするようになった。これ以降，社会福祉費用の拡大に伴って，受益者負担思想のもとで，一部負担が導入されるようになった。その後，「福祉ミックス論」（福祉多元主義）の登場により，福祉サービス供給に市場原理が導入され，公・民・私一体のサービス供給体制が構築されるようになり，これまでの公的責任に基づく社会福祉運営に民間企業や非営利企業（NPO）による参入が始まった。そして，1990年代の社会福祉基礎構造改革により，サービス利用システムが措置制度から利用者制度

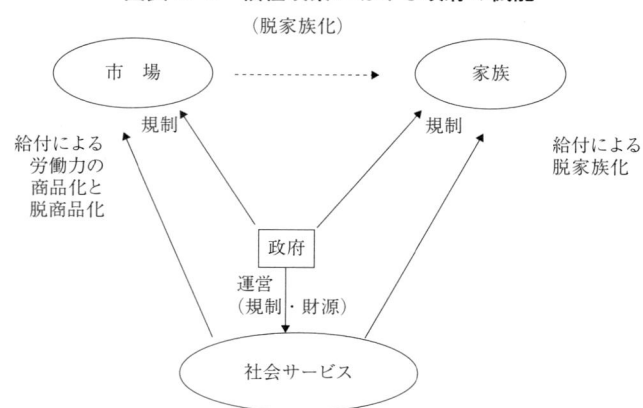

図表10-5　福祉政策における政府の機能

```
              （脱家族化）
    市　場 -----------→ 家族
      ↖ 規制      規制 ↗
給付による              給付による
労働力の      政府      脱家族化
商品化と      運営
脱商品化   （規制・財源）
            ↓
        社会サービス
```

（出所：社会福祉士養成講座編集委員会『新・社会福祉士養成講座4 現代社会と福祉』中央法規出版，2009年，p.149）

（契約制度）に変換されたことによって，公的責任の後退から社会保険中心，自己責任（リスクマネジメント）へ移行したのである

　しかしながら，国家の福祉政策は，国民生活の維持・向上に関するものである。故に後退したとはいえ政府の役割は，民間パワーを活用するとしても福祉政策の立案・制定の中心として，これからも重要なポジション占めているのである。図表10-5は，福祉政策における政府の機能を示したものである。この図表から政府の役割は市場と家族に対する規制であり，社会サービスの運営（規制・財源）であることが分かる。「市場に対する規制と社会サービス給付」の市場に対する規制として，政府が最低賃金を決定したり，労働条件を規制することで労働者の雇用の権利を定める規制を行ったり，社会サービスを提供することにより，給付による労働力の商品化と脱商品化を推進している。「家族に対する規制と社会サービス給付」では，家族に対する規制として政府が家族に扶養義務を負わせたり，虐待を禁止する等がある。また，保育サービス，ホームヘルプサービス等の社会サービスにより家族によるケアを代替することによって，家族の負担を減らすという意味で給付による脱家族化を推進することに

なる[5]。

　次に、②市場とは、サービスの売買の場所である。故に、人びとは市場において自らが欲する物を購入することができ、そのことがわれわれの生活を満たしている。しかし、市場では、市場原理（競争原理）が優先されるため競争に敗れた者あるいは高齢者や障害者の労働力は市場から排除され貨幣を得ることが困難である。その結果、生活苦を招来し、挙句の果てには孤独死、自殺等により自ら命を絶つことになる。福祉における市場は、サービスを貨幣を介してわれわれの手元に「いつでも、どこでも、だれでも」取り寄せることができる。しかし、貨幣を有しないものあるいは有することが不可能な人びとにとって、市場は架空のモノとカネの交換の場に過ぎない。そのため、市場に福祉を委ねる場合、市場原理における反福祉的要因を市場以外のシステムで構築するか、市場を抑制する社会的倫理思想が必要である。

　そして、③国民の役割であるが、今日の福祉サービスは、一面では脱家族化を推進する要因となっている。かつて、わが国の社会福祉の一翼を担っていたのが「家族・近隣力」（相互扶助思想）であった。しかし、家族並びに地域社会の崩壊・瓦解により、その再構築が問われている。国民・家族の役割として、市場から排除された人びとに対する家族の役割が期待されているが家族が崩壊しているなか、過剰な期待は禁物である。しかし、1995年の阪神・淡路大震災並びに2011年の東日本大震災において、ボランティアの活躍は目覚ましいものがある。この根底には、わが国が古代社会から培ってきた家族・地域における相互扶助思想の存在である。今後、国民の役割として期待されることは、すべての福祉政策を国に依存する体質から脱却して、国民がリスクマネジメントを自覚し、自ら「自立した生活」を継続する努力が必要であろう。そのためには、地域の福祉計画策定に国民が自ら参画することが大切となる。

　最後に、④福祉供給部門の役割であるが、現在、福祉サービスは、利用者制度のもとで地方公共団体、民間企業、NPO、ボランティアも参入・参加して提供されている。とくに、高齢者福祉における居宅支援事業（在宅福祉サービス等）、児童福祉における保育事業（保育園、保育ママ等）等における民間企

業の参入が目覚ましい。しかしながら民間企業は利益誘導が原則のため，不収益事業あるいは地域に対する取り組みは希薄とならざるを得ない。そのため，在宅福祉サービスを例にあげると，介護保険制度が開始された当初は，全国各地に居宅支援事業が開設されたが，収益が上がらないと見ると一斉に事業を撤退する現象がみられた。このことは，該当する地域住民にとって不利益であり，健康上，生活上不便をきたすことになる。そのため，福祉供給部門における民間事業者に対する設立時における政府の規制が重要となる。なお，現在，福祉供給部門として，①公的セクター：国・地方公共団体等，②第三セクター：公民協同出資事業体，③民間非営利セクター：社会福祉法人，NPO法人，協同組合，共済組合等，④インフォーマルセクター：セルフヘルプサービスグループ，ボランティア等がある。

6　福祉政策と関連施策

　福祉政策と関連施策であるが，これには，①福祉政策と教育政策，②福祉政策と住宅政策，③福祉政策と労働政策の3点に絞って説明する。まず，①福祉政策と教育政策であるが，今日ほど教育政策が問われている時代はない。その理由は，経済のグローバル化により「格差社会」が出現し，経済的に困窮化している家庭における児童・生徒は，学習機会が奪われている。例えば，テレビ報道によると大阪市の某公立高校の多くは家庭の経済的事情のため毎年多くの生徒が退学，あるいは授業料未納のため学習よりアルバイトに追われる日々を送っている。また，同市の小学校では，母子家庭の児童が朝食抜きで学校へ登校するため，児童は保健室に駆け込み，養護教諭から牛乳等をもらい，空腹を満たしている映像が流れた。福祉政策と教育政策の関連として，ア．就学援助，イ．奨学金制度がある。ア．就学援助は学校教育法第25条「経済的理由によつて，就学困難と認められる学齢児童の保護者に対しては，市町村は，必要な援助を与えなければならない。」と定めている。

　その対象は生活保護を受けている小・中学校に在籍する子どもの保護者（要

保護者）と市町村教育委員会が認めた者（準要保護者）となっている。

　なお，生活保護法との関係であるが，基本的に生活保護法と学校教育法は別のものであるので，生活保護法とは別個に就学奨励を行うことができる（就学奨励は生活保護法の教育扶助に優先するものであるから，同時に教育扶助は受けることはできない）。また，イ．奨学金制度であるが，この制度は，独立行政法人日本学生支援機構法第3条に基づいて，現在，独立行政法人日本学生支援機構によって実施されている。その種類は経済的理由により修学に困難がある優れた学生に貸与される「奨学金貸与事業」と留学生等に対する奨学金の給付・各種留学生交流プログラムの実施，留学生宿舎の整備，日本留学試験等による入学手続きの改善，留学に関する情報提供等を行う「留学生支援事業」，それに，各大学が行う各種学生生活支援活動に資する事業として，「学生生活支援事業」等がある。奨学金制度の対象は，学校教育法の高等学校・短期大学・大学・大学院・高等専門学校・専修学校に在学する者で学校長の推薦を受け，選考の上決定される。なお，奨学金の種類には第1種奨学金（無利子）と第2種（利息あり）がある。ただ，日本の教育政策とヨーロッパの福祉先進国の教育政策と比較すると大学の授業料，義務教育における教員数，クラスの定員数等において大きく見劣りするのが現状である。

　次に，②福祉政策と住宅政策では，高齢者や障害者等日常生活において何らかの制限をうける人びとが誰でもが利用できる特定建築物（公共建築物）の建築を推進することを目的とした「高齢者，身体障害者等が円滑に利用できる特定建築物の建築の促進に関する法律」（ハートビル法）が，1994年（平成6）に制定され，バリアフリー化の促進によってハンディのある高齢者や障害者が利用できるようになった。また，2006（平成18）年には，「高齢者，障害者等の移動等の円滑化の促進に関する法律」（バリアフリー新法）が制定された。この法律は交通バリアフリー法（2000）とハートビル法（1994）を統合・拡充して制定されたものである。この法律によって，高齢者・障害者の移動並びに施設利用が向上することになった。そして，2007（平成19）年には「住宅確保要配慮者に対する賃貸住宅の供給の促進に関する法律」（住宅セーフティネット

法）が成立した。国土交通省は目標達成のための基本的方針として，ア．サービス付きの高齢者向け住宅の供給促進，イ．低額所得者等への公平かつ的確な公営住宅の供給，ウ．高齢者向け賃貸住宅の供給，公的住宅と福祉施設の一体的整備等をあげている。このように福祉政策のもとでの住宅政策は，まだ不十分であるが，着実に前進しているのが伺える。

　最後に，③福祉政策と労働政策であるが，日本経済の長期低迷のもと雇用状況は厳しい局面にある。

　その状況は，被保護世帯数・被保護者の数値の推移を見れば一目瞭然である（第8章参照）。

　労働政策では雇用政策が重要となるが，バブル経済崩壊後，日本経済はグローバル化のなかで，世界的視野からしても遅れを取っている。高齢社会と労働賃金という2つの弱点を抱えた経済活動のなかで，とくに近年の円高傾向がより一層製造業の拠点の海外シフトを加速させている。そのため，国内では産業なかでも製造業の空洞化が起こり，そのため雇用状況が一層厳しくなっている。そのため労働市場では正規雇用に対して非正規雇用が増加の一途をたどり，そのことによって，セーフティネット（安全網）が崩壊しつつある。とくに年金・医療・介護は，現状の質と量を維持・継続が困難な状況を迎えている。こうした局面のなかで，社会保障・税の一体改革が進められているが，前途は予断を許さない状況にある。こうしたなかで，福祉的雇用政策として，2002（平成14）年に居住支援と就業支援2つの柱とする「ホームレスの自立の支援等に関する特別措置法」が制定された。「障害者の雇用の促進に関する法律の一部を改正する法律」（2005）が成立し，精神障害者の雇用対策の強化，在宅就業障害者の支援，障害者福祉施策との有機的な連携等が新たに追加された。

　なお，現在，高齢者，障害者，母子家庭等就職が困難な求職者に対して，「特定求職者雇用開発助成金」制度により，ハローワーク等の紹介にて障害者等を雇用した事業主あるいは65歳以上の離職者を1年以上継続して雇用する事業主または東日本大震災による被災離職者，被災地に居住する求職者を1年以上雇用することが見込まれた労働者を雇い入れた事業主に対して賃金相当額の一部

を助成することになっている。

　福祉政策としての労働政策は、日本全体の雇用状況が厳しいなかで労働政策を推進することは非常に困難な局面にある。

注)
1）仲村優一・一番ヶ瀬康子・右田紀久恵監修『エンサイクロペディア社会福祉学』中央法規，2007年，pp. 360〜361
2）岡村重夫『全訂社会福祉学（総論）』柴田書店，1982年，p. 121
3）三浦文夫『増補改訂社会福祉政策研究』全国社会福祉協議会，1995年，p. 88
4）同上 p. 46
5）社会福祉士養成講座編集委員会『新・社会福祉士養成講座4　現代社会と福祉』中央法規，2009年，p. 148

参考文献
厚生労働統計協会『国民の福祉の動向（2011／2012）』厚生労働統計協会，2011年
秋元美世他編集『現代社会福祉辞典』有斐閣，2003年
一番ヶ瀬康子・小川政亮・真田是・高島進・早川和夫編『社会福祉辞典』大月書店，2002年
成清美治・加納光子代表編集『現代社会福祉用語の基礎知識（第10版）』学文社，2012年

第11章　相談援助技術

1　ソーシャルワークの定義と構成要素

(1)　ソーシャルワークの定義

　国際ソーシャルワーカー連盟は「ソーシャルワーク専門職は，人間の福利（ウェルビーイング）の増進を目指して，社会の変革を進め，人間関係における問題解決を図り，人びとのエンパワーメントと解放を促していく。ソーシャルワークは，人間の行動と社会システムに関する理論を利用して，人びとがその環境と相互に影響し合う接点に介入する。人権と社会正義の原理は，ソーシャルワークの拠り所とする基盤である。」とソーシャルワークを定義している。

　その原理は，(1)人権と人間の尊重：①自己決定の尊重，②参加の権利の促進，③個々の人間全体としてとらえる，④ストレングスの認識と発展，(2)社会正義：①否定的な差別への挑戦（能力・年齢・文化・性別・結婚・社会的地位・政治的意見・皮膚の色・人種等），②多様性の尊重，③資源の公正な分配（社会資源），④不当な政策や実践に挑戦すること，(3)専門職としての行動（倫理規定とガイドライン）：①業務に必要な技術と能力の維持発展，②誠実性等となっている。わが国では，ソーシャルワークとして，国家資格である社会福祉士，精神保健福祉士が専門職として位置づけられている。

　その定義は，社会福祉士とは，「社会福祉士の名称を用いて，専門的知識及び技術をもつて，身体上若しくは精神上の障害があること又は環境上の理由により日常生活を営むのに支障がある者の福祉に関する相談に応じ，助言，指導，福祉サービスを提供する者又は医師その他の保健医療サービスを提供する者その他の関係者（第47条において「福祉サービス関係者等」という。）との連絡及び調整その他の援助を行うことを業とする者をいう。」（「社会福祉士及び介護

福祉士法」第2条）と規定している。また，精神保健福祉士の定義は，精神保健福祉士とは，「精神保健福祉士の名称を用いて，精神障害者の保健及び福祉に関する専門的知識及び技術をもって，精神科病院その他の医療施設において精神障害の医療を受け，又は精神障害者の社会復帰の促進を図ることを目的とする施設を利用している者の社会復帰に関する相談に応じ，助言，指導，日常生活への適応のために必要な訓練その他の援助を行うこと（以下「相談援助」という。）を，業とする者をいう。」とある。

現在，ソーシャルワーカー専門職の資格制度の再編成として，日本学術会議社会学委員会社会福祉学分科会より提言（2008）されているのは，図表11-1の通りである。

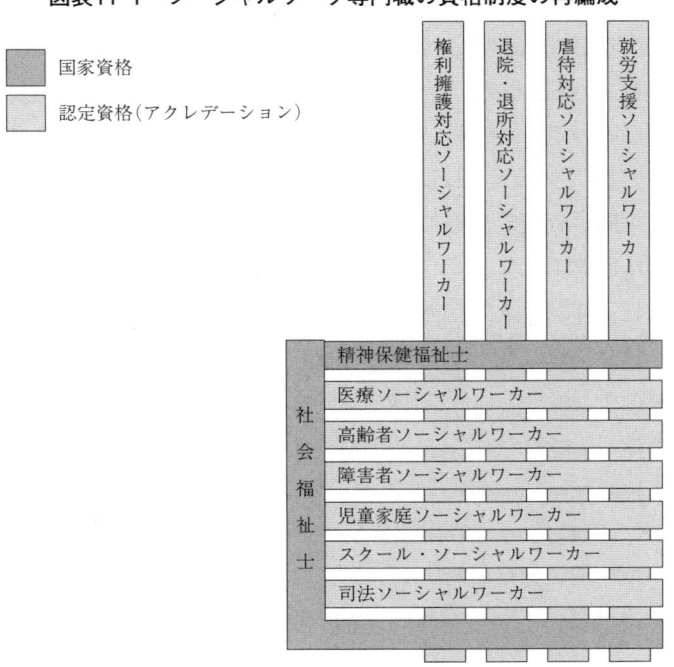

図表11-1　ソーシャルワーク専門職の資格制度の再編成

■ 国家資格
□ 認定資格（アクレデーション）

認定資格：
- 権利擁護対応ソーシャルワーカー
- 退院・退所対応ソーシャルワーカー
- 虐待対応ソーシャルワーカー
- 就労支援ソーシャルワーカー

社会福祉士：
- 精神保健福祉士
- 医療ソーシャルワーカー
- 高齢者ソーシャルワーカー
- 障害者ソーシャルワーカー
- 児童家庭ソーシャルワーカー
- スクール・ソーシャルワーカー
- 司法ソーシャルワーカー

（出所：日本学術会議社会学委員会社会福祉学分科会「提言近未来の社会福祉教育のあり方について―ソーシャルワーク専門職資格の再編成に向けて―」2008年，p. 11）

なお，両者の活躍の場として，社会福祉士の場合，①地域包括支援センター，②学校ソーシャルワーカー，③病院関係，④各福祉施設の生活相談員，⑤施設，在宅のケアマネジャー，⑥更生保護施設，⑦福祉事務所，⑧社会福祉協議会等が考えられる。一方，精神保健福祉士の場合は，①精神科病院，②保健所，③市町村保健センター，④精神障害者施設等が考えられる。

(2) ソーシャルワークの専門性とその構造

　まず，ソーシャルワークの専門性であるが，それは「生活困難を抱えた個人や家族の基本的人権の保障，権利擁護，地域福祉の増進，社会正義の遵守，社会福祉を取り巻く環境問題等の原理に立脚し，専門的知識，専門的技術，価値／倫理を具備したソーシャルワーカーの利用者の自立・自己実現を達成するための援助活動である」と定義することができる。2007（平成19）年11月に「社会福祉士及び介護福祉士法」が改正された。その概要は，①定義規定の見直し：「利用者の尊厳と自立生活を営むことができるようその他の福祉サービス提供者や医師との連絡・調整を行うこと」を明示した。②義務規定の見直し：「相談援助に関する知識及び技能の向上」，「地域に即した創意と工夫を行いつつ，福祉サービス関係者等との連携を保つこと」等が新たに義務規定に加えられた。このように法律改正によって，専門職として社会福祉士として，これまで以上の価値／倫理，知識，技術の向上が求められている。

　ここで，社会福祉の専門性について，諸説を紹介しよう。まず，秋山智久は専門性の概念として，①社会福祉の専門性，②ソーシャルワークの専門性，③施設の専門性，④職員の専門性の4つをあげている[1]。

　また，京極高宣はソーシャルワークの職業倫理（専門）として，①基礎知識（関連知識・一般教養），②専門技術（社会福祉援助技術），③専門知識（各種社会福祉制度・関連分野に関する知識），④倫理（人権の擁護・自立援助・守秘義務）をあげている[2]。そして，フレックスナー（Flexner, Abraham）は専門性として，①固有・明確・必須の社会的役割，②役務遂行における技術の強調，③長時間の専門的訓練，④個々の実践者及び全体としての職業集団の広範

囲の自立性，⑤専門職の自立性の範囲内でなされた判断および遂行された行為についての実践者たちによる広い個人的責任の受容，⑥職業集団に委ねられた社会的役務の組織化及び実行の原理として，実践者たちの経済的利益により提供される役割の強調，⑦実践者たちの包括的な自治組織等をあげている[3]。また，スペクト（Spect, Harry）は，著書『福祉実践の新方向』（*New Direction for Social Work Practice*）のなかで，アメリカの他者の専門職の定義を引き合いに出して「アメリカの専門職が業務の中に取り込んでいる最も重要な価値基準は，個人主義と専門技術でありこれらの価値基準は相互補完的なものである。専門技術こそが専門職の必須条件なのである。専門職がその地位について特別手当，特別扱いを主張するのは，専門的介入によってサービス利用者を援助できるという確信に支えられている」と述べている[4]。また，日本のソーシャルワークの専門性の研究者の一人である奥田いさよは，専門性は2つの側面から考察するべきであると提唱している。そのひとつは，「外なる専門性，つまり，ソーシャルワークが他の対人援助専門職を明確に区別できるかにかかわる専門性」，もうひとつは，「ソーシャルワークにおける専門分野，あるいは特定の分野に関しての専門的知識や技能にかかわる専門性」であると指摘している[5]。

　次にソーシャルワークの専門性の構造であるが，図表11-2の通りとなっている。

　すなわち，ソーシャルワーカーとクライエント（以後，利用者）の相互信頼関係はラポール（rapport）を通じて構築される。このラポールによって相互信頼と相互理解が通じあった関係ができるのであり，ソーシャルワークの援助関係の基礎となる。ワーカーは，良質な援助関係を構築するため，ソーシャルワーク実践の共通基盤である価値／倫理，技術，知識の3つの要素を具備しなければならない。この基本的条件のもとクライエントが抱えている生活歴・生活様式，心理的側面，身体的側面，ADL，IADL，QOL，社会的側面，経済的側面等のニーズを適切に把握し，時には介入することにより，ソーシャルワーク（社会福祉援助技術実践）を行うのである。

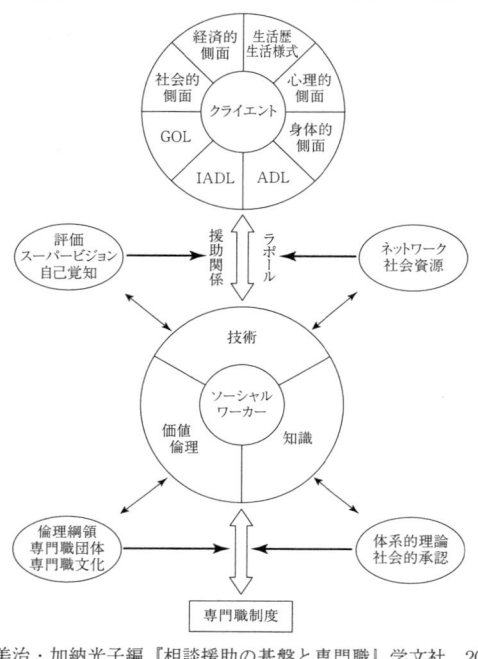

図表11-2 ソーシャルワークの専門性の構造

(出所:成清美治・加納光子編『相談援助の基盤と専門職』学文社, 2010年, p.23)

2　ソーシャルワークの専門職を構成する3要素

　ソーシャルワークの構成要素として著名なのは, パールマン (Perlman, Helen. Harris) の6つのPである。

　彼女は, ケースワークにおける問題解決アプローチとして, Person (人), Problem (問題), Place (場所), Process (過程), Professional Person (専門職), Provision (援助制度対策) を提唱した。現在, ソーシャルワークの構成要素としてあげられているのは, (1)価値／倫理, (2)専門的知識, (3)技術・技能である。これらの項目について順序を追って述べることにする。

　まず, (1)価値／倫理であるが, このうち「価値」であるが, 一般的に価値とは,「人間性」(善:good) であると理解されている。価値はある対象の善さを

感得し，承認することによって成立する。つまり，利用者のニーズを充足する援助者の人間性（態度・能力）によって，援助内容が決定されるのである。アメリカのソーシャルワーク研究者であるバートレット（Bartlett, Harriett）は主著『社会福祉実践の共通基盤』（*The Common Base of Social Work Practice*）のなかで「基礎的定義の小委員会は価値を「各個人のもっている発達への可能性を，生涯をとおして最大限に実現すること」と証言した。端的にいえば，個人がもっている成長への可能性を最大限に実現することは，あらゆる個人にとって善 good なのである」と指摘している[6]。また，ルイーズ C. ジョンソン／ステファン J. ヤンカ（Johnson, C. Louise & Yanca, J. Stphen）は共著『ジェネラリスト・ソーシャルワーク』（*Social Work Practice : a Generalist Approach, 7th ed.*）のなかで，価値に対する諸研究者の説を紹介している。たとえばパンフリー（Pumphrey, Muriel）は「個人あるいは社会的グループが行う望ましい行為の定式化である価値は通常何らかの意味，目的，及び生活の状態についての選択を合意し，しばしば強い感情を伴う」と定義した。また，アプテッカー（Aptekar, Herbert）の価値の定義についても紹介している。すなわち，彼は「ある社会の大部分が抱く基準で，制度化された行動パターンに反映され，共通に理解されてはいるが，意識的に制御されたり論理的一貫性があるわけではない準拠システムの枠組みの中で，構成員相互の行為に影響するものである。」と価値の意味を精緻化している[7]。

　価値への3つのアプローチとして，①自立支援（利用者のニーズを明確にする），②人権の尊重（援助者の人間性），③ノーマライゼーション，ソーシャルインクルージョンの原理等をあげる。まず，①「自立」であるが，自立とは一般的に経済的，職業的自立をいうが，1970年代のアメリカにおける「自立生活運動」（IL運動）の影響もあって，「自立」のとらえ方が大きく変化した（自立については，第2章2の(3)ですでに詳しく述べている）。つまり，日常生活において全介助であっても他者の援助を受けることによって，自己決定権を行使し，主体的に生きるための自己管理能力を「自立」という。また，個人の意思に基づいて決定し，実行する能力を「実行の自立」という。これに対して，高齢，

障害等のため自らの意思を持っていても自らものごとを実行することが困難な場合でも，他者の援助を受けて実現する。すなわち，「自立的」でない人も物事を決める決定権は存在するのである。このような他者の援助を仰いで物事を決定することを「決定の自立」という。つづいて，②人権であるが，これは人間生まれながらにして享有している権利であり，現代社会において最も尊重されなければならない権利である（第2章の2の(1)ですでに詳しく述べている）。この代表的なものにア.国家権力の不当な干渉・強制を排除して各人の自由を確保する権利である自由権，イ.人間に値する生活を営むための権利である社会権，ウ.人が自己の生命・自由・名誉等の人格的利益について有する権利である人格権等がある。最後にノーマライゼーションとソーシャルインクルージョンであるが，これらの理念・思想は社会的弱者といわれる人びとの基本的人権，生活権，雇用機会の保障，社会参加等を擁護するものである。

　次に価値と表裏一体の関係にある倫理について述べる。倫理の享有は人間が社会生活を営むうえで具備すべきものである。昨今，倫理観の欠如した社会福祉専門職（なかでも老人関係に従事している職員が起こす事件が頻発している）が，利用者の預貯金を無断で引き出したり，利用者に対して身体的，精神的虐待を行ったりさまざまである。この根本的原因は，社会福祉専門職の倫理観の欠如である。ソーシャルワーク実践を行うソーシャルワーカーは，利用者の尊厳を支える援助でなければならない。社会的弱者といわれている高齢者，障害者，生活困窮者等の身体，生命人権に関する業務に従事するソーシャルワーカー，厳しい局面に対峙している人びとに対して，ソーシャルワーク実践において自らを律する厳しい倫理観が要求される。すなわち，福祉・医療・保健・教育等のヒューマンサービスに関わる専門職として，倫理観の具備は絶対的条件である（価値／倫理に関しては，第2章の2の(2)に詳しく述べている）。つづいて，専門職を構成する，(2)専門的知識であるが専門職として具備すべき知識は，①社会事象としての社会福祉問題に関する知識：福祉政策，福祉制度，実践・方法，福祉関連法律等である。特に近年は，少子・高齢社会のもとで，社会保障制度，社会福祉に関する新法の成立，法律改正等が行われているので，福祉の

動向に常に注視する必要がある。②人間に関する知識：医学，心理学，精神分析学等であるが，かつての福祉問題対策が貧困問題だけに焦点を合わしていればよい時代と違って，近年は社会福祉の対象が国民全体となったと同時に，対象者・利用者のニーズも多様化・多種化している。たとえば，社会的ストレス問題，高齢者・児童・障害者の虐待，DV（ドメスティックバイオレンス），アルコール・薬品依存症，孤独死・自殺等，かつて社会福祉の対象でなかった新たな精神的・心理的原因から端を発する問題が多発している。故に人間に関する問題を扱うソーシャルワーカーにとって，医学，心理学，精神分析等人間に関する知識・思考を深化させることが望まれる。③人文科学（哲学・文学・言語学等），社会科学（政治・経済・社会・歴史学等），自然科学（物理・天文・生物・地学等）：この学問体系のうち，現在の大学教育において，かつての教養が軽視されているなかで，哲学は重要なポジションを占めている。何故なら，哲学は「人間の生き方」を問う学問であるからである。

なかでも，「人間の死」の場面と直面あるいは隣接している職場においては，「人間とは何か」「生命とはなにか」を常に問われているのである。なかでも医療保健あるいは生活保護ソーシャルワーカーは，死という問題から逃避することはできないのである。そして，(3)技術・技能であるが，社会福祉専門職として具備すべき技術・技能とは，利用者に対する専門的援助技術でソーシャルワーク固有の技術である。すなわち，ソーシャルワークに関する固有の専門的援助技術には，①直接援助技術（ケースワーク，グループワーク），②間接援助技術（コミュニティワーク，ソーシャルワークリサーチ，ソーシャルアドミニストレーション，ソーシャルワークアクション，ソーシャルプランニング）等がある。

ここで主たる援助技術である，①個別援助技術，②集団援助技術，③地域援助技術について述べる。

まず，①個別援助技術（ケースワーク）であるが，その定義は「生活問題を抱えて悩んでいる利用者あるいは家族に対して，ケースワーカー（援助者）が，直接面接を通じて，利用者のニーズの適切な把握を行い，必要に応じて社会資

源を活用し，問題解決を図ることによって，自立・自己実現を図るための援助である。」

図表11-3 個別援助技術の援助過程

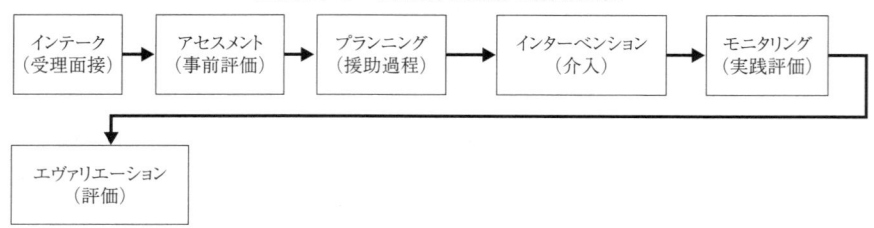

インテーク（受理面接） → アセスメント（事前評価） → プランニング（援助過程） → インターベンション（介入） → モニタリング（実践評価）

→ エヴァリエーション（評価）

図表11-4 集団援助技術の援助過程

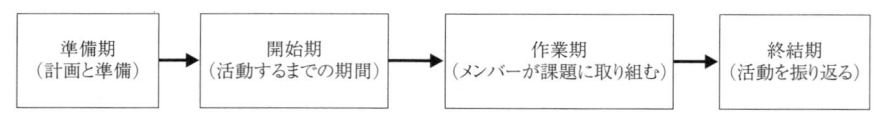

準備期（計画と準備） → 開始期（活動するまでの期間） → 作業期（メンバーが課題に取り組む） → 終結期（活動を振り返る）

図表11-5-1 地域援助技術の援助過程

地域のニーズの把握 → 地域アセスメント → 活動計画と実施 → 評価

図表11-5-2 地域援助技術の援助過程

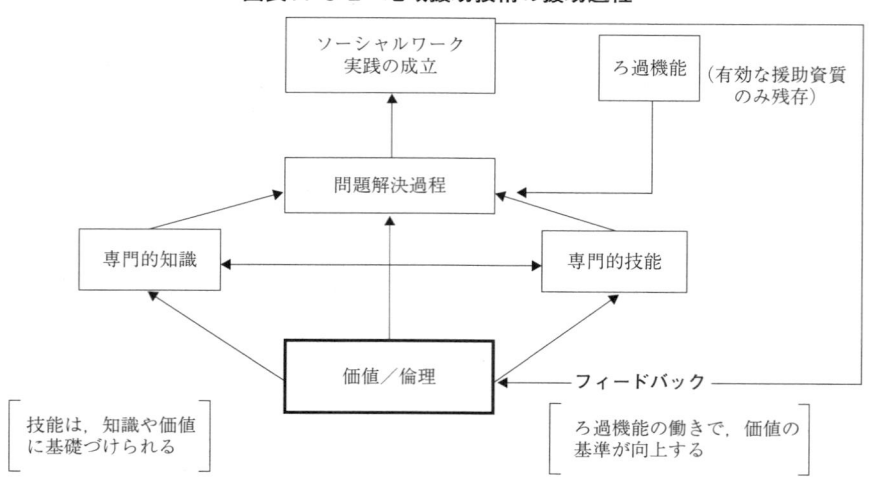

ソーシャルワーク実践の成立　ろ過機能（有効な援助資質のみ残存）

問題解決過程

専門的知識 ←→ 専門的技能

価値／倫理 ←― フィードバック ―

［技能は，知識や価値に基礎づけられる］　［ろ過機能の働きで，価値の基準が向上する］

図表11-6 コミュニケーションの種類

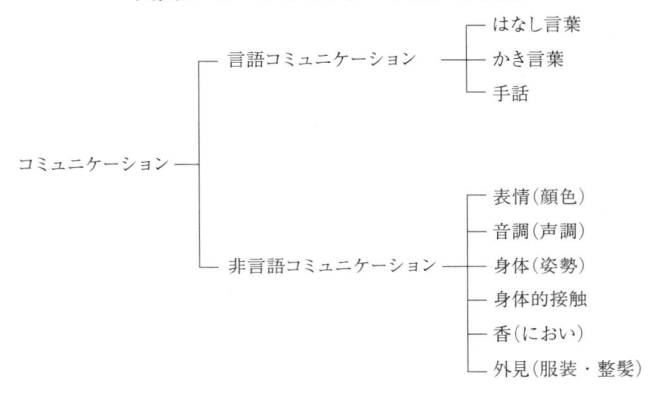

```
                    ┌─ 言語コミュニケーション ──┬─ はなし言葉
                    │                          ├─ かき言葉
                    │                          └─ 手話
コミュニケーション ──┤
                    │                          ┌─ 表情（顔色）
                    │                          ├─ 音調（声調）
                    └─ 非言語コミュニケーション ┼─ 身体（姿勢）
                                               ├─ 身体的接触
                                               ├─ 香（におい）
                                               └─ 外見（服装・整髪）
```

なお，個別援助技術の援助展開は図表11-3の通りである。

次に，②集団援助技術（グループワーク）であるが，この技術は「集団を利用して，集団力学（グループダイナミックス）やプログラム活動を援助媒体として利用し，個人の問題を解決する援助技術である」。その援助過程は，図表11-4の通りである。

最後に，③地域援助技術（コミュニティケア）の定義であるが「地域において，生活問題を抱えて困っている人あるいは家族・住民のニーズを満たし，問題解決をするための援助活動である」。その援助過程は，図表11-5-1，11-5-2のとおりである。

また，ソーシャルワーカーと利用者の信頼関係，援助関係を継続していくため，思想・感情の伝達であるコミュニケーション（communication）が必要となる。コミュニケーションとして，図表11-6のようなものがある。

❸ バイステックの７原則

バイステック（Biestek, F. P.）の７原則とは，彼がケースワークの援助関係において，ワーカー（援助者）と利用者との両者の間に構築される援助関係の

基本的技能を示したものである。その7つの原則は以下の通りである。
① 個別化（individualization）：この原則は，利用者が持っている個性や特質を認め，個人として扱ってもらいたいと利用者は希望するのである。これに対して，ワーカーは利用者の特質，個性を認めることによって，一個人として利用者を理解することである。
② 意図的な感情の表出（purposeful expression of feeling）：この原則は利用者が抱えているさまざまな問題，悩みを利用者はワーカーに打ち明けること，すなわち，感情を吐露することにより精神的，心理的に軽快になることを望むことであり，一方，ワーカーは利用者の感情をできるだけ表出するように援助することである。
③ 統制された情緒的関与（controlled emotional involvement）：この原則は，利用者から一方的に投げかけられた感情に対して，ワーカーがそれを受け止めて，利用者の感情を共感的に理解することである。そのためワーカーは自己覚知（self-awareness）に努めなければならない。
④ 受容（acceptance）：この原則は，利用者をありのままに受け入れ，全面的に理解することである。つまり，利用者は自分が価値のある人間であることをワーカーに認めてもらいたいという感情が働く。一方，ワーカーは，利用者を全面的に受け入れる努力が必要である。
⑤ 非審判的態度（non judgemental attitude）：利用者の態度・行動をワーカーの倫理的あるいは自己基準によって利用者の行為を単純に判断してはならないという原則である。つまり，利用者は自己の行動，行為を単純に判断してほしくはないという思いであり，一方，ワーカーは冷静，沈着かつ客観的に利用者を判断しなければならない。
⑥ クライエントの自己決定の原則（client self-determination）：この原則は，7原則のなかで最も重要なものであるといえる。なぜならば，ソーシャルワーク援助は，利用者が援助過程からさまざまな事柄を学び，吸収して，自らの進路を決定することが大前提である。故に利用者は自ら選択を決定し，ワーカーの役割は，利用者が自己決定できるよう側面から環境整備をすること

である。
⑦ 秘密保持（confidentiality）：病院，学校関係，福祉施設等ヒューマンサービスに携わる専門職のすべての人びとは，自らが患者あるいは生徒・学生，利用者のプライバシーに関わる情報は何人に関わらず提供しないというのが，前提である。利用者は，ワーカーを信頼・信用して個々の悩み，苦しみを吐露するのである。よって，援助関係において得た情報は絶対他者に漏らしてはならないのである。さもなければ相互の信頼関係が崩壊することになる。このことは，ワーカーの倫理観あるいは倫理規範として，具備しておかなければならないことである。

4 相談援助の歴史的展開

(1) ソーシャルワークの源流

ソーシャルワークの源流は，19世紀以降のイギリス，ドイツ等における諸活動において見られる。たとえば，イギリスのスコットランドの長老派教会牧師のチャルマーズ（Chalmers, Thomas）の「隣友運動」，ドイツの救貧制度であるエルバーフェルト（Elberfeld system）やイギリスの慈善組織協会（Charity Organigation Society）の「友愛訪問」，「慈善事業の組織化」，そして同国のセツルメントやYMCA・YWCA等である。これらのソーシャルワークの源流について，以下具体的にみることにする。

1）チャルマーズの「隣友運動」

スコットランドの牧師であったチャルマーズは，1819年グラスゴー市のセント・ジョン教区（市の最も貧困な地区）に赴任した。当時のグラスゴー全人口のうち労働者が80％近くを占めるというイギリスでも有数の工業都市であった。そのためイギリス北部の各地から労働者が集まり，スラム（貧民街）を形成していた。そこで生活する多くの労働者の生活環境は劣悪で，疾病や貧困や犯罪が多数存在する地域であった。こうした状況下で彼は地域社会における救貧活動を行った。これが著名な「隣友運動」（Neighborhood Movement）で，その理

念は「施与より友人であれ」である。チャルマーズの隣友運動の思想はマルサス（Malthus, T. R.）と同様の貧困観（貧困は個人の責任）に立脚するもので救貧法による公的救済を否定し，救貧は自発的な民間の慈善によって取り組むべきものであるとした。その方法は教区を25の小教区に分け各区に1名の担当者（富裕なボランティア）を置き，精神的，生活上の問題等の相談に応じた。また，家庭訪問をして貧窮状況を観察して，どのような援助が適切であるかに留意して救済活動を行うと同時に自立を促した。その結果，救貧費は大幅に減少した。彼の貧民救済の特徴は，公的救済を否定し，地域社会あるいは教会の支援の下での相互扶助的貧民救済である。したがって，公的救済は貧民の自助意識を阻害し，貧困を新たに創出するとして否定したのである。そして，貧民の救済案として，①貧困の原因を追求するための「科学的救済法」の必要性，②貧民救済のための公金使用の禁止，③貧民に対する教育の充実等を提案した。また，彼は救済の順位を，①自助，②親類による援助，③貧民の相互扶助，④富裕階級の援助の4種類に分類し，この順序で行わなければならないとした。彼の業績は，のちの慈善組織協会の形成およびケースワークの源流となったのである。

(2) エルバーフェルト制度

このエルバーフェルト制度（Elberfeld system）は，1852年にドイツのハイト（Heydt, D. V. D.）の発案によってエルバーフェルト市（現，ブッパータル市）の条例として制定された同国の貧民救済制度のひとつである。ドイツでは，すでに貧民救済制度として，1788年にハンブルグ制度が実施されていたが，都市の発展とともに社会問題に適応できず消滅してしまった。

このエルバーフェルト制度は，全市を56に細分化し，1単位の人口を平均300名とし，それぞれの区に1名の救貧委員（Armenpfleger）を置き，区単位から4名以上の貧民を出さないようにすることを目標とした[8]。同制度の救済方法の特徴は，救貧委員が貧困家庭を訪問し，調査並びに生活相談を実施したが，医療や雇用の世話も行った。同制度は行政中心（中央主権的）に展開されたが，個々のケースに対して個別的に対応することにより，被保護者数の減少

に努め、公的費用の削減を図った。なお、エルバーフェルト制度をモデルとして、大阪府知事の林市蔵のもとで、小川慈次郎によって方面委員制度（現・民生員制度）が1918年に創設された。エルバーフェルト制度は、貧困者の家庭を訪問し、調査、相談等を行ったが、その際、ケースワーク的方法を用いたとされ、ケースワークの礎として位置づけられている。

(3) 慈善組織協会（COS）

慈善組織協会は、1869年にロンドンにおいてウイルキンソン（Wilkinson, W. M.）の提案のもとで「慈善救済組織化及び乞食抑制のための協会」（Society for Organising Chritable Relief and Repressing Mendicity）が産声をあげ、翌年には慈善組織協会（Charity Organization Society, 以後COS）に改称した。

当時のイギリスは産業革命後の貧富の格差、人口の都市への流入、病気と貧困の悪循環が発生した。そのため慈善・博愛事業の組織化、社会改良思想の拡大化と民間社会事業が発達した。こうした状況下で創設されたのが、COSであった。すでに、公的救済制度として、1834年に「新救貧法」（New Poor Law）が成立しており、懲罰的救貧を行った。同法はマルサス（Malthus, T. R.）の思想的影響のもと、①保護基準の全国的統一、②劣等処遇の原則、③有能貧民の居宅保護救済を禁止し、労役場処遇の統一と非常に厳しい内容となっており、懲罰的、非人間的処遇を基本としている。

これに対して、COSの基本的貧困観も新救貧法と同様道徳主義に基づくものとなっている。すなわち、理論的指導者であるロック（Lock, C. S）の貧困観はマルサスの思想を継承するもので、貧困に陥るのは個人的責任によるものであって、決して社会の側には責任は存在しないというものであった。よって救済を無差別に行うことは好ましくなく貧民を惰民にするものであるので救済は、戸別の家庭訪問と十分な相談援助（ケースワーク）に基づいた救済でなければならないとした。そして同協会の目的を、①慈善事業団体の調整・連絡（濫救、漏救の防止）、②友愛訪問によるニーズの適切な把握（個別訪問指導：ケースワーク）、③慈善事業の組織化（コミュニティオーガニゼーションの先駆的実

践活動）とし，公私の棲み分け（貧民の「救済」を目的とする救貧法に対して，COS は貧民になるのを「予防」する手段として用いられるものであるとした）の役割を果たした。すなわち，慈善事業の対象を「救済に値する貧民」（COS の対象）と「救済に値しない」（懲罰的救貧法の適用）に分類し，前者に対して，貧困調査を実施した。その方法は貧困家庭を個別訪問し，調査・相談を行った。これが「友愛訪問」（Friendly Visiting）であり，ケースワークの源流となった。また，全国の慈善組織団体の連絡・調整を行い，各団体の組織化を図った。この活動が，コミュニティオーガニゼーション（Community Organization）の草分けとなった。また，この慈善組織協会は1887年にアメリカのバッファローでも設立され，同協会の職員であったリッチモンドによってケースワークの理論的構築がなされることとなった。なお，COS の活動において，ケースワークを論じた代表的な人物としてヒル（Hill, O.）をあげることができる。彼女は住居改善運動，ナショナル・トラストの創設者としても有名である。また，同協会の活動は「友愛訪問」という個別訪問の形式をとったがこの原型をチャルマーズの「隣友運動」に求めることができる。

(4) セツルメント

　セツルメント（settlement）運動の創始者は，イギリスのデニスン（Denison, E.）であり，「セツルメントの父」と呼ばれている。彼はイギリスのロンドンの東部（イースト・エンド）に暮らす下層労働者の悲惨な生活状況を見て，慈善事業に一生を捧げることを決心し，慈善組織協会（COS）に参加すると同時にイースト・エンドに住みこんだ。この運動の目的は民間の知識人がスラムなどに住み込み地域住民と隣人関係を結んでグループワーク（集団援助技術）を通して，地域住民の生活改善や自立を促し，コミュニティオーガニゼーション（地域組織化運動）によって，生活環境や制度の改善を図ることである。デニスンの思想的継承者であり，セツルメント運動を組織的に行った牧師で，社会改良家のバーネット（Barnet, S. A.）は，1884年のイギリスのイースト・エンドにセツルメント運動の拠点として，トインビーホール（Toynbee Hall）を建

設した。彼は，オックスフォード大学で学びロンドンのイースト・エンドの教会に赴任し，教区の貧困者に深く同情した。トインビーホール開設後，教育改革や年金の国民支給という政策を提言した。

このトインビーホールは経済史家，社会改良家でセツルメント運動の参加にして若くして亡くなったトインビー（Toynbee, A.）を記念して建てられたものである。彼は「産業革命」の用語の生みの親で，1881年から1882年にかけて著した『イギリス産業革命史講義』（*Lectures on the Industrial Revolution of the Eighteenth Century in England*）のなかで「産業革命が労働者階級の貧困の原因である」産業革命を批判した。

ところで，この運動のなかから幾多の著名人が排出された。たとえば，『社会保険および関連諸サービス』という報告書を1942年に出しイギリスの社会保障計画の立案を行ったベヴァリッジ（Beveridge, W. H.）や労働党内閣の首相であり，国民健康保険制度を導入したアトリー（Attlee, C. R.），そして，キリスト教社会改良家であるトーニー（Tawnew, R. H.）等がいる。セツルメント運動の成果は，若い青年たちに社会問題の関心と実践の場を提供すると同時にセツラー（セツルメント活動家）と地域住民の信頼と協働関係が生まれ，社会連帯（social solidarity）が構築されることとなった。

イギリスのセツルメント運動は後に各国に広まったが，その代表格がアメリカのシカゴのスラム街にアダムス（Addams, J.）によって建てられたハル・ハウス（Hull House）である。彼女は1910年に全米社会事業会議の議長となり，翌年の1991年に全米セツルメント連合を設立し，のちに会長となる。そして，長年のセツルメント活動の業績が認められて，1931年にノーベル平和賞を受賞した。彼女のセツルメント活動の特徴は，クラブ組織によるグループ活動（子どもクラブ，若い婦人の読書会，移民のためのプログラム等）が発展して，グループ活動の経験からグループワークの展開や地域調査活動まで展開することになった。また，日本におけるセツルメント活動は，1897（明治30）年にキリスト教社会主義者の片山潜が東京・神田三崎町に開設した「キングスレー館」がその始まりとなっている。彼はアメリカのエール大学で学び，労働運動，社

第11章　相談援助技術　　245

会問題に取り組んだ。このようにセツルメント活動は地域住民との連帯のもとで行われたが、ソーシャルワークのグループワーク並びにコミュニティオーガニゼーション（＝コミュニティワーク）の原型を形成したといえるであろう。

(5) YMCA と YWCA

YMCA（Young Men's Christian Association）は1844年に産業革命の下でロンドンにて「青少年による青少年のための団体」として12人の青年たちによって設立された。

その中心メンバーは、ウイリアムズ（Williams, G.）である。彼は、イギリス南部の農園の出身で、14歳から呉服商に徒弟奉公していた。当時の労働者の労働条件は厳しく、長時間労働（1日平均14時間）のため、疲労を癒すため酒におぼれる者も多く、健康を害する者もいた。彼は疲労が心身を害するとし、健康な生活を維持するためにキリストへの信仰が必要であると思い、信仰のグループとしてYMCAを創設したのである。また、YWCA（Young Women's Christian Association）もキリストの信仰に基づくグループとして1855年にロバーツ（Roberts, E.）が始めたとされている。その後、クリミヤ戦争に従軍したキナード（Kinnaird, M. J.）が看護師のホームを設けたが、これをYWCAと呼ぶようになった。

この2つの青少年団体の活動において、その後、「祈りの会」がグループ活動を通して、グループのメンバー個人やグループ全体が直面する問題の解決とメンバーの成長を促すことを目的としたグループワークに影響を与えることになる。

5 ソーシャルワークの基礎確立期

(1) リッチモンドの貢献

前節で述たようにソーシャルワークの源流となってきたのはチャルマーズの「隣友運動」、エバーフェルト制度、COS、セツルメント、YMCA・YWCA等における生活困窮者に対するインフォーマルな援助実践であった。

この節ではフォーマルな援助実践であるソーシャルワークの確立期に関して検証することにする。イギリスで設立・発展したCOSが、大西洋を渡ってアメリカのバッファローに設立されたのが、1877年である。同国のCOSの活動は「貧民状態改良協会」（AICP）の活動と同様、貧困に対して基本的に道徳的、個人主義的、自助に立脚するが、有給専任職員を配属し、科学的視点に基づいて貧困の原因を分析するようになった。

　当時のボルチモアのCOS職員であったリッチモンド（Richmond, M. E.）は、ケースワークの理論化、体系化を『社会診断』（*Social Diagnosis*）（1917）あるいは『ソーシャル・ケースワークとは何か』（*What is Case Work?*）（1922）等によって著した。

　ここで、リッチモンドの生育歴に簡単に触れておく。彼女は1861年にイリノイ州ベレビィレで誕生した。その後、ボルチモアに移転するが両親を結核で亡くし、祖母と叔母に引き取られる。この環境のなかで彼女は孤独な幼年時代を過ごすことになる。16歳で高等学校を卒業後、ニューヨークで事務員として働くことになるが、都会での一人暮らしと過労で自らも両親と同じ結核に罹患し、死ぬのではと思い悩む。ニューヨークを引き上げたのちボルチモアに再び戻り駅の会計係の職を見つけて働くようになった。1889年にはボルチモア慈善組織協会（Charity Organization Society of Baltimore）に採用され、働くことになった。このなかで彼女はケースワークの会議や友愛訪問員となって、ケースワークを体験することになる。そして、前掲の著書を発表し、ケースワークの科学的実践方法を提示し、その理論化、体系化をすることによって実践家、指導者、教育者として確固たる地位を構築することになる。そして、1878年に組織されたフィラデルフィア慈善組織協会（Philadelphia Society for Organizing Charity）では指導的役割を担うようになった。また、1898年のニューヨーク慈善組織協会「応用博愛夏季学校」（Summer School of Applied Philanthropy）開設に伴っても、翌年から講座を担当することとなり、ケースワークの指導的立場に立つようになった。彼女はケースワークの定義を「ソーシャル・ケースワークは人間と社会環境との間を個別に、意識的に調整することを通してパーソナリティを発達

第11章　相談援助技術　　247

図表11-7　リッチモンドのケースワーク理論の特徴

① ケースワークに諸科学の知見を導入し，その理論化，体系化に尽力した。
② ケースワークを直接的活動人から人に働きかける直接的活動と社会関係を通じて，働きかける間接的活動に区分した。
③ ケースワークにおいて個別性に焦点をあてた。
④ ケースワークの援助対象の中心を移民貧困世帯や母子世帯とした。
⑤ ケースワークの最終目標をパーソナリティの発達とした。
⑥ ケースワークを社会改良の一環として捉える

させる諸過程から成り立っている」[9]としている。すなわち，ケースワークを「人間」と「社会環境」との間に存在する問題に個別的（「貧困世帯」）に焦点をあて調整することによって，最終的にパーソナリティの発達を目指した。

　彼女の功績は，これまでの経験主義・道徳重視の従来の個別的援助に対して諸科学の視点を導入して科学的・合理的なケースワークの基礎を確立したところにあるが，問題点として，ケースワークの最終目標を個人のパーソナリティの発達においたため，のちのケースワークの実践者，研究者たちが個人と社会環境の間の問題に注目することが希薄となった。そのため，第１次世界大戦後のケースワークは，個人と社会環境の問題に注視することなく戦争後遺症（兵士の神経症）の治療を主目的として，フロイト（Freud, S.）の開発した精神分析学に近接することとなった。

(2) 医療ソーシャルワーク

　イギリスの慈善組織協会（1869）からアルモナー（almoner, イギリスの当初の医療ソーシャルワーカーのこと）として，同協会のロックに推奨されてロンドンの王室施療病院（Royal Free Hospital）に派遣されたのはスチュアート（Stewart, M.）であった。この病院の患者は貧困層であったため，治療費は無料であったので，貧困患者が多数押し寄せたが，なかには貧困でない患者も含まれていた。したがって彼女は，外来患者の「濫診」の防止のために派遣されたのであったが，本来，アルマナーの業務は，貧困患者を救済することであった。そして，

調査の結果，濫用は制度の不備にあったことが判明した。こうしてアルマナーが王室施療病院の専門職として病院組織のなかに組み込まれた。こうしたアルマナーの活動はロンドンの王室施療病院以外にも影響を与えることになった。ウェストミンスター病院（1898），セントジョージ病院（1901），セント・トーマス病院（1905）と次々アルマナーが配属された。初期のアルマナーは慈善思想を基盤とし，患者との関係において適切な援助関係を構築する努力と地域の関係機関との連携を図るよう努力した。具体的には患者の問題に対して適切な指導・助言を行うと同時に医師との関係において協力を得られるよう努めたのである。すなわち，医療実践活動においてソーシャルワークの技法（ケースワーク，グループワーク，コミュニティ・オーガニゼーション）が芽生えていたことも注目されるところである。その後，1903年には病院アルモナー協会（Hospital Almoner's Association），1907年には病院アルモナー協議会（Hospital Almoner's Council）が組織された。そして，1965年にアルモナーの呼称が，医療ソーシャルワーカーに改められた（現在では，病院ソーシャルワーカーあるいは保健関連ソーシャルワーカーと呼ばれている）。一方，アメリカではキャボット（Cabot, R. C.）博士によって，1905年にマサチューセッツ総合病院（Massachusetts General Hospital）に医療ソーシャルワーカーの導入を図った。その理由は，患者の治療に対して，医学的アプローチのみではなく，社会病理学的アプローチが，正しい診断・治療にとって必要であることから医療ソーシャルワーカーを病院組織に加えたのである。マサチューセッツ総合病院に最初に医療ソーシャルワーカーとして採用されたのは，看護師のペルトン（Pelton, G. I.）であった。残念ながら彼女は病に倒れるが，その後をついだのが訪問看護師のキャノン（Cannon, I. M.）であった。

　アメリカにおける医療ソーシャルワークの発展はキャボット博士の功績によるところが多く，結核，性病，未婚者の妊娠等の疾病の患者に対する援助が際立っていたのである。こうして，その後，次第に病院等医療現場にソーシャルワーカーが配属されていくことになるのである。わが国においても，戦後，保健医療機分野において医療ソーシャルワーカーが配置されているが，その専門

性と身分保障の問題が課題となっている。

(3) ソーシャルワークの専門化

　1923年から1928年にわたって，アメリカのペンシルバニア州ミルフォードで当時，専門分化しつつあったケースワークを分析し，整理するための会議が開催された。この会議にはケースワークを実践していた6つの組織の代表が集まった。すなわち，アメリカ家族福祉協会，アメリカ病院ソーシャルワーカー協会，アメリカ児童福祉連盟，アメリカ精神医学ソーシャルワーカー協会，全国訪問教師協会，全国保護観察協会等である。そして，この会議の論議の中心は以下の通りとなった。

① ジェネリックソーシャルケースワークとは何か。
② ケースワークにとって適切な機関とは何か。
③ 地域でケースワーク機関の分業はどうなされるべきか。
④ ケースワークの訓練はどう編成するか。

となっている。また，ジェネリックソーシャルケースワークの包含されていくものとしての側面は以下の通りである。

① 一般に認められた社会生活の水準から逸脱している典型例についての知識
② 人間生活と人間関係に関する規範の利用
③ 困窮状態にある人を個別化していく基礎としての社会歴の重視
④ 困窮状態にある人を調査し治療していくにあたって，確立されている方法の活用
⑤ 社会的治療をするにあたって，確立されている地域社会資源の活用
⑥ ケースワークの要請に応じ，科学的知識と公式化された経験の適用
⑦ ケースワークの目的，倫理，責務を決定づけている哲学の意識化
⑧ 前述の諸点と社会的治療との融合[10]

　これらの点を踏まえて1929年に報告書（American Aassociation of Social Workers, Social Case Work : Generic and Specific）がだされた。報告書のサブタイトルにもあるようにこの報告書の中心はジェネリック・ソーシャル・ケースワー

ク（各分野共通概念）とスペイシフィック・ソーシャル・ケースワーク（各分野において専門分化したもの）の混乱の整理にあった。結果として、ケースワークを個々の専門分野の形態から明確に分化することは不可能であり、むしろ、当時萌芽しつつあったジェネリックという概念を認識する方がスペイシフィック概念を強調するより重要であることを示唆した。この報告書により、その後のケースワークの基本概念の枠組み構想に影響を与えると同時に今日のジェネリックソーシャルケースワークの統合化への先鞭をつけたのである。

❻　ソーシャルワークの発展期

(1) 診断主義派と機能主義派の台頭

　1914-1918年の4年間にわたる第1次世界大戦（この戦争を描いた著名な映画として、戦争によって運命を左右される兵士と看護師のロマンスを描写したアメリカのノーベル賞作家であるヘミングウェイ（Hemingway, E.）の『武器よさらば』、またフランスのノーベル賞作家デュガール（Du Gard, M.）が、第1次世界大戦により一家の運命が翻弄される2人の兄弟の青春と反戦を描いた『チボー家の人々』等がある）は、これまでの地域間の小火器による戦争と異なって、兵器も近代化され、実戦に大砲や戦車や飛行機が登場し、戦場に砲弾がさく裂した。こうした戦況のもとで戦場に赴いた兵士たちのなかには、身体の負傷・損傷のみならず、神経に異常をきたす者が多数あらわれた。アメリカもこの第1次世界大戦に200万を超える兵士を送り込んだが、戦争神経症に罹患した兵士が出現したのである。

　そして、アメリカは一時期戦争好景気による経済的繁栄期を迎えたが、その後、未曾有の経済的大恐慌に陥る。この状況に対して「経済保障委員会」（Committee on Economic Security：CES）の勧告に基づいて、大恐慌による経済的危機（失業者問題等）に対処するためルーズベルト（Roosevelt, F. D.）大統領は、ニューディール（新方式）の一環として「社会保障法」（Social Security Act）を1935年に成立させた。その内容は3部分から構成されている。すなわち、

①社会保険(老齢年金,失業保険),②公的扶助(老人扶助,盲人扶助,母子扶助),③社会福祉サービス(母子保健サービス,肢体不自由児サービス,児童福祉サービス)である。そして,社会保障法の成立は,公的機関・福祉施設におけるソーシャルワーカーの雇用を促進するとともに,ソーシャルワーカーの専門教育が重要視されることとなった。このように社会保障法の成立は,国民の最低生活保障システムを確立させ公的福祉を充実させることとなった。そして,ケースワークの対象が生活困窮者から,戦地に赴いた軍人やあるいは残された家族の精神的支援の必要性から,心理的・精神的側面の援助に関心がもたれるようになった。そして,この時代のケースワークは民間のケースワーク機関を中心に展開したのであるが,この直接的要因として小松源助は次の点をあげている。

①大恐慌という未曾有の事態に対応するために確立された社会保障制度にともなって公的福祉がいちじるしく拡大し,これまでの民間ケースワーク機関(主として家族福祉機関)が担っていた救済機能を所管するようになったこと,②そのため,民間のケースワーク機関は,それまでの救済機関を離れて,新しいサービス(なかんずく,「カウンセリング・サービス」)を発展させるよう尽力しなければならなくなったこと,③20年代に拡張した児童指導クリニックなど財政難で多く閉鎖され,そのスタッフが民間のケースワーク機関または公的福祉機関へ流入して,そこで活動を推進するようになったこと,等である[11]。

以上のような背景のもと民間機関を中心としてケースワークは展開したのであるが,新たな活路を見出すためケースワーク自体にフロイト(Freud, S.)の創設した精神分析論が導入されることとなった。このように精神分析への傾斜は,リッチモンドのケースワークにおける科学的知見の導入と比較して格段に影響を及ぼしたのである。こうして,ケースワークはリッチモンドのパーソナリティ論に精神分析論が結合された「診断主義」(diagnosticism)が誕生した。また,「診断主義」に対立する学派としてランク(Rank, O.)の「意志心理学」(will psychology)を基礎理論とした「機能主義」(functional school)もやや遅れて誕生した。この両派の特徴についてアプテカー(Aptekar, H. H.)は次のよう

に指摘している。「診断主義派はパーソナリティと処遇についての見解にフロイトの概念を用いるが、診断そのものについてはフロイトよりはるかに多くメアリー・リッチモンドの業績によってきた。機能主義派はオットー・ランクのパーソナリティ理論を用い、処遇に関する考え方は主としてランクに由来している」[12]。その後、2つの立場はともにケースワークの関心を心理的あるいはパーソナリティに合わせたが、方法において際立った相違を見せたため長期間にわたって鋭く対立することになる。

(2) 診断主義派

　フロイトの精神分析学の概念をケースワークに取り入れたのが診断主義派（または、診断派）である。フロイトはオーストリアのモラビア地方（現チェコ）の小都市でユダヤ商人の子として生まれる。その後、1881年ウイーン大学医学部を卒業後、臨床神経学者となり、ウイーン総合病院神経科に勤務することになる。パリで神経学者シャルコー（Charcot, J. M.）からヒステリー治療法を学びウイーンに帰国後、ヒステリー療法を実践に移すため開業する。そして、治療法に改良を重ね自由連想（free association）を毎日施すことによって患者はすべてを自由に思い出すと彼は理解し、この治療法を精神分析（Psychoanalysis）とした。

　そして、彼は心的外傷（心理的損傷）から無意識のものへ関心を移し、精神分析は無意識に対する科学として位置づけた。結果として、無意識的人格構成としてイド（id：本能）、エゴ（ego：自我）、スーパーエゴ（super-ego：超自我）の3つの構成要素に分類し、その3者の力動的葛藤を明らかにした。この点に関して岡本民夫は診断学派のケースワークの理論的根拠として、「この3者からなる精神構造のなかで、イドと自我、超自我と自我、さらには現実界と自我などの相互の葛藤の所産が人間行動であると理解し、その自我が相互の葛藤を補償し、修復しえない場合に、その働きが挫折し、破局に陥る。これが不適応をもたらす結果となる。しかし、反面、この自我の力は種々な働きかけによって、変化させ、強化させうるものであるとしており、この仮説が、診断と治療

図表11-8 診断主義派の特徴

> リッチモンドの「社会診断」のながれを汲みながら，フロイトの力動精神医学の理論を取り入れ，利用者の抱える問題の原因は，社会環境にあるのではなく，各個人の精神の内面にあるとして，治療的意味を強調し，援助者が主体となって利用者に働きかける。

の意味および効果を決定づける理論的根拠となっている。」[13]としている。すなわち，診断学派のケースワークは，①フロイトの精神分析の概念をケースワークに導入する，②社会調査―社会診断―社会治療のプロセスを経て行われる，③援助者が主体となって利用者に働きかける過程を重視する，④面接を中心とした援助である，⑤ケースワークの視点を社会環境よりも，個々の精神的，心理的側面にあるとし，治療的意味を重視する等となっている。

1920年頃からケースワークはフロイトの精神分析学の影響を受けたのであるが，その後，機能主義派とともにケースワークの主流をしめることになる。

なお，この診断主義派の流れとして，ハミルトン（Hamilton, G.）の主著『ケースワークの理論と実際』(1940)は診断学派のケースワークの理論化に貢献した。彼は診断主義に依拠しながら，インテーク―社会調査―社会診断―社会治療といったプロセスを確立した。また，シカゴ大学で教鞭をとっていたトウル（Towle, C.）は，主著『コモンヒューマンニーズ』(1945)のなかで，人間の基本的欲求の充足がいかに大切であるかについて社会福祉関係者に多くの示唆を与えた。そして，1960年代にホリス（Hollis, F.）は，診断主義の立場に立って，心理社会的アプローチを試みた。すなわち，フロイトの精神分析や自我心理学あるいは力動精神医学等をケースワーク理論のなかに取り入れ，応用したのである。

(3) 機能主義派

フロイトの診断主義派と対立したのが，1930年代に登場したランクの「意志心理学」を基礎理論とした機能主義派である。ランクはオーストリアのウイーンで生まれた。機械商として生計を立てていたがフロイトの著作に出会って精

神分析に興味を示し、その後、フロイトの弟子となって精神分析の道を歩むことになる。そして、フロイトの援助を得ながらウイーン大学にて哲学博士の称号を取得した。こうして、彼はフロイトの薫陶を受けて、医師以外の精神分析家として成長する。その後、彼はフロイトの高弟として活躍するが、2人は袂を分かつことになる。その原因は、ランクがフロイトのエディプス・コンプレックス（Oedipus complex）が神経症の原因であるという考え方に同意できず、すべての神経症は出産時の外傷によって起因するとした「出産外傷説」を展開したことによる。こうした出産外傷が神経症の原因になっているというランクの考え方に基づいた治療法を意志心理学という。フロイトのもとを離れたランクは、アメリカに活動の場を移し、同国の心理療法に影響を与えることとなる。すなわち、機能主義派のケースワークは、ランクの意志心理学を基礎理論とし診断主義派の社会調査—社会診断—社会治療（医学モデルへの依拠）のプロセスに対して、機能主義派では、人間関係の土台となる人間理解とワーカーの態度を重要視している。そして、人間には内在する意志（will）と創造を有するものであると規定し、ワーカーは利用者に内在するものを引き出す役割をする者としてケースワークのプロセスに参加する。

　この機能主義派を確立させたのは、ペンシルバニア大学のソーシャルワーク学部教授で主著『ソーシャル・ケースワーク—心理学の変遷』（1930）を著したロビンソン（Robinson, V.）であり、彼女と並ぶ論客で同大学の教授であったタフト（Taft, J.）であった。その後、スモーレ（Smalley, R.）によって継承・発展することになった。また、同派の理論はアメリカの臨床心理学者であるロジャーズ（Rogers, C. R.）のクライエント中心療法に影響を与えることとなった。

図表11-9　機能主義派の特徴

> 機能主義派の特徴は、ランクの意志心理学を基盤とし、利用者が援助者に対して働きかけることによって、利用者に内在する成長力を自ら引き出すことである。すなわち、ワーカーは援助関係のなかで、利用者が本来持っている意志力（能力）を引き出すために援助者の帰属する機関のサービス機能を利用するのを援助するのである。

以上，診断主義派と機能主義派について検討してきたが，両派の特徴についてアプテッカーは，「この二群のひとたちはいずれも環境的または社会的なものを強調せず，心理的あるいはパーソナリティの要因に目をむけ，これこそケースワーカーが関心をいだき，活動するのにふさわしい領域であると考えた。」[14]と指摘し，「治療」（セラピィ）として，ケースワークを規定しているのである。両派の統合の試みが始まるのは1950年代以降である。

(4) グループワーク，コミュニティオーガニゼーションの発展

1) グループワーク

第1節で既述したように，グループワークの源流はイギリスのセツルメント運動やYMCAそしてYWCA，ボーイスカウト等の青少年育成運動や成人教育運動等に求めることができる。

グループワークの発展は第2次世界大戦中から戦後のアメリカの伝統的民主主義の危機感から，その擁護策として軍隊，産業，地域等における成人教育の一環として取り入れられた。グループワークを最初に定義したのは，アメリカ人のニューステッター（Newstetter, W. I.）で，「集団援助技術とは，自発的なグループ参加を通して，個人の発達と社会適応能力を図る教育的プロセスである」としている。また，彼はインターグループワーク（Inter group work）の提唱者としても有名であるが，この定義からグループワークは教育かあるいはソーシャルワークかで論議が始まった。この決着はコイル（Coyle, G.）の全米ソーシャルワーク協会（National Conference on Social Work）での報告（1946）に待たねばならなかった。すなわち，同報告によってこのことによって，グループワークはソーシャルワークの一方法であるということが認知されることになる。そして，ドイツ系アメリカ人のコノプカ（Konopka, G.）はグループワークにおける「社会的目標モデル」を掲げた。このモデルはソーシャルワークにおける伝統的実践モデルで，セツルメントや青少年育成運動にて用いられてきた。このモデルの特徴は民主的態度の形成と社会問題の解決を図ることを目標とする。なお，グループワークのモデルには他にヴィンター（Winter, R.）等が

開発した「治療モデル」（予防あるいはリハビリテーションモデル），シュワルツ（Schwartz, W.）等によって提唱された「相互作用モデル」がある。コノプカは著書『ソーシャル・グループワーク』(1963)のなかで，「グループワークとは，ソーシャルワークの一つの方法であり，意図的なグループ経験を通じて，個人の社会的に機能する力を高め，また個人，グループ，地域社会の諸問題に，より効果的に対処しうるよう，人びとを援助するものである」であると定義している[15]。

このようにグループワークは，第2次世界大戦後アメリカで病院や社会福祉施設そして精神衛生機関で治療的処遇として発展することになり，ソーシャルワークの一方法としてあるいは社会福祉専門職として認知されることとなる。なお，1946年に，アメリカグループワーク協会がアメリカ・グループワーカー協会（American Association of Group Workers）となり，グループワーカーの専門職団体として誕生した。その後，同協会は1955年に全米ソーシャルワーカー協会（National Association of Social Workers；NASW）に吸収されることになる。

2）コミュニティオーガニゼーション（CO）

コミュニティオーガニゼーションの源流は慈善組織協会の慈善事業の組織化運動に求めることができる。イギリスを発祥の地としたソーシャルワークの一方法であるCOはアメリカで発展することになる。そのきっかけとなったのが1939年に全米社会事業協会に提出された「レイン委員会報告」（Lane, R. P.）である。このなかでCOの理念が体系化され住民参加の概念が明確化されることとなり，統計調査によるニードの把握や地域住民参加の促進のもとでコミュニティオーガニゼーションの専門化が図られた。このCOは1960年代以降，イギリスで発達したコミュニティワークに継承されることとなった。ここで，両者の類似点と相違点について述べることにする。アメリカで発達したコミュニティオーガニゼーションは個人に対する直接的な運動ではなく，福祉計画の具体化と地域社会の全体的調和が中心となり，地域住民が抱える問題に対して社会資源を活用しながら問題解決を組織的に行うものである。これに対して，コミュニティワークは前述したようにイギリスで形成，発展し，両者は同意義と捉

第11章　相談援助技術

えられ，当初，地域福祉活動あるいは地域社会活動とされていた。現在では「コミュニティワーク」とするのが一般的である。その定義は「地域福祉を推進するためにソーシャルワーカーが用いる専門援助技術である」。すなわち，両者はどちらも地域住民の生活向上を目指すが，コミュニティオーガニゼーションは個人に対する直接的な運動ではなかったが，コミュニティワークは直接地域住民との協働による活動を目指している。このようにアメリカで展開したコミュニティオーガニゼーションは1960年代以降，イギリスで発展したコミュニティワークに継承されたのである[16]。

7 ソーシャルワークの統合の試み（折衷主義）

　診断主義派と機能主義派の対立に対して，ケースワークの専門職団体は状況の打開を図るため組織，団体を設立した。たとえば「アメリカ家族サービス協会」は，「ケースワーク実践の基礎概念検討委員会」を1949年に設立し，両派の一致点と相違点を明らかにしようとしたが，結果的に両派の相違点を明らかにするだけに留まり，両派を統合させることはできなかった。しかしながら，1950年代に入り診断主義派と機能主義派が互いに接近し，統合が試みられた。その背景には両派がこれまで精神分析あるいは心理学に依拠し，社会環境のテーマを軽視し見落としていたということがある。折衷主義台頭の旗頭としてまず，診断主義派の立場に立ちながら機能主義派の理論を取り入れ，1958年に「問題解決アプローチ」（problem solving approach）を発表し，両派の折衷を試みたパールマン（Perlman, H. H.）をあげることができる。彼はケースワークを「問題解決過程」として捉え，動機づけ―能力―機会という枠組を示唆した。すなわち，ケースワークの主体者は利用者であり，ケースワークは施設・機関の機能を担う援助者と問題を担う利用者の役割関係に基づく問題解決の過程であるとした。また，彼はケースワークを構成する要素として，人（person），問題（problem），場所（place），過程（process）をあげている。これを4つのPという（のちに，専門職（professional person）と援助制度対策（provision）を加えて6

つのPとした)。このほかパールマンは「利用者の援助を活用する能力」をワーカビリティ (workability) とし，その要素を「適切な動機づけ」(motivation), 「適切な能力」(capacity), 「適切な機会」(opportunity) としており，このモデルをMCOモデルという。次に折衷主義を唱えた人物としてアプテカー (Aptekar, H.) をあげる。彼は機能主義派の立場にたち，診断主義派の理論を導入して両派を折衷した。すなわち，アプテカーはケースワークに内在する「力動的理論」によって，診断主義派と機能主義派の折衷を試みたのである。また，彼は主著『ケースワークとカウンセリング』(*The Dynamics of Casework and Counseling*) を1955年に発表した。そのなかで，ケースワークとカウンセリング並びに心精神療法の3者の関係性について明らかにした。彼はカウンセリングとケースワークとの関係について「カウンセリングにおいて，社会的関係についての個々の領域に専門化した問題が"つねに"優位を占め，一方，治療そのものにおいては，心の内部の問題にはるかに多くの注意が向けられる。ケースワークは，つねに人と問題に注意をはらっているけれど，いつも舞台の中心を占めるものはサービスである」と述べている[17]。

　この2人の研究者により，両派の折衷・統合が試みられた。また，専門職団体においても統合化か進められた。すなわち，医療ソーシャルワーカー (1918)，学校ソーシャルワーカー協会 (1919), アメリカ・ソーシャルワーカー協会 (1912), アメリカ精神医学ソーシャルワーカー協会 (1926), アメリカ・グループワーカー協会 (1946) の5つの専門職団体とコミュニティオーガニゼーション研究協会 (1946), 社会調査グループ (1949) の2つの研究団体が統合され，1955年に全米ソーシャルワーカー協会 (NASW) が誕生した。そして，ソーシャルワークの教育面においても統合化が進められた。すなわち，全米ソーシャルワーク教育協議会 (1948) に代わって，ソーシャルワーク教育協議会 (Coucil on Social Work Education ; CSWE) が設立されたのである。この協会は1953年に『カリキュラム研究』を発表し，その後のアメリカの社会福祉教育のカリキュラム研究の基本となった。

8　ケースワークの批判期

　公民権運動（American Civil Rights Movement）とは，1950年代から1960年代にかけて，アメリカにおいて黒人（アフリカ系アメリカ人）の差別撤廃を求める運動である。それまでアメリカにおいて，南北戦争以降，黒人に対する選挙権の制限，公共施設の隔離が行われてきた。これに対して，「全米黒人地位向上協会」（NAACP）が1909年2月12日に設立され人種差別闘争を行った。運動が巻き起こるきっかけとなったのは，1955年12月1日にアラバマ州モンゴメリーで起こった「バス事件」（黒人女性が白人専用座席に座る）であった。この事件でキング牧師（King, M. L.）は市民に対して1年にわたるバスボイコット事件運動を呼びかけたのである。彼の呼びかけは黒人のみならず白人にも共感する者が参加してボイコット運動を盛り上げた。もっとも公民権運動が盛り上がったのは「ワシントン大行進」（1963）であった。この大行進は人種差別撤廃を求めてワシントンD. C. に20万人の人びとが参加したのであった。この際のキング牧師の演説「I have a Dream」はあまりにも有名である。

　こうして，公民権運動はアメリカ全土を巻き込んで広まったのである。そして，ジョンソン（Johnson, L. B.）大統領のもとで，公民権法（1964）の成立と翌年の投票権法（1964）が成立し，黒人の差別撤廃に繋がったが，経済的機会の不平等は未解決のままとなった。一方，福祉権運動とは，公的扶助受給者を中心とした権利要求運動である。第2次世界大戦後のアメリカは冷戦構造のなかで，ふたつの問題を抱えていた。ひとつとはベトナム戦争であり，他の一つは，国内の貧困戦争（貧困撲滅）であった。大戦後，アメリカの社会福祉は，かつてのニューディール政策の反動により公的扶助に対する締め付けが厳しくなった。その極め付きは「ニューバーグ事件」であった。当時のニューバーク市は公的扶助費の削減のため受給制限を意図的に行った。つまり，受給を不快なものにすることによって受給制限を行ったのである。具体的には扶助の基準の低下，受給期間の短縮，就労の促進等であった。こうした差別的処置を行うことによって受給者の制限を図ろうとしたのである。こうしたなかで社会復帰

や更生を促進する一助として，ケースワークが利用され受給者数削減に寄与することになった。こうしたなかで，福祉権運動が公民権運動の影響のもとで，各地に「福祉権組織」(welfare rights organization) が組織された。そして，1967年には「全国福祉権組織」が結成された。この福祉権運動が目指したものは，公的扶助制度の根本的解決であり，その内容は，①健康で人間らしい体面を保てる水準までの扶助基準の引き上げること，②資力調査活動の縮小，③家族単位原則の排除，④プライバシーの侵害に対する反対，⑤追加的所得を理由とした扶助削減反対，⑥法的諸権利の尊重[18]等となっている。

ところで，アメリカにおける貧困の実態を明らかにしたのはハリトン (Harrinton, M.) の『もうひとつのアメリカ―合衆国の貧困』(*The Other America: Poverty in the United States*) である。このなかで，アメリカにおいて多数の貧困者が存在すると明らかにした。また，貧困者は「貧困の文化」のなかで再生産されていると指摘した。彼は貧困政策が単なる公的扶助の引き締めでは解決される問題ではなく，総合的な政策が必要であるとした。こうした状況下でケネデイ (Kennedy, J. F.) 大統領の後継者であるジョンソン大統領のもとで，「貧困戦争」(War on Poverty) が展開された。そして，この戦争を推進するため1964年に大統領直属の「経済機会法」(Economic Opportunity Act) が成立した。

このように1950年代から1960年代にかけてアメリカは，社会の構造的問題としての人種差別と貧困問題が一気に噴出した。それに伴って，これまでの精神分析中心のケースワークのあり方が厳しく問われることとなった。こうした社会状況のなかで，新たなモデルとして，診断主義派の流れを汲むホリスが心理社会的アプローチを提唱した。主著『ケースワーク―心理社会的療法』(*Casework: A Psychosocial Therapy*) (1964) のなかで，利用者を「状況の中の人」または「人と環境の全体関連性」であると理解し，直接的技法と間接的技法を体系化した。すなわち，彼女の理論はフロイトの理論と社会学の知見を利用し，個人と社会環境との相互作用という観点を明確化し，ソーシャルワークにシステム的観点を導入したことである。そして，ハミルトンは従来の診断主義派が，利用者の課題は心理的側面からのみから引き起こされるという立場に立脚する

のではなく，個人をとりまく環境が大きく寄与していることを提示することによって，1960年代のケースワークのあり方に多大なる影響を与えた。

　最後にホリス等の対象とした利用者はこの時代のアメリカ社会の構造的欠陥から生じた貧困問題―人種差別・経済的差別・公的扶助受給者―を抱えた人びとではなく，中産階級を対象としたところにケースワークとしての限界性が見られるのである。こうした社会変革を伴わない心理療法的手法を強調するケースワークのあり方に対して，全国福祉機構等から厳しい批判を受けた。そこで，全米ソーシャルワーカー協会はソーシャルワーカー共通の役割として「権利擁護」を明確化した。そこで，ソーシャルワーカーは利用者の個別ニーズより，貧困，差別，権利擁護，地域改善，環境問題等の社会的問題に着目するようになった。カナダの社会福祉研究家のロス（Ross, M. G.）は1955年に主著『コミュニティオーガニゼーション―理論・原則と実際』（*Community Organization: Theory and Principles*）を発表した。このなかでコミュニティ・オーガニゼーションを地域の住民が自ら目標を発見し，地域住民が協力しながら対策を講じていく過程であるとし，地域住民の主体性の原則が強調された。また，ロスマン（Rothman, J.）は，1968年に『コミュニティオーガニゼーションの3つのモデル』（*Three Model of Community Organization Practice*）を発表した。このなかで，コミュニティオーガニゼーションの実践モデルを，①地域開発モデル：自助とコミュニティの諸集団の全体的調和を目標とするモデル，②社会計画モデル：社会資源の効率的配分による課題達成を目標とするモデル，③ソーシャル・アクションモデル：被害を受けている地域住民が組織化することによって発言権・意志を獲得し，社会資源を活用しながら地域の機構改善を図るモデルである。このようにコミュニティオーガニゼーション実践は社会変革のなかで一定の役割を果たすと同時に，理論的にも発達したのである。そして，ソーシャルワークの方法として，ケースワーク，グループワーク，コミュニティオーガニゼーションの枠組みが確立するのである。

9 ソーシャルワークの動向

(1) 新しいモデルの登場

1970年代になって、ケースワークに新しいケースワークのモデルが数多く登場した。たとえば、1960年代から1970年代にかけてソロモン（Solomon, B.）は著書『黒人のエンパワーメント』（*Black Empowerment*）において、差別される黒人がパワーを獲得していくのを観察、注目してソーシャルワークにおいて利用者自身を主体者として捉え、利用者の強さを重視した援助方法であるエンパワーメント・アプローチ（Empowerment Approach）を開発した。また、医学モデルが利用者の病理等の側面に焦点を合わせるのに対して批判的に登場したのがストレングス・アプローチ（ストレングス視点）（Strengths Approach）である。このアプローチは利用者の長所に視点を合わせ、ワーカーは利用者の強さを引き出すために利用者の話す内容に関心を示すことになる。この視点はエンパワーメント・アプローチへの視点と同様である。このアプローチはサーリベイ（Saleebey, D.）等によって提唱された。

危機に面している利用者に対して、適切な時期に介入して援助することによって、利用者を危機的状況から脱出させることを目的とした危機理論をケースワークに導入、理論化したリンデマン（Lindemann, E.）、キャプラン（Caplan, G.）の危機介入アプローチ（Crisis Intervention Approach）がある。この理論の沿革は地域予防精神医学、大事故での死別による急性悲嘆反応、自殺予防運動等から理論化されたとされている。そして、すでに既述したように1960年代のアメリカにおいてフロイトの精神分析学を導入したケースワークやグループワークが社会問題に対応できず批判の的になっていたが、同年代の後半頃から学習理論（learning theory）を土台とした行動変容アプローチ（Behavioral Approach）が登場した。この理論の特徴は、①リスポンデント条件づけ、②オペラント条件づけ、③社会的学習理論、④認知行動療法の技法を用いるところである。すなわち、この理論は社会的不適切な感じ方あるいは行動などを学習理論に基づいて利用者の行動を良い方向に変容させることを目的とする。なお、

この理論はバンデューラ（Bandura, A.），フィッシャー（Fisher, H.）等によって提唱された。

また，利用者が解決を希望する問題に対して，その取り組むべき課題と目標に焦点を合わせ，作業計画策定，実行，評価を伝統的ケースワークが長期にわたる処遇に対して，短期間で問題解決を図ろうとするモデルがある。この課題中心アプローチ（Task-Centered Approach）を提唱したのはシカゴ大学で実用的ケースワーク研究を進めていたエプスタイン（Epstein, L.）とリード（Reid, W. J.）であった。

ソーシャルワークにシステム理論と生態学の視点を導入した生活モデル（ライフモデル）を提唱したのが，ジャーメイン（Germain, C. B.）とギッターマン（Gitterman, A.）である。このモデルは，従来のソーシャルワークが「個人」にだけ関心を寄せる傾向にあったが，生態学（生物の生活に関する科学）の視点の導入により，「人間と環境は不可分である」という視座をもたらした。すなわち，生活モデルは，利用者を治療の対象とするのではなく，個人と環境の交互作用を通じて，利用者を生活主体者として捉え，利用者自ら働きを重視するのである。よって，生活問題とは「人」と「環境」の交互作用の結果であると見るのである。そして，援助道具としてハートマン（Hartman, A.）が考案したエコマップ（生態地図）を用いる。このモデルの登場によって，ソーシャルワークにおいて，「医学モデル」から「生活モデル」への転換が重要視されるようになった。

(2) ソーシャルワークの統合化

ソーシャルワークの統合化に向けて必要なことは，①ジェネリック・ソーシャルワークの統一化・体系化を図るための新しいモデルの構築（ケースワーク，グループワーク，コミュニティワーク３方法の統合），②専門職としてのソーシャルワークの共通基盤の確立である。以上がソーシャルワークの統合化への途の課題である。

まず，統合化への歴史的展開の兆しは，全米ソーシャルワーカー協会（1955）

の設立による。それまで、分離していた5つの専門職団体と2つの研究団体がこの協会に統合されたのである。これによって、以後の活動がこれまで各専門職・研究団体で行われていたのが統一化・統合され、その理念においてソーシャルワーカーの同一化が図られたのである。また、ミルフォード会議（1928～1928）において、ソーシャルワークが共通の技術を有する専門職（ジェネリック：一般性）か、あるいは特別の技術を有する専門職（スペシフィック：特殊性）かについて論議された。その結果、報告書に「ジェネリック・ソーシャルワーク」という概念が登場し、ソーシャルワークの統合化の先駆けとなった。そして、イギリスにおいて社会福祉制度の改革の一環として1968に出された「シーボーム報告」（Seebohm Report）の影響も無視できない。このなかで、地方自治体の児童、福祉、保健、教育、住宅等の社会関連サービスを対人社会サービスに一括した。その結果、統合論的立場から援助を展開するソーシャルワーカーの養成・配置が行われた。

「ジェネリック・ソーシャルワークの体系化にあたって影響を与えたのが、ソーシャルワークへの一般システム理論の導入と生態学的視点であった」[19]。

システム理論（systems theory）についてであるが、この理論は科学者ベルタランフィ（Bertalanffy, L. von.）によって、1948年に提唱された理論で、一般

図表11-10　システム思考と生態学的視座の基礎的特性の比較

システム思考	生態学的視座
1　組織工学	1　生物学
2　論理性	2　実証性（事実）
3　人為性	3　自然性
4　超自然事象	4　自然事象
5　組織体	5　生活体
6　没価値志向	6　価値志向
7　関係概念（物事の関係）	7　状況概念（物事の様子）
8　ハード（枠組）	8　ソフト（中身）
9　不可視性	9　可視性
10　思考性	10　感覚性

（出所：大田義弘『ソーシャルワーク実践とエコシステム』誠信書房，1992年，p. 10）

システム理論とは，コンピューターや電子回路等の人工的物質から生物の身体，社会集団に至るまでさまざまな現象はシステムとして捉えることができる。また，システム理論的ソーシャルワークとは，社会システム（社会を構成しているミクロ的要素がマクロ的全体を作り上げていることをいう）に一般システム理論の概念を適用し，人間（利用者）と環境の交互作用として捉え，個人・家族・集団・地域社会を統合するものであるとする。つまり，システム論的ソーシャルワークは，ケースワーク，グループワーク，コミュニティワークの3方法を統合して実践するジェネリック・ソーシャルワークの一翼を担っているのである。このジェネラル・ソーシャルワークは1980年代後半から始まったソーシャルワークの概念である。このシステム理論をソーシャルワークに導入し，統合理論を全体的モデルとしたのは，ピンカス（Pincus, A.）とミナハン（Minahan, A.）である。彼等はソーシャルワーカーが実践活動を展開するためのシステムアプローチ（system approach）として，4つを提示した。それは，①チェンジ・エージェント・システム（ワーカーシステム）：ワーカーの所属機関，組織全体をいう，②クライエント・システム：ワーカーのサービスを受け入れる人，家族，集団，地域社会をいう，③ターゲットシステム：ワーカーとクライエントが努力目標を達成するために働きかけなければならない人びとや組織をいう，④アクション・システム：ワーカーの目標を達成するために影響を与える人びとや資源をいう。

　だたし，このシステム理論は，抽象的であるため，システム理論と生態学理論（ecological theory）の視点を取り入れて，1980年に「生活モデル」（life model）を発表したのがすでに述べたジャーメインとギッターマンであり，現在のソーシャルワークの主流となっている。なお，地域福祉やコミュニティワークにおいて用いられる支援として，ソーシャルサポート・ネットワーク（社会的支援ネットワーク）がある。

②　ソーシャルワークの共通基盤に関して著名なのはバートレット（Bartlett, H. M.）である。彼は1970年に『社会福祉実践の共通基盤』（*The Common Base of Social Work Practice*）を著している。そのなかで，専門職の本質的な要素と

図表11-11 相互作用と交互作用

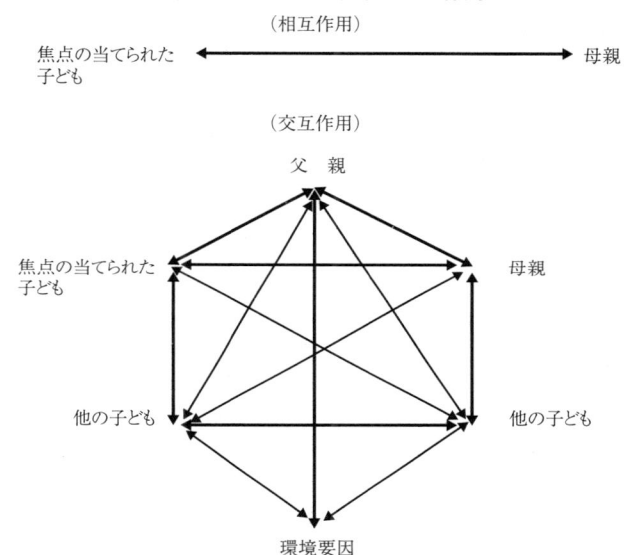

(相互作用)

焦点の当てられた子ども ←——————————→ 母親

(交互作用)

父 親

焦点の当てられた子ども　　母親

他の子ども　　他の子ども

環境要因
(近隣・学校・教会・仕事・友人)

(出所：ルイーズC. ジョンソン他／山辺明子他訳『ジェネラリスト・ソーシャルワーク』ミネルヴァ書房，2007年，p. 112)

して，価値・知識・技法をあげ，「これらの本質的要素は(1)ソーシャルワーク実践のどの「部分」にも現れていなければならない。(2)共通している，すなわち，すべての実践者によって共有されるという意味で，基礎的なソーシャルワーク要素とみなすことができる」[20]とソーシャルワーク実践の共通基盤の本質的要素であると指摘している。

注)

1) 秋山智久「社会福祉における専門性と専門職—自立との関連において」『社会福祉学』第29-1号，日本社会福祉学会，1988年6月，p. 6
2) 京極高宣「ソーシャルワーカーの職務の専門性とは何か」『社会福祉研究』第41号鉄道弘済会　鉄道弘済会，1987年，p. 25
3) 岡本民夫「社会福祉の専門性とは」仲村優一・秋山智久編著『明日の福祉⑨

福祉のマンパワー』中央法規，1998年，p. 60
4）ハリー・スペクト著／京極高宣・高木邦明監訳『福祉実践の新方向』中央法規，1991年，p. 249
5）奥田いさよ『社会福祉専門性の研究―ソーシャルワーク史からのアプローチ』川島書店，1992年，p. 102
6）H. M. バートレット著／小松源助訳『社会福祉実践の共通基盤』ミネルヴァ書房，1989年，p. 62
7）ルイーズ C. ジョンソン／ステフアン J. ヤンカ著／山辺朗子・岩間伸之訳『ジェネラリスト・ソーシャルワーク』ミネルヴァ書房，2007年，p. 64
8）岡本民夫『ケースワーク研究』ミネルヴァ書房，1973年，p. 26
9）メアリー・リッチモンド著／小松源助訳『ソーシャル・ケース・ワークとは何か』中央法規，1991年，p. 57
10）小松源助『ソーシャルワーク理論の歴史と展開』川島書店，1995年，p. 75
11）同上(7) pp. 77-78
12）H. H. アプテッカー著／坪上　宏訳『ケースワークとカウンセリング』誠信書房，1969年，p. 24
13）同上(5) p. 51
14）同上(9) p. 41
15）G. コノプカ著／前田ケイ訳『ソーシャル・グループ・ワーク』全国社会福祉協議会，1967年，p. 27
16）井岡　勉・成清美治編著『地域福祉概論』学文社，2002年，pp. 38-41
17）同上(9) p. 21
18）仲村優一・一番ヶ瀬康子編集代表『世界の社会福祉―アメリカ，カナダ』旬報社，2000年，p. 53
19）北本佳子・湯浅典人編著『社会福祉援助技術論』学文社，2005年，p. 42
20）H. M. バートレット／小松源助訳『社会福祉実践の共通基盤』ミネルヴァ書房，1989年，p. 56

参考文献

ジョアン・バラクロー他編著／児島美都子・中村永司監訳『医療ソーシャルワークの挑戦』中央法規，1999年

索　引

COS　60
ICF モデル　128
ICIDH モデル　127
NHS 及びコミュニティ・ケア法　179
NPO　184
QOL　22

Social Policy　6
Social Service　6
Social Welfare　6
Social Work　6
YMCA　246

あ　行

アウトソーシング　2
朝日訴訟　75
アダムス, A.　199
アダムス, J.　245
アトリー, C. R.　245
アプテカー　259
阿部志郎　28
アメリカ児童憲章　98
アメリカ独立宣言　14
アメリカの「社会保障法」　38
アラン　27
アリストテレス　23
アルモナー　248
イギリスにおける労働者階級の状態　191
石井十次　71
石井亮一　71
一番ヶ瀬康子　8
糸賀一雄　28
意図的な感情の表出　240
医療扶助　68, 169
医療保護施設　174
ウイリアムズ, G.　246
ウイルキンソン, W. M.　243
ヴィンター, R.　257
ウェッブ夫妻　36, 40
ヴォルフェンスベルガー, W.　21
エコマップ　264
エスピン＝アンデルセン, G.　210
エプスタイン, L.　264
エミール　77
エリクソン　80
エリザベス救貧法　57

エルバーフェルト制度　242
エンゲルス, F.　191
エンゼルプラン　104
エンパワーメント・アプローチ　263
オイルショック　65
近江学園　129
大河内一男　214
岡田藤太郎　10
岡村重夫　12
岡本栄一　13
岡山孤児院　71
小河滋次郎　199
オリバー・ツイスト　60

か　行

介護福祉士　161
介護扶助　169
介護保険制度の全体像―持続可能な介護保険制度の構築　157
介護保険法及び老人福祉法の一部を改正する法律　159
介護保険法の一部を改正する法律　157
改正パートタイム労働法　5
課題中心アプローチ　264
片山潜　71, 199
貨幣的ニーズ　205
カンバーランド, R.　26
危機介入アプローチ　263
基準及び程度の原則　168
棄児養育米与方　71
機能主義　252
規範的ニード　205
基本的諸ニード　10
基本的人権　15

269

キャプラン, G. 263
キャボット, R. C. 249
救護施設 174
救護法 72
旧生活保護法 73
救世軍 71
救貧院 57
救貧法および失業者救済に関する王立委員会 63
教育扶助 169
キルケゴール, S. 27
ギルド 55
キングスレー館 71, 199
クライエントの自己決定の原則 240
クーリー, C. 182
グローバリゼーション 1
クロポトキン 25
ケアマネジメント 155
ケアマネジメントシステム 66
ケイ, E. 79
経済機会法 67
ケインズ 38
ゲゼルシャフト 182
ケネディ, J. F. 261
ゲマインシャフト 182
ケラー, H. A. 118
ケンプ, C. H. 109
小石川養生所 69
コイル, G. 256
公課禁止 175
公私分離の原則 73
更生施設 174
公的責任の原理 17
行動変容アプローチ 263
高年齢者等の雇用の安定等に関する法律 153
孝橋正一 214
公民権運動 260
高齢者, 障害者等の移動等の円滑化の促進に関する法律 153
高齢者住まい法 162
高齢者保健福祉推進10か年戦略 151
個我モデル 183
国際障害者年 117
国際人権規約 15, 42
国際ソーシャルワーカー連盟 16
国富論 59
国民扶助法 37

国民保健サービス及びコミュニティ・ケア法 66
国民保険サービス法 40
乞食浮浪取締法改正 56
国家責任の原則 73
国家責任の原理 166
子ども手当 87
子どもの生存, 保護及び発達に関する世界宣言 108
コノプカ, G. 256
個別化 240
コミュニティ・オーガニゼーション 200
コミュニティ・ケア 65
コミュニティモデル 183
コミュニティ論 181
コミュニティワーク 196
米騒動 71

さ 行

済世顧問制度 72
最低生活の原理 167
差押禁止 175
サッチャー 66
里親 94
サーリベイ, D. 263
ジェファーソン, T. 14, 41
ジェントリー 56
システムアプローチ 266
七分積立金制度 69
市町村地域福祉計画 200
実体概念 10
児童虐待の防止等に関する法律 101
児童虐待防止協会 108
児童憲章 82
児童手当法 86
児童の権利に関する条約 77, 99
児童買春, 児童ポルノに係る行為等の処罰及び児童の保護等に関する法律 91
児童福祉施設 92
児童福祉法 82, 120, 219
児童扶養手当法 88
シーボム委員会 198
シーボム報告 265
ジャーメイン, C. B. 264
社会救済に関する覚書 73
社会契約論 14
社会資源 203
社会的な援護を要する人々に対する社会福祉

のあり方に関する検討報告書　46
社会的養護　94
社会福祉基礎構造改革　216
社会福祉基礎構造改革について（中間まとめ）　152
社会福祉協議会　218
社会福祉協議会基本要項　199
社会福祉士　230
社会福祉士法及び介護福祉士法　161
社会福祉の増進のための社会福祉事業法等の一部を改正する等の法律　152
社会福祉法　120, 152
社会保険および関連諸サービス　39
社会保障構造改革の方向（中間まとめ）（案）骨子　152
社会保障制度審議会　43
シャフツベリー, A. A. C　26
住宅扶助　169
宿泊提供施設　174
授産施設　174
恤救規則　71
出産扶助　169
受容　240
障害者基本法　120, 134
障害者基本法の一部を改正する法律　135
障害者基本法の一部を改正する法律案　114
障害者虐待防止法　147
障害者自立支援法　122, 135
障害者総合支援法　139
障害者対策に関する新長期計画　120
障害者に関する世界行動計画　126
障害を持つアメリカ人法　117
小規模住居型児童養護事業　94
小規模多機能型居宅介護　155
少子・高齢化　151
職業リハビリテーション法　126
所得再分配機能　4
ジョブコーチ　144
自立・自己決定（主体性）の原理　19
新救貧法　59
人権と社会正義の原理　14
新・高齢者保健福祉推進10か年戦略　151
人口論　59-60
申請保護の原則　168
身体障害者福祉法　120, 219
診断主義　252
新保守主義　65

人民相互の情誼　71
巣鴨家庭学校　71
スチュアート, M.　248
スティグマ　19
ストレングス・アプローチ　263
スペクト, H.　233
スミス, A.　59
スモーレ, R.　255
生活福祉資金貸付制度　177
生活扶助　169
生活保護法　151, 218
生活モデル　264
精神障害者保健福祉手帳制度　143
精神保健及び精神障害者福祉に関する法律　121, 141
精神保健福祉士　231
精神保健福祉士法　121
世界人権宣言　42, 98
世帯単位の原則　169
セツルメント　244
セツルメント運動　189
セーフティネット　50, 228
セルフヘルプ・グループ　133
戦傷軍人リハビリテーション法　126
セン, A.　33
全体性の原理　20
全米ソーシャルワーカー協会　16, 264
葬祭扶助　169
ソクラテス　23
ソーシャル・アクション　133
ソーシャルインクルージョン　2, 22
ソーシャルエクスクルージョン　45
ソーシャルサポート・ネットワーク　266
ソーシャル・ビジネス　34
ソロモン, B.　263

た　行

ダーウィン, C.　55
第1次囲い込み運動　56
第一次集団　182
第2次囲い込み　60
第二次集団　182
タウンゼント, P. B.　65
滝乃川学園　71
地域共同体モデル　183
地域包括支援センター　158
地域包括支援センターケアシステム　163
知的障害者の権利宣言　116

知的障害者福祉法　120, 140, 219
地方当局並びに関連対人社会サービス委員会
　報告書　65
チャルマーズ, T.　61
ディケンズ, C.　60
ティトマス, R. A.　45
ティトマス, R. M.　213
デニスン, E.　244
伝統型アノミーモデル　183
テンニース, F.　182
ドイツの介護保険法　152
トインビー・ホール　190
統制された情緒的関与　240
徳治主義　69
特別児童扶養手当等の支給に関する法律　90
独立宣言　107
留岡幸助　71

な　行

ナショナル・トラスト　61
ナショナルミニマム　7
生業扶助　169
ニーズ　203
二宮尊徳　70
日本之下層社会　71
ニュージーランド社会保障法　39
ニューステッター, W. I.　195, 256
ニューディール政策　67, 260
ニーリエ, B.　21
人足寄せ場　70
認知症対応型共同生活介護　155
認知症対応型通所介護　155
認定子ども園　112
ノーマライゼーション　25
ノーマライゼーション, ソーシャル・インク
　ルージョンの原理　21

は　行

バイステック, F. P.　239
バイステックの7原則　239
ハイデガー, M.　27
発達障害者支援法　146
ハートマン, A.　264
バートレット, H. M.　235, 266
バーナード, T. J.　108
ハミルトン, G.　254, 262
ハリトン, M.　261

パールマン, H. H.　234
バンク＝ミケルセン, N. E.　21
バンデュラー, A.　264
パンフリー, M.　235
ピア・カウンセリング　133
ピア・スーパービジョン　133-134
比較ニード　206
非貨幣的ニーズ　205
備荒備蓄法　71
非審判的態度　240
ビスマルク, O.　36
必要かつ十分の原則　73
必要即応の原則　169
被保護実人員　164
被保護世帯数　165
秘密保持　241
表出的ニード　206
ヒルティ, C.　27
ビルトインスタビライザー　49
ヒル, O.　61, 187
びわこ学園　129
貧困戦争　67
貧困―都市生活者の一研究　62
フィッシャー, H.　264
フィラデルフィア慈善組織協会　247
フェビアン主義者　63
フェルトニード　206
福祉改革法　66
福祉国家　180
福祉事務所　173
福祉社会　180
福祉ミックス論　209
父子家庭　89
ブース, C.　37
フッサール, E.　27
フーバー, H.　98
普遍主義　45
ブラッドショー, J.　205
プラトン　23
フランス人権宣言　14
不利益変更の禁止　175
古川孝順　11
ブレア　66
フレックスナー, A.　232
フレーベル, F.　77
フロイト, S.　252
ベヴァリッジ　39
ペスタロッチ, J. H.　77

ベンサム, J.　26, 32
ヘンリー, R. S.　60
ヘンリー8世　56
報徳仕法　70
方面委員制度　72
保護の補足性の原理　167
保護率　164
ボザンケット, B. P.　187
母子及び寡婦福祉法　91, 219
母子保健法　91
北海道家庭学校　71
ホッブス, T.　26
ホリス, F.　254, 261
ボルチモア慈善組織協会　247
ホワイトハウス会議　98, 100

ま　行

マクロ・ソーシャルワーク　196
マーシャル, T. H.　214
マスロー, A. H.　125, 204
マッキーヴァー, R. M.　181
マルサス, T. R.　59
三浦文夫　10
ミル, J. S.　32
無告の窮民　71
無差別平等の原則　73
無差別平等の原理　167
目的概念　10
問題解決アプローチ　258
モンテスキュー, C. L. S.　41

や　行

夜間対応型訪問介護　155
山室軍平　71
ヤングハズバンド委員会　198
湯浅誠　75
ユヌス, M.　33
幼保一体化　111

養老戸令　68
横山源之助　71

ら　行

ラウントリー, B. S.　37
ラッセル, B.　27
ラファイエット, M. J.　14
ランク, O.　252
リッチモンド, M. E.　247
リード, W. J.　264
リハビリテーション　125
令義解
リンデマン, E.　263
隣保事業　71
隣友運動　187
ルーズベルト, F. D.　67, 251
ルソー, J. J.　14, 77
レッセ・フェール　59
劣等処遇の原則　59
レビィ, S. C.　29
ロイド, G.　37
労役場　57
老人福祉法　151, 219
ロス, M. G.　195
ロスマン, J.　196
ロック, C. S.　60
ロック, J.　26
ロバーツ, E.　246
ロビンソン, V.　255
ロールズ, J.　31
ロンギ, D.　38
ロンドン市民の生活と労働　61

わ　行

ワイマール憲法　42
ワーキングプア　75
ワークハウス・テスト法　57

索　引　*273*

著者紹介

成清　美治
兵庫県生まれ
1985年　龍谷大学大学院文学研究科修士課程修了
略　歴　神戸女子大学教授，神戸市看護大学教授，福井県立大学大学院教授，神戸親和女子大学教授等を経て，現在，神戸親和女子大学客員教授（社会福祉学博士）
主　著　『現代人の社会福祉』（共著）川島書店，1994年。『社会福祉援助技術』（共著）川島書店，1995年。『ケアワークを考える』（単著）八千代出版，1996年。『ニュージーランド入門』（共著）慶応義塾大学出版会，1998年。『介護福祉入門』（共著）有斐閣アルマ，1999年。『私たちの社会福祉法』（共著）法律文化社，2001年。『現代医療福祉概論』（共編著）学文社，2002年。『新・ケアワーク論』（単著）学文社，2003年。『医療介護とはなにか』（共著）金原出版，2004年。『ソーシャルワークの固有性を問う』（共著）晃洋書房，2005年。『介護予防実践論』（共編著）中央法規出版，2006年。『長寿社会を拓く』（共著）ミネルヴァ書房，2006年。『看護・介護・福祉の百科事典』朝倉書店（共編著（介護）），2008年。『ケアワーク入門』（単著）学文社，2009年。『現代社会福祉用語の基礎知識（第12版）』（編集代表）学文社，2015年。『海外の介護保障を学ぶ』（単著）学文社，2015年。
等多数

私たちの社会福祉

2012年9月10日　第1版第1刷発行
2016年3月31日　第1版第2刷発行

著　者　成清　美治

発行者　田中　千津子　　〒153-0064　東京都目黒区下目黒3-6-1
　　　　　　　　　　　　電話　03（3715）1501（代）
発行所　株式会社　学文社　　FAX　03（3715）2012
　　　　　　　　　　　　振替　00130-9-98842
　　　　　　　　　　　　http://www.gakubunsha.com

©2012 NARIKIYO Yoshiharu Printed in Japan　　印刷所　新灯印刷

乱丁・落丁の場合は本社でお取替えします。
定価は売上カード，カバーに表示。

ISBN978-4-7620-2310-1

イントロダクションシリーズ B5判 並製 本体2000～2600円

広く社会福祉を学ぶ学生や初学者のため、図表、コラム、学習、臨床現場で役立つ推薦書の紹介などを多数掲載。社会福祉士資格の新カリキュラムに準拠した最新テキストシリーズ。

① 現代社会と福祉（第2版）
成清美治・加納光子 編著
現代社会における福祉制度を、歴史的経緯をふまえて総合的に解説。

② 保健医療サービス（改訂版）
児島美都子・成清美治・牧洋子 編著
相談援助活動に必須の医療保険制度や保健医療サービスについて理解する。

③ 高齢者に対する支援と介護保険制度
成清美治・峯本佳世子 編著
高齢者の福祉・介護需要をふまえ、現行のサービスや制度との関連と実践法を知る。

④ 新・低所得者に対する支援と生活保護制度
成清美治・高間満・遠藤洋二 編著
生活保護制度を中核とする公的扶助について、初めて学ぶ読者にもわかりやすく解説。

⑤ 相談援助の基盤と専門職
成清美治・加納光子 編著
福祉専門職にとって欠かせない相談援助の歴史、理念、現状、これからの展望を示す。

⑥ 児童や家庭に対する支援と児童・家庭福祉制度
成清美治・吉弘淳一 編著
生活保護制度を中核とする公的扶助について、初めて学ぶ読者にもわかりやすく解説。

⑦ 社会保障
成清美治・真鍋顕久 編著
日本における社会保障制度について、初めて学ぶ読者にもわかりやすく体系的に解説。

⑧ 障害者に対する支援と障害者自立支援法
成清美治・伊藤葉子 編著
日本の障害者福祉について網羅。障害者自立支援法等についての流れや今後の展望も。

⑨ 社会理論と社会システム（第2版）
松下育夫・守弘仁志 編著
地域社会や家族など地域福祉の基礎となる集団・組織についての社会学的理論と実態を概説。

⑩ 地域福祉の理論と方法
成清美治・川島典子 編著
地域福祉の基本的考え方、主体と対象、組織・団体及び専門職や地域住民、推進方法をテーマに解説。

現代社会福祉用語の基礎知識（第12版）本体2400円
成清美治・加納光子 編集代表
学生から研究者、ボランティアから現場専門者まで。受験・教育・実践に役立つ社会福祉用語の基礎知識を収載。社会福祉士、介護福祉士、保育士、精神保健福祉士、ケアマネジャーなどの国家試験や資格試験に対応した必携書。1978項目を収録。